세계사를 바꾼

커피

이야기

출판은 사람과 나무 사이에서 이루어지는 가치 있는 일입니다.
도서출판 사람과나무사이는 의미 있고 울림 있는 책으로 독자의 삶을
좀 더 풍요롭게 만들기 위해 최선을 다하겠습니다.

세계사를 바꾼 커피 이야기

우스이 류이치로 지음
김수경 옮김

사람과
나무사이

세계사를 바꾼 커피 이야기

1판 1쇄 발행 2022년 6월 17일
1판 8쇄 발행 2023년 11월 22일

지은이 우스이 류이치로
옮긴이 김수경
펴낸이 이재두
펴낸곳 사람과나무사이
등록번호 2014년 9월 23일(제2014-000177호)
주소 경기도 고양시 일산서구 강선로 142, 1701동 302호
전화 (031)815-7176 팩스 (031)601-6181
이메일 saram_namu@naver.com
디자인 박대성
인쇄·제작 도담프린팅
종이 아이피피(IPP)

ISBN 979-11-88635-66-5 03900

"숲에는 두 종류의 커피가 있었는데,
나는 둘 중 더 검은 것을 선택했다.
그러자 모든 것이 달라졌다."

— 로버트 프로스트

‘커피’와 함께 여행할 이 책의 주요 도시

함부르크
베를린
런던
빈
파리
부다페스트
베네치아
이스탄불
알렉산드리아
카이로
바스라
메카
콜카타
사나
호데이다
아덴
모카
킬리만자로
우삼바라
잔지바르
자바

커피와 권력이 서로를 갈망하고 이용하며
세계사의 물줄기를 바꾸다

나폴레옹 보나파르트는 커피에 매혹되었다. 식용 음료로 군대에 커피를 맨 처음 보급한 이가 바로 나폴레옹이었다는 사실이 그 점을 증명해준다. 나폴레옹은 왜 맛도 없고 색깔도 거무튀튀한 그 독특한 음료에 매료되었을까? 이유는 단순하다. 영양분이 거의 없는데도 왠지 힘이 나게 하는 음료였기 때문이다.

군대에 대량의 커피를 보급하려면 '산업'에 의존하는 수밖에 없다. 나폴레옹은 "내 사전에 불가능은 없다"라는 신조대로 군대에 막대한 양의 커피를 보급하기 위해 대단한 추진력과 실행력을 발휘했다. 그의 명령에 따라 프랑스 정부는 여러 분야의 발명에 상금을 걸고 산업혁명을 독려했다. 직물기계 개량, 인디고 대체용 색소 개발, 새로운 종류의 설탕 제조 등이 그런 예다. 이런 흐름과 맥락에서 '영양분이 거의 없는데도 왠지 힘이 나게 하는 음료' 커피는 유럽은 물론이고 전 세계를 제패하고 싶은 나폴레옹의 야망과 뒤얽히며 프랑스 산업 전반을 비약적으로 성장시켰으며, 머지않은 미래에 유럽과 전 세계 경제를 송두리째 바꿔놓는 '산업혁명'의 근간이 되었다(우리는 흔히 18세기 '산업혁명' 하면 영국만을 떠올리기 쉬운데 당대 프랑스의 발전상과 기여도는 영국의 그것과 비교해 전혀 뒤지지 않을 정도였다). 군대에 커피를 보급하기 위한 나폴레옹의 노력이 18세기 프랑스와 유럽, 그리고 한발 더 나아가 전 세계 산업 구조를 혁명적으로 뒤바꿔놓는 중요한 계기가 되었다는 사실이 흥미롭지 않은가!

키 150센티미터 정도의 튼튼하고 어린 커피나무 한 그루가 프랑스와 유럽의 커피 역사를 바꿔놓았다. 1714년, 암스테르담시에 부임해 있던 프랑스 영사가 암스테르담시와 오래 교섭한 끝에 커피나무 한 그루를 루이 14세에게 보내는 데 성공한 덕분이었다. 당시 암스테르담 시장이 루이 14세에게 바친 그 커피나무는 왕립식물원 온실에 보내져 뿌리를 내렸고 왕성하게 개체 수를 늘려갔다.

'루이 14세의 커피나무'에서 엄청난 가능성을 발견하고 그 가능성을 실현한 이는 가브리엘 드 클리외였다. 그는 프랑스령 마르티니크섬에서 근무한 경험이 있는 해군대위 출신이었다. 군복무 중 파리에 잠시 귀국했을 때 그는 사람들이 대량으로 커피를 사고팔며 소비하는 것을 목격했다. 1721년의 일이었는데, 그 커피는 네덜란드가 자국 식민지인 동인도에서 재배한 것이었다.

불현듯 섬광과도 같은 생각이 드 클리외의 머릿속을 스치고 지나갔다. '동인도와 서인도. 이름이 같다면 기후와 풍토에도 큰 차이가 없지 않을까? 그렇다면 서인도제도의 마르티니크섬에서도 커피를 재배할 수 있을 것이다.' 드 클리외는 자신의 생각을 실행에 옮겼다. 그는 어느 지체 높은 부인을 연줄로 삼아 커피나무를 루이 14세에게 직접 가져다 바치는 역할을 맡았던 왕의 주치의 M. 드 시라크의 마음을 움직였고, 마침내 어린 커피나무 한 그루를 얻어냈다. 1723년, 드 클리외는 그 커피나무를 소중히 지닌 채 낭트를 떠나 마르티니크로 향했다.

커피나무는 햇빛을 잘 받도록 고안된 유리상자에 보관되었는데, 운반 도중 햇빛이 부족하다 싶으면 인공적으로 빛을 비추곤 했다. 그런 식으로 세심하게 주의를 기울인다고는 해도 대서양을 횡단하는 항해는 멀고도 험했다. 한번은 승객 중 한 사람이 드 클리외의 시대적 소명을 시샘한 나머지 유리상자를 훔쳐가기도 했다. 또한 포르투갈령 마데이라섬 연안에서는 튀니지 해적선의 습격을 받기도 했다. 게다가 거센 풍랑에 휘말려 난파할 뻔한 일도 있었다. 이런 고난을 겪은 끝에 커피나무는 무사히 마르티니크에 도착했다.

드 클리외가 프랑스에서 가져온 커피나무는 순식간에 놀라운 생산량을 기록했다. 그 시점으로부터 35년여 후인 1759년에 마르티니크와 과달루페는 1,120만 파운드의 커피를 수출했으며, 같은 해에 아이티·마르티니크·과달루페의 커피 수확량은 각각 7,000만, 1000만, 700만 킬로그램에 달했다.

프랑스령 서인도제도에서 산출되는 막대한 양의 커피는 이슬람 세계에까지 영향을 미쳤으며, 전 세계 커피산업과 커피무역의 판도를 바꿔놓았다. 18세기 전반 이슬람 세계의 커피무역을 장악한 이들은 카이로의 거상이었으나 드 클리외에 의해 시작된 서인도제도산 프랑스 커피가 그들을 타격한 것이다. 아이티·마르티니크·과달루페 커피가 마르세유를 거쳐 커피의 출발지 격인 서아시아로 거침없이 밀고 들어갔다. 어리고 튼튼한 커피나무 한 그루에서 놀라운 가능성을 발견한 가브리엘 드 클리외의 뚝심 있는 노력이 커피 세계사의 거대한 물줄기를 돌려놓는 순간이었다.

이슬람 수피교도가 '욕망을 억제하고 수행에 정진하기 위해' 즐겨 마셨던 독특한 '검은 음료'. '커피'라는 이름의 이 음료는 역설적으로 17세기 유럽 상업자본가와 정치권력자의 욕망을 자극하며 유럽과 전 세계 문화를 바꿔놓기 시작했다.

아라비아의 커피가 바다 건너 영국에 전해진 것은 '커피하우스'를 통해서였다. 1652년, 런던 최초의 커피하우스가 문을 열었다. 그 역사적인 커피하우스의 주인은 크로아티아 두브로브니크 출신의 파스카 로제였다. 그는 레반트를 무대로 활약하던 상인 대니얼 에드워즈의 시종이었는데, 매일 아침 주인을 위해 커피를 끓이던 습관이 커피하우스 창업으로 이어진 셈이었다. 그렇게 출발한 런던의 커피하우스는 우여곡절 끝에 폭발적으로 성장해 최초의 커피하우스가 문을 연 지 30여 년 만인 1683년에 3,000여 곳, 1714년에는 8,000여 곳으로 늘어났다.

아무것도 없다시피 하던 영국은 '없는 것'을 끊임없이 만들어내야 하는 상황에 놓여 있었다. 커피하우스 수가 폭발적으로 늘어나고 커피산업이 급성장하던 17세기 후반의 상황이다. 다목적 공간으로 활용하기에 적합한 커피하우스는 이러한 시대 상황 · 니즈와 절묘하게 맞아떨어졌고, 커피산업과 커피문화의 급성장으로 이어지며 시민의 일상 속으로 깊이 스며들었다.

17세기 후반에서 18세기 초반까지 런던 시민생활의 중심을 차지하던 커피하우스는 18세기 중반에 접어들면서 급격히 쇠락한다. 실제로 1714년에 8,000곳을 넘어섰던 런던의 커피하우스가 1739년에는 551곳으로 줄었다는 통계가 발표될 정도였다.

한때 영원할 것처럼 엄청난 인기를 구가하던 영국 커피하우스의 열기는 왜 갑자기 시들해졌을까? 그리고 그 열기는 왜 홍차와 티하우스로 옮겨 붙었을까? 영국 커피하우스가 사회적 기능을 다했다는 점을 중요한 이유로 꼽을 수 있다. 여기에 더해 흥미롭고도 인상적인 요인을 한 가지 더 들 수 있는데, 그것은 바로 애초에 영국 커피하우스가 여성을 철저히 배제하며 탄생하고 성장했기에 결국 '여성 청원' 등 거센 반발에 부닥치며 직격탄을 맞아 쇠락의 길로 접어들었다는 점이다. 이는 영국의 커피와 커피하우스의 운명을 바꿔놓는 데 그치지 않고, 홍차를 매개로 한 중국과의 아편전쟁으로까지 비화하며 세계사의 거대한 물줄기를 바꿔놓았다.

『세계사를 바꾼 커피 이야기』는 ''커피는 원래 와인이었다'라는 말의 숨은 의미는?', '커피가 '니그로의 땀'이라는 섬뜩한 별명으로 불리게 된 은밀하고도 잔혹한 이유는?', ''커피는 포르투갈 말을 한다'라는 말은 무엇을 의미할까?', '커피문명과 전쟁은 왜 서로 불구대천의 원수일 수밖에 없는가?' 등 커피를 둘러싼 근원적 의문을 던지고 그에 대해 날카롭게 통찰한다. 또한 이 책은 '커피와 카페가 없었다면 프랑스 계몽주의 운동도 프랑스대혁명도 일어나지 않았을 것이다?!', '세계사의 흐름을 바꾼 독일혁명의 트리거를 당긴 것이 커피였다는데?', '프리드리히 대왕이 '커피에 독성분이 있다'는 거짓 소문을 내게 한 까닭은?', '프로이센 시대 독일인이 반나폴레옹 해방전쟁에 나선 이유는 '진짜 커피'에 대한 강렬한 욕망 때문이었다?' 등 이슬람 수피교도가 욕망을 억제하기 위한 도구로 마시던 '검은 음료'가 역설적으로 상업자본가와 정치권력자의 '검은 욕망'을 자극하며 아라비아와 유럽, 나아가 전 세계를 제패한 이야기를 다룬다.

이 책을 끝까지 읽은 직후 진한 커피를 한잔 타서 음미하며 마셔보라. 장담하건대, 그 맛이 이 책을 읽기 전과는 확연히 다를 것이다!

18세기 영국 커피하우스

차례

03

영광의 자리를 홍차에게 빼앗긴 영국 커피

04

프랑스혁명의 인큐베이터가 된 커피와 카페

07

바이마르공화국의 숨통을 끊어놓은 브라질의 '커피 대량 폐기 사건'

08

자국의 식민지이자 커피 생산지인 나라에 '극단적 모노컬처'를 강요하는 유럽 강대국

이슬람 세계를 지배한 '검은 음료' 커피

이슬람 신비주의 종파 수피교 수도사들은 왜 '커피'에 매료되었을까

커피가 맨 처음 이슬람에서 유럽으로 전해졌을 때 난생처음 이 독특한 상품을 만난 유럽인들은 단숨에 매료되었다. 커피에는 아득히 먼 땅 아라비아 저편이 지닌 이국적이고도 낭만적인 행복감이 스며 있었다.

여태껏 본 적이 없는, 콩처럼 생긴 알맹이를 갈아 만든 검은색 음료를 앞에 두고 상류층 남자들과 여자들은 머릿속에 저마다 다른 생각을 품었다. 일테면 베르사유궁 귀부인들은 한 번도 가보지 못하고 풍문으로만 전해 듣던 저 먼 땅 오리엔트를 향한 몽상에 잠겼다. 그런가 하면 런던의 젠체하는 신사들은 '홍해는 어떤 빛깔을 띠고 있을까' 따위 쓸데없는 상상에 빠져들곤 했다.

아라비아는 과연 당대 유럽인에게 완전히 베일에 가려져 있던

미지의 땅이었을까? 그렇지 않다. 아라비아는 사실 어느 정도 교육 혜택을 입은 일반 유럽인에게 완전히 이질적이거나 전혀 알려지지 않은 땅은 아니었다.

유럽인은 아라비아를 어떤 경로로 알게 되었을까? 기독교의 『성서』, 그중에서도 특히 『구약성서』를 통해서다. 『구약성서』에는 아라비아의 드넓은 사막 저편에 위풍당당하게 자리 잡은 풍요로운 나라들이 소개된다.

먼 옛날 예루살렘의 솔로몬 왕을 찾아온 스바(시바)의 여왕이 다스리던 그 땅이 바로 아라비아다. 그는 엄청난 양의 황금과 온갖 보물, 향료 등을 싣고 끝이 보이지 않을 정도로 긴 행렬을 거느리며 이스라엘의 솔로몬 궁전을 방문했다.

'아라비아 펠릭스(Arabia Felix)'라는 말이 있다. 로마인이 나라 전체에 은은한 향기가 감도는 아라비아 남쪽 땅을 동경의 마음을 담아 부른 호칭이다. 우리말로는 '풍요로운 아라비아 또는 행복한 아라비아'라고 옮길 수 있다.

> 유향은 스바에만 존재한다. 사치에 물든 스바인에게서 유향이 온다.

이는 고대 로마의 위대한 시인 베르길리우스(Publius Vergilius Maro)의 「농경시(Georgica)」에 나오는 구절이다.

커피·아로마의 원산지는 스바의 여왕까지 거슬러 올라가는 '향기'와 깊은 관련을 맺은 땅이었다. 고대 그리스와 로마를 거대한 정신적·문화적 뿌리이자 둥치로 삼아 고전에 대한 풍부한 소양을 갖춘 유럽인에게 '향기'는 커피의 상품 이미지를 형성하는 데 크게 기여했다.

그러나 마치 어린아이의 스케치북에 그려진 무지개처럼 온통 행복한 색깔로 물든 오리엔탈리즘의 장막을 걷어내고 좀 더 냉철하게 커피의 기원을 찾아 거슬러 올라가려고 하면 의도한 방향으로 일이 썩 명쾌하게 풀리지 않는다.

세상에 떠도는 커피의 기원설은 한두 가지가 아니다. 그중 가장 대표적인 것으로 9세기 무렵 에티오피아의 산양치기 칼디(Kaldi)의 이야기를 꼽을 수 있다. 이야기는 대략 다음과 같다.

> 어느 날 칼디가 새 목초지를 찾아 산양 무리를 몰고 갔다가 어둑어둑한 저녁녘이 되어서야 돌아왔다. 한데 웬일인지 낮 동안 배가 부르도록 실컷 풀을 뜯어 먹은 양들이 흥분한 채 밤늦도록 잠들지 못했다.
>
> 당황한 칼디는 고민 끝에 가까운 수도원의 스키아들리(Sciadli) 수도원장을 찾아갔다. 스키아들리 수도원장은 다방면에 지식이 풍부하고 날카로운 관찰력과 논리력을 갖춘 인물이었다. 그런 그가 여러 날 동안 면밀한 조사를 거쳐 산양들이 어느 작은 나무의 열매를

먹은 결과 일어난 사태라는 것을 밝혀냈다.

스키아들리는 호기심이 발동해 그 열매를 잔뜩 따다가 온갖 실험을 해보았다. 그러다가 급기야 그걸 물에 넣고 끓여서 마셔보았다. 그날 밤 그에게 무슨 일이 일어났을까? 쉽게 짐작할 수 있듯, 그는 잠을 이룰 수 없었다. 밤새도록 침상에서 뒤척이며 궁싯거리던 그의 머릿속에 한 가지 아이디어가 떠올랐다. 젊은 수도사들에게 그 나무 열매를 끓인 음료를 먹여보자는 생각이었다. 수도원에서는 밤에 정기적으로 예배를 드리는 시간이 있었는데, 그때마다 예배에 집중하지 못하고 꾸벅꾸벅 조는 수도사들이 몇 명씩 있었다.

나무 열매 끓인 음료를 마신 수도사들에게 금세 효과가 나타났다. 그 결과 저녁예배에서 병든 닭처럼 꾸벅꾸벅 조는 수도사가 거짓말처럼 사라졌다. 이에 스키아들리 수도원장은 크게 기뻐하며 저녁예배 때마다 수도사들이 그 음료를 마시게 했다.

이 전설은 세월이 지남에 따라 원래 스토리에 이런저런 살이 붙으며 조금씩 다른 이야기로 변형되어 전해졌다. 이 전설은 레바논 마론파 기독교인으로 로마의 마론파 대학에서 칼데아어와 시리아어를 가르친 안토니오 파우스토 나이로니(Antonio Fausto Naironi)가 쓴 이야기를 바탕으로 한다. 17세기에 활동한 파우스토 나이로니가 기독교인이어서인지 산양과 양치기가 등장하는 목가적인 이야기에서는 아라비아보다도 유럽 분위기가 풍긴다.

어느 날 칼디가 새 목초지를 찾아 산양 무리를 몰고 갔다가
어둑어둑한 저녁녘이 되어서야 돌아왔다. 한데 웬일인지
낮 동안 배가 부르도록 실컷 풀을 뜯어 먹은 양들이
흥분한 채 밤늦도록 잠들지 못했다.

한데 흥미롭게도 커피의 발견과 탄생 역사에서 산양이 중요한 역할을 했다는 설화가 정작 이슬람권에는 존재하지 않는다. 이는 아랍에서 유럽으로 전해질 때 유럽인에 의해 만들어진 이야기라는 의미다. 물론 어느 성자가 뿌린 산양 분비물에서 커피나무가 싹을 틔우고 자랐다는 이야기가 전해 내려오기는 한다. 그러나 이는 사실이 아니며, 커피콩이 산양 분비물과 닮은 데서 유래한 내용으로 보인다.

그렇다면 이슬람권에는 커피에 관한 어떤 이야기가 전해 내려올까? 대표적인 것으로 '모카의 수호성인'으로 알려진 알리 이븐 우마르(Ali Ibn Umar)의 이야기가 있다. 이는 우마르가 젊은 시절 직접 겪은 내용이라고 한다. 우마르가 스승 알 샤드힐리(Al-Shadhili)와 메카 순례에 나섰을 때였다. 두 사람이 예멘 근처 우자프의 산속에 접어들자 갑자기 스승이 이렇게 말했다.

"나는 여기서 죽게 될 것이다. 내가 죽고 얼마 지나지 않아 얼굴을 베일로 가린 자가 찾아올 것이다. 너는 다른 의심할 것 없이 그가 말하는 대로만 따르면 되느니라."

스승이 숨을 거두고 얼마 후 베일로 얼굴을 가린 사람이 나타났다. 그 사람이 흙을 한 줌 움켜쥐자 알라신의 가호로 그 자리에서 물이 솟아올랐다. 우마르는 그 물로 스승의 시신을 정성스럽게 씻은 뒤 매장했다. 그런 다음 그 의문의 남자가 베일을 벗었다. 놀랍게도 그는 우마르의 스승 알 샤드힐리였다. 다시 나타난 스승은 제자 우마르에게 예멘의 항구도시 모카로 갈 것을 명했다. 모카에 온 우마르가 흙을 한 줌 움켜쥐자 그곳에서 또다시 물이 솟아올랐다. 그것이 모카 최초의 우물이었다.

그로부터 얼마 지나지 않아 모카에 역병이 돌았다. 병자들은 알라의 가르침에 정통하며 많은 이에게 존경받는 우마르에게 도움을 청했다. 그의 기도로 많은 사람이 병을 고쳤고 삽시간에 그 소문이 퍼져 나갔다. 그러자 더 많은 병자가 앞을 다투어 그를 찾아왔다. 병자 무리에 아름다운 여인이 한 명 섞여 있었다.

아름다운 여인은 누구이며, 왜 우마르를 찾아왔을까? 그는 그 지방 영주의 딸로, 그 역시 역병에 걸리고 말았다. 어떻게든 사랑하는 딸을 살리고 싶었던 영주가 우마르의 소식을 듣고 딸을 데리고 온 것이었다. 다행스럽게도 우마르의 기도를 받은 그녀는 며칠 만에 씻은 듯 병이 나아 건강한 모습으로 돌아갔다.

그러나 이 일은 남말하기 좋아하는 이들의 입에 오르내리면서 온갖 해괴한 소문으로 변질되어 발 없는 말처럼 천 리 밖까지 퍼져나갔다. "우마르가 그렇게 아름다운 여인과 같이 밤을 보냈는데, 아무 일도 일어나지 않았을 리 없지"라고 사람들은 두세 명만 모여도 눈을 찡긋거리며 낄낄대고 수군거렸다.

당연히 소문은 영주의 귀에도 들어갔다. 이에 불같이 화가 난 영주는 자초지종을 확인해보지도 않고 우마르를 추방해버렸다. 졸지에 모카에서 쫓겨난 우마르와 그의 제자들은 주린 배를 움켜쥔 채 이곳저곳을 헤매 다녔다. 그들은 우자프 산속에서 우연히 커피나무를 발견했고 달리 먹을거리도 없던 터라 그 열매를 이렇게 저렇게 먹어보았다. 그 과정에서 열매 끓인 물을 마실 수 있다는 사실을 알게 되었다.

그 무렵, 모카에서는 옴이 퍼져 사람들을 고통 속으로 몰아넣고 있었다. 이에 우마르의 신통력을 기억하고 있던 사람들이 백방으로 그를 찾아다니다가 마침내 우자프 산속까지 들어왔다. 우마르는 자신을 찾아온, 옴으로 고통받는 이들을 위해 간절히 기도한 뒤 커피를 끓여 마시게 했다. 그들은 캄캄한 밤처럼 검은 액체를 눈앞에 두고 두려움에 떨었다. 우마르는 그들에게 이렇게 말했다.

"이 검은 물에는 잠잠성수(Zamzam water)와 같은 신비한 힘이 들어 있습니다."

잠잠성수란 뭘까? 메카의 카바신전 옆에 있는 신비한 우물물을 말한다. 그 크고 깊은 우물은 오랜 옛날 하갈이 황야에서 방황하던 중 물병에 물이 한 방울도 남지 않아 갈증으로 고통받던 아들 이스마엘이 목숨을 잃을 절체절명의 위기에 빠졌을 때 아들을 살려달라고 슬피 울며 기도하자 신이 그녀의 눈을 밝게 해서 발견한 것이라고 한다. 이는 아브라함에게서 아들을 낳은 하갈이 본처 사라의 시기로 아들과 함께 추방되었을 때 벌어진 일이다.

메카 순례를 하는 이슬람교도라면 반드시 그 우물을 찾아가 잠잠성수를 마셨는데, 가족이나 친척 중 몸이 아픈 사람이 생겼을 때 그 물을 떠다 마시게 하면 씻은 듯 병이 낫는다는 소문도 났다. 이렇듯 잠잠성수는 이스마엘의 후손인 아라비아인이라면 누구나 아는 영험한 물이다.

우마르의 입에서 '잠잠성수'라는 말이 나오자 그제야 사람들은 안심하고 커피를 마셨다. 이내 옴은 씻은 듯 나았고, 도시로 돌아간 사람들은 우마르와 잠잠성수에 대해 열정적으로 전했다. 그 소식을 들은 영주는 우마르를 도시에서 쫓아낸 일을 깊이 후회했다. 영주는 우마르를 위한 거처를 짓고 그를 성자로 추대해 다시 불러 맞이했다. 이 흥미로운 이야기의 진위는 알 수 없으나 예멘의 모카를 커피 발상지로 만든 기원전설이다.

그렇다면 우마르는 과연 실존인물일까? 그랬을 것으로 추정된다. 실제로 14세기 말~15세기 초에 그가 살았던 거처와 묘가 후세에도 오랫동안 남아 있었다고 한다. 그러나 그 전설이 얼마나 믿을 만한지는 여전히 의문으로 남는다. 왜냐하면 동아프리카를 원산지로 하는 커피나무가 아라비아반도 예멘의 산속에서 자생하고 있었다는 주장부터 선뜻 이해가 가지 않기 때문이다.

정확히 알 수는 없으나 커피는 어느 시점부터 예멘에서 인위적으로 재배되기 시작했을 것으로 추정된다. 그도 그럴 것이 중세에 학문적으로 유럽을 압도하고 전 세계를 이끌었던 아라비아반도의 나라들이 그때까지 커피나무를 알지 못했기 때문이다.

당연하게도 훗날 항구도시 모카는 커피 교역의 중심지가 되었다. 오히려 도시가 커피 교역의 중심지가 되고 나서야 비로소 도시와 깊은 관련을 맺고 있던 알리 이븐 우마르가 커피 재배와 커피 교역선의 해상 안전을 지켜주는 수호성인 역할을 담당하게 되었을 가능성이 크다. 이렇듯 이 전설에는 커피로 유명한 항구도시 모카의 상업주의가 짙게 배어 있다.

앞에서 살펴본 두 전설에는 한 가지 주목할 만한 공통점과 연관성이 있다. 그것은 바로 첫 번째 이야기에 등장하는 수도원장 스키아들리와 두 번째 이야기에 등장하는 알리 이븐 우마르의 스승 알 샤드힐리가 같은 인물일 가능성이 크다는 점이다. 왜냐하면 알 샤드힐리를 이탈리아어로 표기하면서 스키아들리로 바뀐 것으로 보이기 때문이다.

파우스토 나이로니의 커피 전설에는 아이드루스(Aidrus)라는 이름의 수도사가 등장하는데, 이슬람권에서도 산속에서 몸과 마음이 지쳤을 때 커피 열매를 먹고 힘을 얻었다는 수도사 아이다루스(Aidarus)를 맨 처음 커피를 마신 사람으로 소개하는 기원전설이 전해 내려온다고 한다.

이렇게 이슬람권에 널리 알려진 몇 가지 기원전설에서 이름을 따서 파우스토 나이로니가 새롭게 창작한 이야기로 보인다. 커피의 기원전설에는 예외 없이 이슬람의 수도사가 등장하는데, 이유가 뭘까? 여기에 등장하는 '수도사'는 단순히 위대한 수도승을 가리킨다기보다는 특정 종파를 의미하는 게 아닌가 싶다. 그들은 모두 '수피(Sufi)'라는 이름으로 불리는 이슬람 신비주의의 수도사이며, 좀 더 범위를 좁히면 알 샤드힐리가 창시한 것으로 알려진 샤드힐리 교단의 수피들이다. 이 교단은 애초부터 커피와 매우 밀접한 관련을 맺고 있었다. 참고로, 알제리에서는 커피를 '샤딜리에(Shaadhiliyye)'라고 부른다.

이슬람 신비주의 일파인 수피교 수도사들이 동아프리카를 원산지로 하는 커피나무에서 커피라는 이름의 독특한 음료를 만들어내는 데 기여했다고 말하는 것은 이런 맥락에서다. 앙투안 이자악 실베스트르 드 사시(Antoine-Isaac Silvestre de Sacy)라는 사람이 있다. 그는 18세기 말~19세기 초에 활동한 명망 높은 프랑스 동양학자다. 그가 집필한 『아라비아 산문집(Chrestomathie Arabe)』은 근동의 역사와 문화, 예술에 관심이 많은 당대 유럽인에게 널리 읽혔다. 독일이 낳은 대문호 요한 볼프강 폰 괴테(Johann Wolfgang von Goethe)도 예외는 아니어서 그는 자신이 지은 『서동시편(West-östlicher Divan)』(1819) 말미에 드 사시를 칭송하는 시를 실었다.

드 사시의 『아라비아 산문집』에는 커피의 탄생과 관련해 절대로 빼놓을 수 없는 귀중한 자료가 번역되어 실려 있다. 뒤에서 좀 더 자세히 살펴보겠지만 커피는 이슬람교도 사이에서 정당성을 확보하기 위해 오랜 세월 많은 고초를 겪게 된다. 커피를 옹호하는 지식인들이 커피의 정당성을 증명하기 위해 끊임없이 논의를 거듭한 것도 그런 맥락에서였다.

아브드 알 카디르 알 자지리(Abd al-Qadir al-Jaziri)는 커피의 기원을 찾으려면 절대 빼놓아서는 안 되는 또 하나의 귀중한 문헌 『커피의 정당성을 위해(Umdat al-Safwa fi hill al-qahwa)』라는 책을 썼다. 이는 16세기, 좀 더 구체적으로 1558년의 일이다. 이 책이 드 사시에 의해 프랑스어로 번역되면서 상세한 주석이 더해졌다. 자지리가 커피의 기원을 밝히는 과정에서 특히 주목한 인물은 남아라비아 아덴에 살았던 수도사 무함마드 이븐 사이드 알 다바니(Muhammad Ibn Said Al Dhabhani)였다. 그는 흔히 다바니로 불렸으며 1470년 혹은 1471년에 사망한 것으로 추정된다. 학식이 깊은 법률학자였던 다바니는 경건한 마음으로 신을 섬기는 사람이었다. 그는 판결을 내릴 때 어떤 경우에도 불의와 타협하거나 불분명한 사실을 대충 넘어가지 않으려고 노력하는 정의롭고 고결한 재판관으로도 이름이 높았다.

어느 날, 그는 아덴을 떠나 아라비아어를 쓰지 않는 지역에 부임했다. 그곳에 머무는 동안 그는 사람들이 자신이 알지 못하는 음료를 마시는 것을 발견했다. 얼마 후 아덴으로 돌아온 그는 병에 걸려 몸져눕게 되었는데, 문득 부임지에서 알게 된 음료가 떠올랐다. 다바니는 수소문해서 그 음료를 구해 마셨다. 그러자 신기하게도 무기력한 느낌이 사라지고 건강해지는 것 같은 기분이 들었다.

여기서 말하는 '아라비아어를 쓰지 않는 지역'이란 어디일까? 홍해 건너편의 동아프리카, 좀 더 구체적으로 에디오피아가 아닐까 추정된다. 다바니는 이후 수피교 수도사가 되었고, 자신이 직접 신비로운 체험을 한 이 음료를 다른 수피교 수도사와 교도에게 알려주었다. 곧 많은 이가 이 음료를 사랑하게 되었다. 그도 그럴 것이 이 독특한 음료는 졸음을 쫓아내어 저녁예배에 도움이 되었기 때문이다. 또한 이 음료는 밤에 공부하거나 힘든 노동을 해야 하는 사람에게 큰 효능이 있었고 몸과 마음을 상쾌하게 해주었기 때문이다.

문제는 이 음료가 과연 커피였는가 아닌가다. 그도 그럴 것이 동아프리카에는 오늘날처럼 커피를 끓여 마시는 전통이 없었기 때문이다. 그런 터라 자지리는 다른 기록을 통해 커피의 기원에 관한 내용을 보충한다. 그에 따르면 다바니가 동아프리카에서 알게 된 음료는 커피가 아니라 카트(Khat) 잎으로 만든 음료 '카프타(Kafta)'였다고 한다. 한데, 이 음료도 커피처럼 흥분작용을 일으킨단다. 그러나 카프타는 커피처럼 국제적인 상품으로 자리매김하지 못했다.

이유가 뭘까? 카프타는 커피와 비슷한 기후와 환경에서 자라는 데다 커피와 비슷한 작용을 하기 때문에 잠시나마 커피와 진검승부를 펼쳤으나 결국 패배한 비운의 음료라고 말할 수 있지 않을까. 카프타에 관한 좀 더 자세한 기록을 살펴보면 "쾌활한 기분을 만들어주고 자유로움과 행복감을 불러일으키는 음료"라고 돼 있다. 이 내용을 근거로 유추해보자면 카프타는 마약의 일종이 아닐까 하는 의심도 든다. 카프타가 일으키는 작용은 3단계로 이루어진다. 1단계는 마시면 바로 효과가 나타나는 '각성작용'인데, 이 과정에 활발한 심신 활동이 동반된다. 즉, 카프타를 마신 사람은 이내 흥분상태에 빠지게 되는 것이다. 이런 흥분 상태는 언제 어떻게 나타날까? 보통 카프타를 마신 뒤 두 시간 정도 지나면 흥분 상태에 빠지는데, 만족감과 함께 내적 안정을 느끼게 된다. 이것이 2단계다. 이후 마지막 3단계에서는 정서적 불안정, 두들겨 맞은 것 같은 느낌, 긴장감이 풀어져 방심하게 되는 기분을 경험하게 된다. 게다가 계속 마시면 나른한 기분과 불면증, 무기력증, 불안감, 망상 등 심신의 부조화를 일으킬 수 있다.

아덴의 다바니가 어떤 삶을 살았는지는 거의 알려져 있지 않다. 그리고 그가 실제로 홍해 건너편에서 머물렀는지도 알 수 없다. 그럼에도 불구하고 오늘날까지 전해 내려오는 많은 이야기가 이런저런 형식으로 커피의 기원을 다바니와 연결 짓는다. 어떤 전설은 커피와 관련된 저간의 상황과 사정을 다른 방식으로 설명하기도 한다. 그에 따르면 예멘의 수피교도와 수도사들은 애초 카프타를 즐겨 마셨다고 한다. 그런데 다바니가 활동하던 시대에 이르러 카프타 공급에 차질이 생겨 품귀 현상이 빚어졌다는 것이다. 그런 상황에서 강력한 각성 효과를 지닌 커피가 이슬람 의학계에 소개되었으며, 다바니가 제자들과 함께 커피콩으로 수프를 만드는 방법을 여러 차례 시험해본 후 그 효과를 증명했다고 한다.

오늘날까지 전해 내려오는 또 다른 이야기에 따르면, 가난한 수피교 수도사들이 맨 처음 카프타 대신 커피를 마시기 시작했는데, 이후 다바니처럼 고귀한 신분에 높은 명성을 가진 이들이 커피를 마시기 시작하면서 커피가 정당성을 확보하고 대중화했다는 것이다. 사시리의 설명을 선석으로 믿는다면 각성작용을 지닌 '건강한' 음료가 이슬람 세계에 출현한 것은 15세기 후반 남아라비아 아덴이었다는 의미다.

'커피는 본래 와인이었다'라는 말의 숨은 의미는?

이 시점에 '커피의 탄생'이 무엇을 의미하는지 다시 한번 음미해볼 필요가 있다. 왜냐고? 커피라는 이름의 어원이 된 단어 '카와(Qahwa)'가 커피가 나타나기 전부터 존재했기 때문이다. 사실 오늘날 커피는 전 세계 각국에서 비슷한 울림을 지닌 이름으로 받아들여지고 있다. 약간 혼란스러워지는 것을 감수하고라도 써보면 카프타도 카와이고 와인도 카와다. 그런 맥락에서 '커피의 탄생'이란 훗날 커피로 불리게 되는, 아프리카의 커피콩 '분누

(bunnu)'를 이용해 만든 음료가 아라비아의 '카와'라는 이름과 결합하면서 이슬람 문화권에 정착했다는 사실을 보여준다. 유럽의 사전을 펼쳐보면 '커피(카와)'는 원래 와인이었다고 기록돼 있고, 그 의미로 '혐오', '식욕이 없다', '조심하다' 등을 제시한다. 그리고 카와란 커피이고 와인이고 카프타이기도 하다고 덧붙인다. 이쯤 되면 아라비아어를 모르는 사람은 혼란스러울 수밖에 없다. 도대체 카와란 무엇인가?

아라비아어는 신기한 언어다. 우리의 관심사와 관련된 것에 한정해서 말하자면 다음과 같다. 우선, 카와는 Q, H, W 3개 자음으로 구성되어 있다. 이를 어근이라고 부르는데, 모음을 표기하지 않는 아라비아어에서는 어근이 특정 관념을 내포한다. 이 경우 '무언가를 향한 욕망을 없애다, 적게 하다, 조심하다'라는 의미가 들어 있다. 곰곰이 생각해보면 알코올인 와인도, 각성제 같은 카프타도, 그리고 커피도 한 가지 측면에서는 거의 차이가 없다. 그것은 바로 '음식을 향한 끝없는 욕망'을 억제하는 일이다. 이렇게 말하고 나면 와인을 식전주로 받아들이는 현대인의 관점으로는 선뜻 이해가 안 되겠지만 와인을 카와라고 부르며 즐겨 마신 사람들은 오히려 식사를 피하거나 줄이기 위해 와인을 마셨다. 그들은 커피가 대중화하기 전까지는 오랫동안 이른바 '카와'라고 하면 가벼운 백포도주를 떠올렸다. 그리고 새롭게 탄생한 커피는 일시적으로 카프타와 치열하게 경쟁한 끝에 '카와'라는 이름을 온전히 점유하게 되었다.

한데 여기에는 사실 약간 번거로운 문제가 숨어 있다. 그것은 바로 이슬람 세계가 와인을 비롯한 모든 주류를 철저히 금지하는 사회라는 점에서 비롯된다. 혹시라도 커피가 와인의 일종으로 판명되는 날엔 커피의 앞길이 순탄치 않을 것이 불을 보듯 뻔했기 때문이다.

실제로 이슬람 세계에서 커피가 정당성을 확보하기까지 만만치 않은 시련을 겪어야 했다. 그 과정에 커피를 옹호하는 일에 팔을 걷어붙이고 나선 이들이 있었다. 그들이 바로 이슬람 신비주의 수도사, 즉 수피교 수도사였다.

우리는 이슬람 문화와 그 철학에 깊이 뿌리내리고 있는 수피즘이라는 신비주의 사상을 좀 더 명확히 이해해야 한다. 아니, 사상 전반까지는 아니더라도 적어도 커피와 관련된 부분만이라도 살펴보아야 한다. 그렇지 않으면 커피의 어원이 되는 '카와'의 의미를 제대로 이해하기 어렵기 때문이다.

커피는 별난 음료다. 사실 대체로 몸에 나쁜 편이다. 마시면 쉬이 흥분하게 되고 잠들기 어려워진다. 식욕도 사라진다. 그래서 다이어트에 도움이 된다고들 하는 것이다. 이런 커피의 부정적인 특성을 오히려 긍정적으로 받아들여서 전 세계로 전파시키는데 크게 기여한 이들이 바로 수피교 수도사다. 그들은 커피를 마시면 몸에 해롭다는 사실을 딱히 문제 삼지 않았다. 오히려 흥분하기 위해 커피를 마시고, 잠을 자지 않기 위해 커피를 마시고, 식욕을 줄이기 위해 커피를 마셨다.

수피라는 이름으로 불리는 사람들은 언제 어디에서 맨 처음 인류 역사에 등장했을까? 8세기 말 메소포타미아 지역 바빌론 인근의 쿠파라는 마을이었다. 수피는 양털을 의미하는 '수프(ṣūf)'에서 유래한 말이다. 이는 양털로 된 하얀 망토를 몸에 두르고 광야에서 종교적 고행을 하는 사람들을 뜻한다. 하얀 양털 옷은 흰옷을 입은 예수 그리스도를 떠올리게 하는데, 광야에서 수행하는 그리스도교도 은수자(隱修者, 세속으로부터 철저하게 격리된 채 고행하는 수도사)의 영향을 받은 것이 아닐까 추정된다. 수피에 따르면, 수프를 맨 처음 입은 이는 죄를 짓고 낙원에서 쫓겨난 아담과 이브다. 대천사 가브리엘이 그들에게 양 한 마리를 내려주었고, 이브가 양에게서 얻은 털을 꼬고 아담이 수프를 떴다고 한다. 그 후 수프를 입은 중요한 인물이 바로 모세, 세례 요한, 예수, 무함마드라는 것이다. 또 한편 수프는 아라비아어로 '순결함'이라는 의미의 '사파(ṣafā)'와도 연결 지을 수 있어 수프를 착용하는 자는 반드시 그것을 지켜야만 한다. 이후 흰 양털 옷이 예수 그리스도를 연상시킨다며 격렬한 비난을 받은 뒤 여러 색 망토를 입게 되었지만, 아무튼 수피라는 단어는 이슬람 신비주의자를 총칭하는 말로 오늘날에 이르렀다.

초기 수피로 수피교 창설 인물에 속하는 하산 알 바스리(Hasan

al-Basri)의 말이 지금도 전해진다.

> 세심한 주의를 기울여 이 세상을 경계하십시오. 이 세상은 뱀과 같이 미끌미끌해 잡을 수 없으며 그 독은 치명적이기 때문입니다. (……) 신에게 이 세상은 가치도 없는 하찮은 것, 작은 돌멩이나 한 줌의 흙 같은 것입니다. 예언자가 말하기를, 신은 이 세상보다 더 추한 것을 지은 일이 없다고 합니다. 신은 세상을 창조한 이후 한 번도 돌아보지 않았을 정도로 이 세상을 미워합니다. 이 세상은 모든 열쇠와 보물과 함께 예언자에게 주어졌습니다. 그렇다고 해도 신의 눈에는 모기 날개만큼의 가치도 잃은 것이 아니었으나, 예언자는 이 세상을 받지 않겠다고 했습니다. 그 무엇도 예언자가 이 세상을 받아들이는 걸 방해하지 않았습니다. 하지만 예언자는 신이 미워하는 것을 자신도 미워했습니다. 신이 무엇을 가벼이 여기면 자신도 가벼이 여겼습니다. 신이 업신여기는 것은 자신도 업신여겼습니다. 만일 예언자가 이 세상을 받아들였다면 그것은 예언자가 이 세상을 사랑한다는 증거일 것입니다. 그러나 예언자는 신이 경멸하는 것의 가치를 인정하거나 사랑하는 일은 할 수 없었습니다.

조금의 타협의 여지도 없는 완벽한 현세 거부다. 그런 터라 수피 중에는 상식적으로 이해하기 어려운 기인도 많다. 예를 들어 어떤 수피는 평생 동안 딱 한 번 웃었다고 한다. 그날이 언제였을까? 놀랍게도 하나뿐인 아들이 죽은 날이었다. 또 어떤 수피는 인생을 사는 동안 단 한 번도 다른 사람의 의견에 귀를 기울이지 않았다고 한다.

아덴의 다바니나 모카의 우마르가 속한 곳도 이런 수피즘을 추구하는 샤드힐리 교단이다. 알 샤드힐리가 태어난 때는 12세기 말이었다. 그가 태어난 곳은 정확하진 않지만 튀니지나 알제리라고 전해진다. 젊은 시절 그는 지나친 학구열로 인해 결국 실명했고 그럼에도 평생 수피즘의 가르침을 전하는 일에 모든 열정을 바쳤다. 알 샤드힐리는 튀니지에서 수피즘을 전파했는데, 그의 사도적 행실과 민중에 퍼진 강력한 영향력을 두려워한 교단 상부가 그를 박해하기 시작했다. 이에 샤드힐리는 이집트 알렉산드리아로 도망쳤다. 살아 있는 동안 그는 여러 번 메카를 순례했는데, 마지막 여행에서 이집트 사막을 횡단하던 중 세상을 떠났다. 1258년의 일이다. 이후 샤드힐리와 관련된 교단이 생겨나 아프리카에서 인도에 이르는 거대한 조직으로 발전했다. 그리고 그 조직망을 통해 커피가 여러 지역, 여러 나라로 퍼져 나갔다.

커피가 만들어내는 작용이 수피즘의 정신과 얼마나 부합하는지 짚어보자.

1. 마시면 잠들지 않는다

수피는 잠들지 않으려고 커피를 마신다. 『꾸란』은 히라산에서 고행하는 무함마드에게 대천사 가브리엘이 임했던 '권능의 밤(Laylat al-Qadr, Night of Power)'과 알라가 무함마드를 데리고 밤하늘을 날아 메카 신전에서 예루살렘 신전까지 여행했다는 '밤의 여행(al-'Isrā' wal-Mi'rāj, Night Journey)'을 전한다. 이슬람 문화는 '밤'과 '잠들지 않는 것'에 본질이 있다. "주의하라, 눈을 뜨고 있어라, 삶이 허무하게 지나가버리지 않도록……"이라고 13세기 수피 시인 사디(Saadi Shīrāzī)는 노래한다. 그리고 『천일야화』의 셰에라자드는 밤을 새워가며 이야기한다. 유대교, 그리스도교, 이슬람교의 같은 조상인 아브라함이 '신의 친구'인 것은 수피의 가르침에 따르면 다른 사람이 모두 잠들어 있을 때도 계속 잠에서 깨어 기도를 올렸기 때문이라고 한다. 이슬람에서 가장 선한 종교 행위는 모스크에서 밤을 지새우며 기도하는 일이다.

이슬람의 밤하늘은 신비로움으로 가득하다. 단순히 아름답기만 해서 그런 것이 아니다. 이슬람 신비주의에 따르면 우주는 항상 같은 드라마를 보여주는 일정한 현상의 총체이며, 인간의 감각으로 지각할 수 있는 물질적 베일을 통해 나타났다가 사라지는 무상(無常)의 환영이다. 신성은 인간에게 예지가 머물 때 비로소 파악된다. 하지만 이 예지는 인간의 노력으로 획득할 수 없으며 신에게서 유출되어 인간을 찾아왔다가 다시 신에게로 돌아간다. 예지의 수는 변하지 않고 단지 주기적으로 떠돌며 바뀐다. 그 주기성을 천체에 드러내는 것이 전지전능한 신의 자비로운 뜻이며, 그것을 읽는 것이 점성술이다. 별자리가 본래 물질적 베일에 비친 환영일 뿐 아니라 동시에 인간과의 합일의 계기가 된다고 말하는 것은 그런 연유에서다.

13세기에 활약한 저명한 수피 시인이자 메블레비 교단(Mevlevi Order)의 창시자 잘랄 아드딘 무함마드 루미(Jalāl ad-Dīn Muhammad Rūmī)는 밤하늘에 빛나는 별자리 아래 신성이 깃드는 시간을 다음과 같이 노래한다.

> 잠들지 말라, 손님이여, 나의 사상이여! 오늘밤은.
> 그 자상한 격려의 말에 감사하리 오늘밤은.
> 그대, 천사의 숨결, 하늘에서 나에게로 피어오른다.
> 그대는 의사 나는 환자, 오늘밤은.
> 졸음을 떨쳐내라, 우리 시선의 비밀이
> 성스러운 장벽에서 벗어나리라 오늘밤은.
> 밝게 선회하라, 천체의 별들이여, 반짝임으로
> 영혼이 소용돌이치며 상승하도록 오늘밤은.
> 보석이여, 너희 무덤에서 빛나라,
> 별을 향해 감미로운 싸움을 벌여라 오늘밤은.
> 날아올라라, 나의 독수리여, 태양을 향해,
> 나는 어둠 속에서 동요하지 않으리 오늘밤은.
> 감사하게도, 모두 잠들었구나. 신과 나만이

이 장벽 안에 서 있다 오늘밤은.
오늘밤은 태양이 떠오른 듯 환하며 온화하다,
나의 시선이 동요하지 않도록 오늘밤은.
눈부신 별의 광장에는 어떤 난리법석이 잠들지 않고 있는가,
늘씬한 황금빛 거문고가 노래한다 오늘밤은.
사자와 황소와 양은 반짝임을 서로 다투고
오리온의 칼이 번뜩인다 오늘밤은.
전갈과 뱀은 도망가고 왕관은 손짓하며
처녀는 술을 마시며 즐거워한다 오늘밤은.
조용히 나는 혀를 꽁꽁 묶으리, 즐거움에 취해서,
혀를 움직이지 않은 채 말하리. 사상을, 오늘밤은.

— 프리드리히 뤼케르트(Friedrich Rückert) 번역

이렇게 수피는 '잠들지 말라', '졸음을 떨쳐내라'라고 노래했다. 잠드는 일을 금기로 여기는 수피에게 '마시면 졸음이 사라지는 커피'가 얼마나 고마운 존재였을지는 두말할 필요도 없을 것이다.

2. 커피는 식욕을 없앤다

수피교도는 미식가가 아닐 뿐더러 먹는 것 자체를 지극히 절제했다. 배고픔과 목마름을 극복하는 것은 모든 금욕주의에서

빠지지 않는 요소다. 수피 수도사와 교도에게 식사는 아무런 의미 없는 시간일 뿐이며, 뭔가 씹어서 삼키는 음식을 먹을 때는 신을 찬양하는 시구를 70회 반복하는 번거로운 규율을 지켜야 했다. 16세기 중반의 한 수피 수도사는 말년에 '검은 잠잠성수'만 마시며 생활했다고 한다. 그리고 그가 죽은 뒤 "커피를 몸속에 넣고 죽은 자는 초열지옥에 떨어지지 않는다"라는 말이 퍼져 나갔다고 한다.

그런데 '커피를 마셔서 식욕이 없어졌다'며 불평을 늘어놓는 것은 본말이 전도된 것이다. 카와는 '어떤 것을 향한 욕망을 없애는' 것으로 직접적으로는 식욕을 제거하는 것이기 때문이다. 수피즘은 욕망을 억누르고 없애는 데 절대적인 가치를 두었으며 허례허식이 넘치는 현세를 혐오해서 신중함을 찬양하고 음식까지 끊으려는 금욕주의에 입각하고 있기 때문이다.

3. 커피를 마시면 살이 빠진다

마른 몸은 수피뿐 아니라 이슬람의 미의식이 요구하는 부분이다. 사막민족에게 비만은 게으름의 상징이며 질병의 징후이기도 하다. "만약 당신이 살쪘다면 만성 질환자라고 생각하라"라는 속담이 있을 정도다. 또한 검소한 생활을 중시하는 유목민에게 포식과 비만은 현자와 대립되는 개념이다. "풍만한 여자는 언젠가 현자마저도 어리석게 만든다."

4. 커피는 몸에 나쁘다

수피는 '부끄러운 줄 모르고 건강, 안전, 장수라는 세 가지 우상을 숭배하는 유럽인'(후고 폰 호프만슈탈(Hugo von Hofmannsthal)의 『유럽의 이념(Die Idee Europa)』(1917))이 아니다. 수피는 이 세상이 뱀이나 전갈이라도 되는 양 꺼리고 피하며, 고행을 위해서라면 살아 있는 뱀을 먹기도 하고 활활 타오르는 불꽃을 삼키기도 한다. '몸에 나쁘다'라는 것은 쉽게 말할 수 있는 문제가 아니다.

5. 커피를 마시면 흥분한다

수피교도와 수도사에게는 흥분해야만 하는 충분한 이유가 있다. 그들은 커피의 잠을 쫓는 효과를 이용해 저녁예배에 전념할 수 있게 된 것을 기쁘게 받아들였다. 나아가 신성한 밤 시간에 사람들을 깨워 선으로 이끌고 신과의 합치를 도와주는 일을 커피의 본래 사명으로 여겼다. 그러므로 커피를 마시는 행위는 그 자체가 종교의식이었다. 이슬람교에는 어떤 정해진 주문을 일정한 횟수로 반복하는 의식이 있는데, 그것은 구체적으로 입을 움직여서 신을 찬양하는 동시에 그 미학적 효과로 인해 심리적 흥분과 황홀경에 빠지기 위해서라고 한다. 대표적인 예로, 카와를 마시면서 '야 카위'(Ya Qawi, '아 강력한 자여')라는 주문을 116번 외치는 의식이 있다.

왜 116번일까? 이는 대수학(代數學)의 고향 아라비아의 정신과 깊은 관련이 있다. 아라비아 문자는 하나하나의 글자에 수치가 있고, 앞서 수피라는 단어에서 살펴본 문자 상징과 같은 숨겨진 의미를 갖는다. 예를 들어 '수피'라는 문자로 생각해보면 다음과 같다. S=90, W=6, F=80, Y=10. 이것을 합하면 186이 된다. 이번에는 100=Q, 80=F, 6=U로 QFU라는 문자가 나온다. 이 문자의 조합이 연상시키는 개념이 '수피'라는 단어에 숨겨진 의미를 표현하는 것이다. 가장 중요한 것은 FUQ의 조합으로, 전치사 fauqa는 '~의 위에, 위쪽에(on, above)'를 뜻하고, 이는 초월적 철학으로서의 수피즘의 본질을 나타내는 것이다. 이것을 커피를 마시는 의식에 적용하면 다음과 같다. 우선 카와는 알라의 별명인 카위(강력한 자)와 발음이 비슷할 뿐 아니라 카위의 자음 QWY(100, 6, 10)의 합계 116은 카와의 자음 QHWH(100, 5, 6, 5)의 합계와 같다. 커피를 마시면서 '강력한 자여!'를 116번 외치는 의식이 생겨난 것도 이런 맥락에서다. 이러한 의식이 존재했다는 점에서 보면 카와에는 신체에 힘을 불어넣는 효과가 있기 때문에 카와의 어원을 쿠와(Quwwa), 즉 '힘', '강함'이라고 보는 해석도 가능하게 된다.

수피즘의 정신과 합치하여 수피즘의 상징적 의미를 부여받은 커피는 대수롭지 않게 마셔버리는 음료가 아니다. 수피교를 믿는 사람들에게 '커피를 마신다'는 행위는 '이념의 힘(카와)을 받들어 누린다'라는 의미다. 다시 말해, 커피는 이슬람의 신 알라의 백성이 숨겨진 신비를 보고 신의 계시를 받아들일 때 마시는 음료인 것이다. 커피는 '빵과 소금'처럼 신성시되었다. 예로부터 북유럽, 동유럽은 물론 중동 지역에서는 '빵과 소금'이 손님에 대한 환영, 후한 접대를 상징했다. 그에 반해 역사에 새롭게 등장한 커피가 순식간에 '빵과 소금'과 그 위상을 나란히 하면서 손님에 대한 충성과 안전을 보장하는 후한 대접의 상징으로 자리매김한 것은 특기할 만하다. 즉, 어느 집에 초대되어 커피를 대접받은 손님은 반나절 동안 절대 안전을 보장받으며, 서로 적대관계에 있는 사람이 커피를 함께 마시는 것은 동맹의 시작과 다름없다는 등과 같은 의미가 부여되었다. 나아가 유럽인이 와인을 대접할 때와 마찬가지로, 커피를 내주는 주인 쪽에서 먼저 입을 대고 맛을 표현해야 한다든가, 마지막 커피는 이제 커피를 다 마셨으니 자리에서 일어나 각자의 길로 가라는 신호라는 식으로 일상생활 속 예의범절이 성립되었다.

수피교 수도사는 본래 가정을 꾸리지 않는다. 각지의 모스크에서 밤을 보내다가 두 모스크 사이에서 쓰러져 죽는 것을 이상적 삶으로 여기며 오로지 고행에 전념하는 사람들이다. '메르하바(Merhaba, '당신 주변이 펼쳐져 있는가'라는 뜻)'라는 인사말을 가진 사막민족에게는 자신의 주변이 끝없이 펼쳐져 있는 상태야말로 가장 이상적이다. 그러나 끝없이 펼쳐진 사막에는 위험 요소도 존재하기 마련이다. 그 연장선에서 아라비아의 독특한 생활규칙이 생겨났다. 『꾸란』에서는 아무도 살지 않는 집에 어떤 용건이 있어 들어가는 것을 허락한다. 특정 개인에게 속하지 않은 공공건물의 자유로운 사용이나 후한 손님 접대 등의 관습은 어떻게 생겨났을까? 아마도 그렇게 하지 않았을 때 예상치 못한 위험이 발생할 수 있는 사막민족의 독특한 삶의 방식 때문에 생겨난 게 아닐까 싶다. 수피교 수도사를 받아들이고 잠잘 곳을 제공하는 곳은 각지의 모스크와 교단의 숙소였다. 수피즘 교단은 사유재산 축적 정도를 놓고 따지자면 거의 걸인에 가까운 수피교 수도사의 여러 가지 필요를 특정 집단의 내부에서 이상적으로 해결하기 위한 조직이라 할 수 있다. 이러한 종교 조직을 배경으로 '행복한 아라비아' 예멘에서 개발된 '이념의 카와'도 수피교도와 함께 끝없이 펼쳐지기를 꿈꾸며 여행길에 선 것이다.

이슬람 커피 세계사에 뚜렷한 족적을 남긴 커피 탄압 사건, '메카 사건'

커피가 수피교도와 수도사에 의해 퍼져 나가면서 하나둘 문제점이 드러났다. '카와'라는 명칭은 커피가 생기기 이전에는 가벼운 백포도주를 가리키는 단어로 사용되었다. 커피와 와인이 별개의 것이라는 점은 의심의 여지가 없으나 그것은 오늘날 우리의 생각이다. 커피도 카와이고 와인도 카와였던 과도기에는

대중 이야기꾼 메다흐의 공연이 펼쳐진 오스만제국의 커피하우스, 16세기 세밀화

각 음료의 정체성을 확립해가는 과정에서 문제가 불거졌다. 이슬람 세계에는 와인을 경계하는 속담이 이루 헤아릴 수 없을 정도로 많다. 몇 가지 예를 들어보자.

신앙과 와인은 양립할 수 없다.

와인은 모든 악으로 통하는 길이다.

와인을 마신 자의 기도는 알라에게 도달하지 않는다.

와인을 마시고, 팔고, 사고, 또 다른 사람이 마시도록 부추긴 자에게는 저주가 내릴지어다(사막의 와인 상인은 주로 유대교도 혹은 그리스도 교도였다).

이 세상에서 와인을 마신 자는 저 세상에서 와인을 마실 수 없다.

일부러 와인을 마신 자는 부활의 날에 고름을 마셔야 한다.

커피를 전파하는 데 기여한 수피즘이 이슬람 철학과 문학에 얼마나 큰 영향을 미쳤을까. 이슬람교 전체에서 보면 수피즘은 분명 소수파 신비주의자다. 그러므로 기본적으로 와인을 금지한 이슬람 세계에서 카와가 사람들 눈에 띄기 시작했다면 문제는 이미 불거진 것이었다.

'행복한 아라비아'에 나타난 커피는 습자지에 먹물 번지듯 순식간에 퍼져 나갔다. 15세기 말 즈음의 일이다. 이후 16세기 초에는 메카, 메디나의 두 성지와 이집트 카이로의 모스크 등지에서 커피를 마시면서 예배드리는 수피의 모습을 흔히 볼 수 있게 되었다. 자지리의 『커피의 정당성을 위해』는 이러한 예배에 참가한 카이로 사람들에 관해 다음과 같이 이야기한다.

> 이 사람들은 카와를 일요일과 금요일 밤에 마셨습니다. 붉은 흙으로 만든 병에 담긴 카와를 작지만 긴 그릇으로 퍼올려서는 오른쪽에 앉은 사람부터 순서대로 돌렸습니다. 그러는 동안 다른 사람들은 평소대로 기도했습니다. 흔히 들리는 기도 소리는 '알라신 이외의 신은 없다. 진정한 왕이여, 그 힘은 완전할지니'였습니다. 속세 사람들도, 또 모스크에서 일하는 사람들도 함께 카와를 마셨습니다. 우리도 마셨는데, 카와는 듣던 대로 졸음을 몰아내고 잠드는 것을 막아준다는 사실을 알게 되었습니다. 이렇게 말하는 이유는 그것을 마신 덕분에 그날 밤 모두 함께 밤을 지새울 수 있었고, 그 사이 몇 배로 불어난 사람들과 아침 기도를 이어서 하는데도 딱히 피곤하다는 느낌이 들지 않았기 때문입니다.

위의 글은 경건하게 예배드리는 장면을 묘사한 것이지만 위정자의 시각은 달랐다. 오히려 그들은 커피와 관련된 모든 것을 신에 대한 모독에 가까운 대상이자 행위로 보았다. 실제로 커피를 마시는 방법에는 신을 업신여기는 행동이라고 여길 만한 점이 있다. 어떤 민족이든 종교에 기반한 식사 예법이 있기 마련이다.

아라비아 예법에서는 요리가 뜨겁다고 해서 입으로 바람을 호호 불면서 먹으면 안 된다. 왜일까? 우선 그것은 대식가를 의미하는데, 이슬람 교리에 따르면 이는 죄악이기 때문이다. 또 하나의 이유, 호흡에는 생명의 숨결이 담겨 있어서 그런 식으로 마구 불면 생명이 빠져나간다고 믿었기 때문이다. 그도 그럴 것이 비록 하찮은 흙으로 빚은 아담이지만 신이 그의 코에 생명의 호흡을 불어넣음으로써 '살아 있는 자'가 되었다. 손님에게 온기가 가득 담긴 뜨거운 식사를 대접해서는 안 되는 것도 이런 연유에서다. 이슬람 교리에 따르면, 온기나 연기는 무릇 악마가 머무는 장소다. 『천일야화』로도 알 수 있듯 연기와 함께 등장하는 것은 대부분 악마다. 식사는 세 명의 천사를 맞아들일 때 아브라함이 그랬던 것처럼 신속하게 끝내는 것이 바람직하다. 소리를 내서도 안 된다. 특히 『꾸란』에는 먹어서 좋은 것과 나쁜 것에 대한 자세한 규정이 있는데, 석탄은 먹어서는 안 되는 것으로 규정한다. 이러한 종교적 식습관 속에서 커피는 어떻게 비쳤을까. 볶은 커피콩은 누가 봐도 '석탄'에 해당한다. 게다가 김이 모락모락 나는 뜨거운 액체를 입으로 호호 불면서 마신다. 심지어 신성한 모스크에 여러 사람이 둘러앉아 권커니 잣커니 하면서 홀짝홀짝 커피를 마시고, '알라 이외의 다른 신은 없다'라고 읊조리면서 즐거워하는 것이다. 사정이 이러니 위정자와 종교 지도자 입장에서는 커피 마시는 행위를 그야말로 '도발'이라고밖에 볼 수 없었을 것이다.

게다가 카와란 와인이 아닌가! 이쯤 되면 금지의 조건은 차고도 넘치는 셈이다.

마침내 많은 사람이 우려하던 일이 터졌다. 사건은 다른 곳도 아닌 메카에서 일어났다. 1511년 6월 20일 금요일, 예언자 무함마드의 탄신일 전날 밤의 일이다. 메카의 총독 카이르 베그 알미마르(Kha'ir Beg al-Mi'mar)는 성스러운 모스크에서 하루 일과를 기도로 끝내고 늘 그랬듯 신전의 신비한 보석인 흑석에 입을 맞추었다(이 돌은 하늘에서 떨어졌을 때는 순백색이었으나 세상 사람들의 죄로 더럽혀져 검은색이 되었다고 한다). 흑석 반대쪽에는 잠잠성수가 있어 그는 성수를 마신 뒤 다시 기도했다. 그가 이렇게 경건한 자세로 기도하고 있을 때 경내 한곳에 등불을 켜고 모인 수상한 무리가 있었다. 자세히 보니, 그 수상한 무리는 뭔가 술 같은 것을 돌려 마시고 있었다. 그즈음 신전 근처 식당에서도 팔기 시작한 카와가 틀림없었다. 카이르 베그는 발칙한 무리를 호되게 꾸짖고 내쫓았다. 그리고 다음 날 메카의 간부회의를 소집해 카와 문제를 심도 있게 논의하기로 했다. 그의 직분에는 상인이 사용하는 저울이 정확한지를 검사하는 일 외에 시장에서 판매되는 상품 중 금지 품목이 있는지 확인하는 감시 역할도 포함돼 있었다. 따라서 그는 그 무렵 나돌기 시작한 카와를 어떻게 처리해야 할지 결정해야만 했던 것이다.

회의 때 카이르 베그는 커다란 그릇에 카와를 담아 왔다. 주요 의제는 두 가지였다. 첫째, 대중이 종교를 구실로 카와를 마시는 일을 금지해야 하는가. 둘째, 카와 자체를 금지해야 할 것인가. 첫 번째 의제가 금지하는 방향으로 결론이 난 후 의견이 갈렸다. 회의에 참석한 몇 사람이 카와 자체를 금지하는 데는 동의하지 않았기 때문이다. 그들은 '기본적 허가물'의 원칙을 반대 논리 근거로 삼았다. 그들의 논리에 따르면, 원칙적으로 모든 식물은 신이 인간의 기쁨을 위해 만든 것이다. 그런 맥락에서 금지를 필요로 하는 성질이 포함되어 있다는 사실이 명확히 증명되지 않으면 기본적으로 허가해야 한다(이를 '하나피(Hanafi) 원칙'이라고 한다. 『꾸란』에 금기사항으로 명시되지 않았다면 허용해야 한다는 이슬람 원칙)는 것이다. 물론 먹어서 좋은 것과 나쁜 것은 『꾸란』에 자세히 기록되어 있지만 말이다. 오랜 논의 끝에 카와가 심신에 피해를 주는지 주지 않는지 의학적 검증을 받아보는 방향으로 정해졌다.

최종적으로 어떤 결과가 나왔을까? 각본은 이미 짜여 있었던 것으로 보인다. 카이르 베그는 미리 대기시켜 둔 페르시아인 의사 두 명을 불러들여 전문적 의견을 구했다. 학식이 높은 두 의사는 미리 준비해둔 답변을 장황하게 늘어놓았다. 카와는 차고 건조한 성질을 지니고 있으므로 그것을 마시면 신체 균형을 깨뜨릴 우려가 있다고 했다. 이때 회의에 참석한 몇 사람이 그 주장에 동조해 논리를 폈다. 자신들도 카와를 마셔본 경험이 있는데, 그때마다 분명한 정신적 변화를 경험했다는 것이다. 이 또한 미리 짜놓은 각본의 일부분이었다.

엉성한 각본에 어설픈 연기가 아닐 수 없었다. 그럼에도 메카의 총독 카이르 베그 알미마르는 자신이 원하는 결론을 얻었으며, 이후 본격적 커피 탄압이 시작되었다. 메카의 길거리에서 커피콩을 볶거나 커피를 판매한 자, 그리고 커피를 마신 자는 모질게 채찍질을 당했다.

그러나 커피 탄압은 오래가지 않았다. 회의에서 커피 전면 금지에 찬성하지 않은 온건파 몇 명이 카이로에 의사록을 보내 중앙정부의 의견을 물었기 때문이다. 이듬해 카이로 중앙정부는 공식 답변을 보내 온건파의 손을 들어주었다. 그 내용을 좀 더 구체적으로 살펴보자면, 커피 자체를 금지하는 것은 인정하지 않는 대신 반종교적인 행위가 뒤따를 때는 단속을 허가한다는 방침이었다. 여기서 그치지 않고 카이로 중앙정부는 무리하게 커피를 탄압한 카이르 베그를 해임시켰다. 회의에 증인으로 출석한 두 의사는 그 후 메카를 떠나 카이로로 이주했다. 그리고 카이로가 오스만제국에 정복되었을 때 그 두 의사는 오직 '신만이 아는' 이유로 처형되었다. 1517년의 일이다. 권력에 아부하는 어용학자에게 내린 엄격한 판결로 보아야 하지 않을까.

역사에 기록된 대표적 커피 탄압 사건인 '메카 사건'은 우여곡절을 거쳐 이렇게 일단락되었다. 이는 커피가 승리의 브이 자를 그리며 대중 앞에 모습을 드러낸 상징적 사건이었다. 또한 이로써 커피가 와인과는 확연히 다른 음료라는 공식 승인을 얻는 것도 시간문제였다. 커피가 와인과 비슷한 도취 작용으로 사람들에게 정신적 변화를 일으키는 것은 사실이나 커피는 포도로 만든 것이 아니다. 이슬람의 식사 예법에 어긋나는 커피 음용법은 차츰 특별한 예외사례로 인정받기 시작했다. 그러나 뜻밖에도 두고두고 논쟁의 대상이 된 것은 커피콩이 석탄인가 아닌가 하는 문제였다. 물론 『꾸란』에 커피에 대한 직접적 언급은 없다. 하지만 커피가 불리한 것은 『꾸란』이 석탄 섭취를 금한다는 점이었다. 커피를 문제 삼은 사람들은 이 점에 대한 논거를 요구하며 줄기차게 커피를 금지해야 한다고 주장했다. 이 논란에 종지부를 찍은 것은 17세기에 들어서였다. 술탄 아흐메드 1세(Ahmed I, 재위 1603~1617) 통치하에서 종교적 권위를 가진 사람들이 '커피콩은 석탄이라고 불릴 만큼의 강도로 구워진 것이 아니다'라고 통일된 견해를 모았다. '커피는 석탄과 다르다'라는 논리가 확립된 것은 커피가 이슬람 세계에서 공식적으로 인정받고, 나아가 세계적 상품이 되는 데 걸림돌이 된 족쇄를 마침내 푼 셈이었다.

카이르 베그의 노골적인 탄압을 이겨낸 메카는 그야말로 '커피의 메카'가 되었다. 메카는 모든 이슬람 세계의 중심이다. 이슬람교도라면 누구나 일생에 한 번은 메카를 순례해야 한다. 그들은 카바 신전 흑석에 입을 맞추고, 잠잠성수를 마시고, 또 하나의 '검은 잠잠성수'를 들이켰다. 이슬람 세계는 오스만제국의 술레이만 대제(Süleyman I, 재위 1520~1566) 치세를 맞이하면서 점점 더 강성해지고 팽창의 길을 걷게 된다. 16세기는 '터키의 세기'였다. 바로 그 무렵 아라비아 반도 남단에서 출현한 커피는 '이슬람의 와인'으로 자리 잡은 뒤 전 세계로 전파되는 기틀을 마련했고, 출발선에서도 가운데 자리를 차지했다.

예멘 커피상인이 만든 희대의 히트 카피
— '커피에 잠잠성수와 같은 효과가 있다'

이집트 카이로에서 예멘의 수피교도가 커피를 마시는 모습이 종종 눈에 띄기 시작한 때는 16세기 초 무렵이었다. 시리아 출신 하쿰과 샴스가 1554년 오스만제국 수도 이스탄불에 '커피하우스'를 연 이후 그 수는 점점 늘어나 셀림 2세(Selim II, 재위 1566~1574) 시대에는 이스탄불에 이미 600곳이 넘는 커피하우스가 영업하고 있었다. 그런 분위기에서 아이러니하게도 어떤 의미에서는 커피의 본질과 모순되는 사태가 벌어지고 있었다. 즉 현세 부정의 화신이자 극단적으로 비사교적인 수피교도와 수도사들이 마시기 시작했으며 그 이름도 지어준 카와가 응큼하게도 그들이 가장 끔찍이 여기는 '사교장'을 만들고 있었던 것이다.

이슬람 세계에서 사람들이 처음 커피를 마시기 시작했을 때는 그것을 마시기 위한 특별한 공간이 필요하지 않았다. 밤에 모스크나 수도원 숙소에서 수도사나 세속 신자들이 신에게 기도를 올리는 성스러운 시간에 마셔서 잠을 쫓기 위한 것, 그것을 바로 커피의 사명으로 여겼기 때문이다. 그러나 아라비아에서 탄생한 '커피하우스'라는 이 독특한 메커니즘은 커피와 함께 유럽 시민 생활에 흥취를 더한 매우 중요한 요소가 되었다. 순식간에 아라비아 세계를 석권해버린 커피하우스가 하나의 산업으로 널리 확산한 데는 이슬람 세계에 속하는 사람들의 정신적, 정치적, 경제적 배경 등 다양한 요인이 있었다.

이스탄불의 커피하우스는 '카흐베하네(Kahvehane)'라고 불렸다. 여기서 '하네'는 카라반(Caravan, 통상이나 성지순례 또는 이 두 가지 목적을 겸하여 무리를 이루어 여행하는 상인 집단)을 위한 여관이나 선술집이라는 의미다. 1511년 '메카 사건' 때 많은 커피가 압수된 곳이 바로 멀리서 찾아온 젊은 남녀를 맞이하는 여관 겸 선술집인 '하네'였을 것이다.

공식적으로 술을 금지한 문화권에 선술집이 존재했다는 사실부터 기묘하다고 할 수 있겠으나 겉모습이야 어떻든 양탄자처럼 보기 싫은 뒷면도 존재하는 것이 인간사 아니겠는가. 선술집도 필요악처럼 반드시 존재해야 했기에 존재했을 것이며 그 나름대로 활기가 넘쳤다. 선술집은 사물의 성격으로 따지자면 하늘을 숭배하지 않는, 인생의 뒷골목을 걷는 사람들이 주로 드나드는 장소였다. 그러므로 스스로 성실한 이슬람교도라고 자부하는 사람이라면 좀처럼 출입을 꺼리는 장소였음도 틀림없는 사실이다. 어쨌든 곰곰이 생각해보면 이 또한 흥미로운 일이 아닐 수 없다. 술과 음악에 악마적인 요소가 잠재해 있다고 여겨서 이를 기피하는 것은 이해할 만한 일이다. 그러나 선술집의 존재 의미는 그뿐만이 아니었다. 말하자면 선술집은 선을 넘지 않는 선에서 사람들 간의 관계를 좀 더 화목하게 만들어주고 좋은 방향으로 이끌어주는 역할을 하기도 했다. 예를 들어 유럽 어느 도시나 시골에 사는 그리스도교도가 예배를 끝내고 삼삼오오 인근 선술집에 모여서 사람들의 관심사를 모으는 일이나 정치적 화제로 이야기꽃을 피우는 일은 딱히 금기사항을 건드리는 것은 아니었다. 그에 반해 이슬람교도는 선술집에 드나드는 일 자체를 꺼렸으므로 집에 틀어박혀 지내거나 모스크를 공원 삼아 배회하는 일 외에 딱히 다른 방법이 없었을 것이다. 이런 점에서 중요한 사회제도의 결핍을 느끼게 된다. 카흐베하네의 폭발적 보급은 바로 이런 결핍을 메우는 자연스러운 현상이었다.

커피와 카흐베하네는 '예상대로' 격렬한 논쟁의 표적이 되었다. 그도 그럴 것이 『꾸란』에 기재되어 있지 않은 새로운 음료가 수피교도와 수도사들이 퍼뜨린 새로운 습관으로 사람들의 눈과 귀에 들어오기 시작한 뒤 이슬람 정통파(수니파)가 중시하는 관습(순나)과 마찰을 빚는 것은 그야말로 시간문제였기 때문이다.

그러나 그 음료도 이슬람 세계에서 차츰 정당성을 획득해간다. 1550년, 오스만제국의 영광을 구현한 술레이만 대제의 어전 의사가 낸 감정서에 따르면 카흐베하네를 운영하는 일에 있어서 거슬리는 점이 하나도 없었다. 선술집이 그 메인 메뉴를 와인으로 시작해 차츰 커피로 바꿔나간 것은 시대의 흐름이었다. 이로써 카흐베하네는 최초의 '술이 없는 선술집'이 되었다.

초기 카페가 겉으로 보기에 선술집과 별 차이가 없었다고 해도 그 메뉴 중심이 와인이 아닌 '이슬람 와인'으로 공인되어 가는 음료였다는 점에서 '카흐베하네 산업'의 비약적 발전은 그야말로 떼어놓은 당상과도 같은 것이었다. 선술집이 뭔가 떳떳하지 못한 장사였던 만큼 선술집에서 커피하우스로의 전환은 매우 빠르게 진행되었다. 커피가 선술집 메인 메뉴 자리를 꿰찬 시점부터 커피는 확산일로를 걷기 시작한 셈이었다. 그즈음에 이미 많은 커피하우스가 성지나 모스크로 가는 길에 참배객처럼 늘어서기 시작했는데, 이는 그 독특한 신종 음료의 정당성을 좀 더 확실히 각인시켜 주는 징표로 받아들여졌다. 그도 그럴 것이 그전까지만 해도 커피는 수피교도나 수도사라는 매우 제한된 범위의 사람들만 마시는, 전혀 대중적이지 않은 음료였기 때문이다.

1511년 메카 사건 때는 '카와를 제공하는 선술집'이 카바 신전 근처에 즐비했던 것으로 보인다. 그리고 카이르 베그 알미마르의 탄압은 오히려 '커피를 주는 선술집'을 '커피하우스'로 전환하거나 소규모 커피 좌판이 새롭게 단장하는 데 적잖은 자극이 되지 않았나 싶다.

전 이슬람 세계에서 독실한 신자들이 메카를 찾아온다. 카바 신전을 참배해 흑석에 입 맞추고 잠잠성수를 마신 순례자는 자연스럽게 또 하나의 '검은 잠잠성수'를 마셨을 것이다. '커피에 잠잠성수와 같은 효과가 있다.' 이는 '알리 이븐 우마르의 커피 발견 이야기'를 만들어낸 예멘 커피상인의 공전의 히트 카피였다.

사막민족에게 물은 그 무엇보다 소중한 것이다. 고향에서 애타게 기다리는 병자를 위해 잠잠성수를 가지고 돌아가는 순례자라면 아마도 '그것을 몸속에 넣고 죽은 자는 초열지옥에 떨어지지 않는다'라고 알려진 검은 액체의 원료를 산지에서 악착같이 구해 몸에 지니고 돌아갔을 것이다. 또 그로 인해 커피의 존재는 순식간에 전 이슬람 세계로 퍼져 나갔을 것이다. 순례, 그것은 거대한 상품수송기관이며 정보전달기관이다. 머지않아 그 운반과 교환에 이슬람 세계의 거상이나 유럽제국의 상인자본가가 관여하기 시작하면서 커피는 근대 상품교환사회의 대표적인 상품으로 보무도 당당하게 세계 시장에 등장하게 된다.

선술집에서 커피하우스로 전환되는 시기에 새로운 변수가 나타났다. 상대적으로 형편이 넉넉지 못한 선술집 주인과는 본질적으로 다른 재력 있는 거상이 커피하우스 산업에 본격적으로 뛰어들기 시작한 것이다. 그 세계사적 필연성은 다음 장에서 서술하겠으나 그들은 커피 교역을 통해 막대한 이익을 창출해야만 했다. 그러나 대다수 일반 대중은 커피를 구매하는 방법조차 알지 못했고, 그런 이유로 커피 수요는 완만한 신장세를 보이고 있었다. 이런 상황에서 거상들은 가장 쉬운 방법을 택할 수밖에 없었다. 즉, 커피를 구하지 못하는 사람들에게 커피를 마실 수 있게 해주면서 커피 수요를 빠르게 끌어올리기 위해 이미 만들어진 커피를 손님에게 제공하는 방법이었다. 그들의 재력은 이를 위해 모든 사치를 한데 모은 커피하우스를 건축하기에 전혀 부족하지 않았다. 그들이 지은 커피하우스는 선술집과는 격이 달랐다. 내부 벽면을 프레스코로 화려하게 장식했고, 외부에는 편안한 분위기의 정원을 꾸미고 긴 의자를 배치했으며 산뜻한 느낌의 양탄자도 깔았다. 카이로, 다마스쿠스, 바그다드 등 서아시아 대도시 곳곳에, 그리고 근사한 풍경을 끼고 있는 대도시 근교에 호사스러운 '커피하우스'가 세워졌고 마치 서커스단처럼 지나다니는 사람들의 이목을 끌었다.

커피하우스가 지닌 가장 큰 매력은 새로운 사교장으로서의 역할이었다. 예로부터 이슬람 사계의 대표적 사교장이라 하면 공동목욕탕이 있었다. 뜨거운 욕탕, 증기 욕탕 등 다양한 욕탕을 갖춘 공동목욕탕은 많은 사람이 모여 알몸으로 교제를 나누는 사교장이었다. 그것은 사적영역 혹은 공적영역과는 무관한 하나의 별천지였다. 인간이 '공'으로부터, 그리고 '사'로부터 해방된 영역에 강한 매력을 느끼는 것은 딱히 아라비아인만의 특징이라고 말하기는 어렵다. 예컨대 일본이나 고대 로마, 십자군 원정의 흐름 속에서 이슬람 세계의 목욕탕 문화가 전해진 중세 유럽에서 공동목욕탕은 자유로운 사교장으로 번성했다. 따뜻한 물이 불러일으키는 생리적인 작용도 무시할 수 없겠으나 공동목욕탕에는 세상살이의 굴레로부터 심신을 벗어나게 해주는 해방감과 자유로움이 흘러넘쳤다.

그러나 아라비아의 공동목욕탕이 비록 자유로운 사교장으로서 한껏 매력을 발산했다고는 해도 한결같이 호평만 받은 것은 아니었다. 왜일까? 다른 한편에서는 '모의의 자유', '마약의 자유', '동성애의 자유' 같은 금기도 함께 뒤섞여 존재했기 때문이다. 그런 관점에서 볼 때 새롭게 생겨난 커피하우스에는 출입을 꺼릴 만한 악평은 거의 없었다. 커피하우스는 공동목욕탕처럼 공적이지도 않고 사적이지도 않은 독특한 공동영역을 형성하는 데 성공했기 때문이며, 그곳에서 불특정 다수의 사람들과 교류할 수 있는 가능성을 제공했기 때문이다. 우리는 훗날 유럽 카페 문화의 역사에서 가장 중요하다고 말할 수 있는 카페 한 곳이 오래된 공동목욕탕을 개조해서 탄생한 사례를 앞으로 살펴볼 것이다. 미국의 독립전쟁과 프랑스혁명의 작전사령부로 명성을 날린 파리의 카페 프로코프(Café Procope)는 그 대표적인 사례다.

사람들이 커피하우스를 찾는 이유를 반드시 커피를 마시고 싶

사람들이 커피하우스를 찾는 이유를 반드시
커피를 마시고 싶어서라고 단정 지을 수는 없다.
'커피를 마시고 싶은' 이유 말고 다른 어떤 이유가 있을까?

어서라고 단정 지을 수는 없다. '커피를 마시고 싶은' 이유 말고 다른 어떤 이유가 있을까? 가장 사적인 집을 떠나서, 혹은 공적인 장소를 떠나서 그저 편안한 한때를 혼자, 아니면 동료들과 함께 마음껏 즐길 수 있다는 점을 들 수 있다. 사람을 보고, 사람들에게 보여지고, 누군가에게 말을 걸고, 누군가가 말을 걸어오면 편하게 대꾸하면서, 즐거우면 즐거운 대로 즐기면 되고 지루하면 집으로 돌아가면 된다. 그런 공간 자체가 지닌 매력이 사람들을 끌어모았다. 그런데 바로 그 이유로 커피 탄생의 일등공신이라 할 수 있는, 금욕적이고 반사회적인 수피교도는 커피하우스에 노골적인 반감을 드러내기 시작했다. 어찌 보면 당연한 일이었다. 커피는 신과 합일을 촉진하는 것이지, 빈둥거리면서 사람을 상대하고 진지함 없이 방탕하게 시간을 때우며 커피를 홀짝거리는 것은 '욕망을 없애고 세상의 허례허식을 삼가는' 카와의 본래 의미에 반하는 것이다. 그러나 커피하우스가 예컨대 회교력 9월인 라마단 때, 즉 이슬람교도가 일출에서 일몰까지 단식하는 달에 특히 붐볐다는 사실만 놓고 보면 '식욕을 제거하는 카와'가 커피하우스에서도 나름대로 그 본래의 '사명'을 다했다고도 볼 수 있지 않을까. 결국, 종교계나 정계 고위직 인사도 커피하우스에 드나들기 시작했으며, 더불어 시인이 모여드는 '인식의 학교'가 되어 이슬람 사회에서 의심의 여지없는 정당한 제도로 자리매김하게 되었다.

이슬람 세계 주요 도시의 번화가나 아름다운 자연을 활용한 호사스러운 커피하우스가 이슬람교도의 이목만 끈 것은 아니었다. 커피하우스는 훗날 커피 문명을 전개하는 데 크게 한몫한, 서아시아를 여행하는 유럽인의 눈까지 사로잡았다. 유럽의 인문주의는 다른 문화를 탐구하고자 길을 나선 많은 여행자를 배출했다. 여기에 오스만제국의 비교적 안정된 정치 상황 덕분에 동지중해 연안에서 활발한 상업 활동이 전개되며 레반트(levant) 상인을 불러들이고 있었다. 유럽인은 카흐베하네와 커피에 주목했다. 아마도 그들에게는 뜨거운 비알코올 음료 그 자체가 무척 신기하지 않았을까. 유럽 각국의 여행자는 진귀한 검은 음료를 경탄의 눈길로 바라보면서 카와라는 이름을 자기네 나라 문자에 맞춰 여행기에 기록했을 것이다. 그리고 그들은 '이슬람의 와인', '레반트의 리큐어'라는 독특하고 매력적인 존재를 고향 사람들에게 열정적으로 전했을 것이다.

그리고 또 하나. 신분의 높고 낮음과 관계없이 사람과 사람이 한데 모여서 술에 취하지 않은 말짱한 정신으로 대화를 나누는 커피하우스에는 신분제 사회의 질곡에서 벗어나고자 하는 유럽의 근대시민사회가 꼭 필요로 하는 새로운 공론의 무대가 되어야 할 제도가 오롯이 존재하고 있었다.

coffee story

2

커피의
상업적 가치를 간파하고
이익을 극대화한
이슬람과 유럽 상인

Arabs gathering Coffee.

Flower and Berries.

Cleansing the Seeds from the Pulp.

Roasting Coffee

Various parts of the Flower.

Vesse

17세기 전 세계 커피시장의 유일한 공급원이던 국가, 예멘

『구약성서』에 전해져오는 대홍수가 지나간 후 노아가 방주에서 처음 발을 내디딘 곳은 어디일까? 오랫동안 터키의 아라라트산을 비롯한 몇몇 장소가 주요한 후보로 거론되었다. 그런데 아라비아에도 노아가 방주에서 첫발을 디딘 곳으로 꼽히는 산이 있다. 그것은 바로 예멘의 오래된 도시 사나 옆에 우뚝한, 해발 3,660미터로 아라비아반도에서 가장 높은 나비수아이브산이다. 이 산기슭에서 커피 재배가 시작되었다. 대홍수가 잠잠해진 뒤 노아가 가장 먼저 한 일은 무엇일까? 흥미롭게도 와인을 만들기 위해 포도를 심었다고 한다. 이 점을 생각하면 나비수아이브산 기슭은 '이슬람 와인' 카와의 재배지로 매우 적합한 곳이라고 할 수 있다.

커피나무는 연중 서리 내리는 날이 전혀 없을 정도로 온난한 기후와 연간 1,200밀리미터의 강우량을 필요조건으로 한다. 이러한 조건을 갖춘 계곡이나 비탈은 아무리 '행복한 아라비아' 예멘이라고 해도 상당히 제한적이었다. 그도 그럴 것이 고도 2,000미터를 넘으면 서리가 내릴 위험이 있고 고도 1,000미터 이하는 여름에 열기가 너무 강했기 때문이다. 최적의 장소는 남서 아라비아의 서쪽 비탈, 마나하를 중심으로 하는 해발 1,100~2,200미터 지점을 꼽을 수 있다. 계곡의 풍부한 비탈이 커피 생육에 필요한 일정하고 따뜻한 기온을 보장해주었으며, 홍해에서 올라오는 구름이 습기를 제공해주었다.

예멘의 커피 재배는 대부분 목가적인 가정농원에서 소규모 형태로 이루어졌기에 최고 성수기에도 연간 1만 톤을 넘지 못했다. 이런 한계는 전 세계 커피 재배지에서 대규모로 반복되는 현상의 원형을 만들어냈다. 커피를 재배하자면 우선 밭을 개간해야 하고, 제대로 된 관개시설을 갖춰야 한다. 그리고 너무 강한 햇빛이나 해충을 피하기 위해 커피나무 주위에 키 큰 나무도 심어주어야 한다. 커피 생산 과정은 복잡한 데다 돈이 많이 들었다. 게다가 커피나무를 심은 뒤 열매를 맺기까지 5년쯤 걸리는데, 그때까지는 수익이 없다. 커피 재배는 일정한 자본 축적을 전제로 할 때 비로소 가능하다. 그런 의미에서 커피라는 상품은 애초 든든한 자본이 뒷받침되어야만 시도해볼 수 있는 만만치 않은 산업이다.

커피를 마시는 습관은 순식간에 아라비아, 페르시아, 터키 등 이슬람 세계를 훨씬 뛰어넘어 남아시아와 남동아시아로 퍼져 나갔다. 커피하우스도 아라비아 세계 전역으로 확산되는 동시에 차츰 유럽에 보급되기 시작했다. 1652년에는 런던, 1666년에는 암스테르담, 1671년에는 파리, 1683년에는 빈, 1686년에는 뉘른베르크, 레겐스부르크, 프라하, 1687년에는 함부르크, 1694년에는 라이프치히……. 이런 식으로 유럽 각 도시에 생긴 최초의 카페가 꼼꼼히 기록되어 있다. 커피 수요는 갈수록 늘어나는 데 반해 커피 원료의 유일한 공급 국가는 예멘뿐이었다. 예멘은 세계 커피 시장을 독점하는 국가로 위세를 떨쳤다. 커피 가격은 하늘 높은 줄 모르고 치솟았으며 예멘은 미증유의 풍요를 구가했다. 당시는 '행복한 아라비아'의 낙원시대였다.

생산자에게 구매한 커피는 최종적으로 티하마 평원에 위치한 마을 베이트알파키에 집결했다. 베이트알파키는 예멘에서 가장 큰 것은 물론 세계 최대 커피 시장으로도 유명했다. 이집트, 시리아, 이스탄불, 모로코, 페르시아, 인도, 그리고 유럽 각지에서 온 커피 상인이 이곳으로 부나비처럼 모여들었다. 커피를 출하하는 곳은 모카, 호데이다 등 홍해에 접해 있는 항구였다.

'아라비아 모카'라는 명칭은 커피 문명이 갖는 독특한 문제를 명확히 보여준다. 아라비아에서 생산된 커피가 출하되는 항구 이름을 따서 '모카'라는 이름이 붙은 것은 딱히 이상할 것이 없다. 모카는 17세기 중반 무렵 이미 연간 8만 포대(1포대는 약 60킬로그램)를 출하하고 있었다. 하지만 커피 출하가 모카항에서만 이루어진 것은 아니었다. 호데이다나 그 밖의 항구에서도 모카에 뒤지지 않는, 아니 양적으로 따지면 모카보다 더 많은 물량을 출하하고 있었다. 모카가 예멘 커피를 대표하게 된 것은 전적으로 유럽 중심주의 사관에 따른 현상이다. 모카항의 특수성이란 오직 이 항구에서 영국, 네덜란드, 프랑스 등의 유럽 선박이 직접 기항을 허락받아 커피를 매입할 수 있었다는 점이다.

커피 교역은 처음부터 거창한 국제성을 띠었다. 상품교환은 공동체가 끝나는 지점에서 발생하기 마련인데, 그것을 알선해주는 것은 상인이다. 초기 커피 교역을 주도한 이는 모카나 아덴을 비롯한 아라비아 소도시의 상인이었다. 그러나 반드시 아라비아인일 필요는 없었다. 오히려 옛날부터 아라비아에 살면서 상업 활동에 깊이 관여해온 이들이라면 유대인을 빼놓을 수 없다. 예를 들면, 오늘날까지 전해져온 가장 오래된 커피에 대한 노래로 〈카트와 커피(qāt and qahwah)〉가 있다. 17세기 예멘의 유대 상인 사이에서 불린 이 노래는 아라비아 문자로 기록된 헤브라이어 노래다. 이에 덧붙여서 밥 딜런(Bob Dylan)도 〈원 모어 컵 오브 커피(One more cup of coffee)〉에서 여행을 떠나기 전에 마시는 한잔의 커피를 이스라엘 선율을 연상시키는 곡조로 노래했다. 미국 미네소타에서 유대인 상인의 아들로 태어난 로버트 앨런 지머맨(Robert

커피 교역은 처음부터 거창한 국제성을 띠었다.
상품교환은 공동체가 끝나는 지점에서 발생하기 마련인데,
그것을 알선해주는 것은 상인이다. 초기 커피 교역을 주도한 이는
모카나 아덴을 비롯한 아라비아 소도시의 상인이었다.

아라비아의 모카항

Allen Zimmerman, 밥 딜런의 본명)의 핏속에는 통곡의 벽 앞에서 기도하는 것 같은 애절한 선율에 싣지 않으면 만족할 수 없는 뭔가가 흐르는 게 아닌가 하는 생각이 든다.

커피 교역 독점권을 남아라비아 상인에게서 빼앗은 카이로 거상들

커피 교역에는 수많은 중소상인이 관여했다. 그런데 커피가 이슬람 세계에서 정당성을 확보하고 여러 대도시에 1,000곳이 넘는 커피하우스가 들어서게 되면서 커피 교역은 이전과 달리 막대한 이익을 남기는 사업으로 인식되기 시작했다. 카이로의 거상들이 이러한 커피 교역을 가만히 두고 보기만 할 리 없었다. 그들은 곧바로 남아라비아 상인들에게서 커피 교역 독점권을 빼앗았다. 이는 약삭빠른 이익 계산에 따른 것만은 아니었다. 카이로의 거상들은 커피를 그들 교역활동의 중심으로 끌어올려야 하는 역사적 필연에 쫓기고 있었다.

카이로는 이집트 아이유브 왕조를 창시한 살라흐 앗딘(Salah ad-Din, 재위 1174~1193)이 건설한 도시다. 1517년 오스만제국이 이집트를 정복한 이후 카이로는 제국의 엄청난 위력과 결합해 한층 더 강성한 상업도시로 발전에 발전을 거듭하고 있었다. 그 과정에서 카이로의 거상들은 아시아, 아프리카, 유럽의 세 대륙을 아우르는 특권적 위치를 점한 채 승승장구하고 있었다. 그러나 16세기에 유럽인의 인도양 진출이 본격화됨에 따라 카이로의 거상들은 오리엔트 교역에서 막대한 피해를 입었으며 그 손실분을 메우기 위한 대응책을 찾느라 분주했다. 그때 신이 내려준 선물처럼 갑작스럽게 출현한 신상품이 바로 커피였다. 그리고 커피는 17, 18세기에 그들의 대표 상품으로 우뚝 서게 된다.

카이로의 창고는 예멘에서 재배된 커피가 수납되는 주요 장소였다. 경로는 두 가지였다. 예멘에서 육로로 북상하면 이슬람을 상징하는 도시 메카가 있다. 메카는 이슬람인의 성지일 뿐 아니라 당시 세계에서 가장 풍요로운 시장이 열리는 곳이었다. 그러므로 메카를 찾는 성지 순례자의 카라반 부대가 자연스럽게 거대한 수송기관이 되었다. 예멘 커피는 이들 카라반 부대를 통해 카이로로 운반되었으며 1720년 무렵 그 운반량은 연간 2,000여 상자(1상자, 185킬로그램)에 달했다. 그러나 그것은 홍해 바닷길로 운송되는 양의 고작 10분의 1에 지나지 않았다. 대부분의 커피는 예멘 연안 항구에서 홍해를 건너 카이로로 옮겨졌다.

아프리카 대륙과 아라비아 대륙 사이에 있는 좁고 긴 바다 홍해는 바닷속 해조 때문에 물빛이 붉은 빛을 띠곤 해서 홍해로 불리게 되었다. '행복한 아라비아'와 '루주 빛 바다' 같은 모카 커피에 스며 있는 이국적 정서는 유럽으로 확산되는 커피의 이미지를 이상 행복감(Euphoria, 감정의 흥분성 장애로 근거 없는 병적 행복감에 젖는 것)의 흥취로 물들였다. 그러나 현실은 그리 달콤하지 않았다. '루주 빛 바다'는 그 우아한 닉네임과 달리 역풍과 저류, 얕은 여울 등의 변수가 많은 난항지역이었다. 12월부터 5월까지는 주로 남풍이 불어 사우디아라비아 지다(제다)에서 수에즈로 쉽게 항해하고, 6월부터 11월까지는 수에즈에서 지다 쪽으로 북풍이 분다. 홍해 남단을 지나려면 계절풍의 맹위에 맞서야 했다. 아라비아에는 천문관측이나 나침반 등의 지식이 발달했지만 수에즈에서 지다까지 630마일을 항해하는 데 순풍일 때가 15일에서 17일, 악천후일 때는 20일에서 22일이나 걸렸다.

커피는 처음부터 투기성이 강한 상품이었다. 커피콩의 생육 상태는 물론이고 홍해를 건너는 선박의 행운과 불운에 대한 상세한 정보가 지다와 수에즈에서 카이로로 전달되었다. 그리고 그에 비례해 커피 가격이 가파르게 오르내렸다. 1732년에는 강풍으로 커피 3,000상자를 실은 배 12척이 침몰하는 사고가 발생했다. 그로 인해 커피 가격은 순식간에 50킬로그램에 35.5피아스터까지 치솟았다.

여기서 잠깐, 카이로의 시장에서 깊은 명상에 잠긴 한 남자를 상상해보자. 그는 수피도 아니고 순례자도 아니다. 커피를 매매하고 직접 호화로운 커피하우스를 운영하는 카이로의 거상이다. 그는 사막이나 홍해를 넘어오는 상품, 즉 커피를 팔아 이익을 올릴 생각에 푹 빠져 있다. 그는 사기꾼도 아니고 폭력배도 아니다. 따라서 커피를 구매하는 입장일 때는 사는 쪽이 등가교환을 했다고 만족해할 수 있는 값에 팔아야만 했다. 장사는 신용이 생명이다.

거짓이나 폭력은 일시적으로 득이 될 수 있지만 긴 안목으로 보면 절대로 도움이 되지 않는다. 그러나 처음 판 사람부터 마지막에 산 사람까지 등가교환을 하려면 이를 매개하는 상인에게는 그리 큰 이익이 남지 않는다. 중개수수료만으로는 거상의 자리를 유지할 수 없다. 하물며 자본의 본원적 축적과도 거리가 멀다. 그런데 다행히도 상업 활동으로 결합된 공동체에는 각각 가치관의 차이가 존재한다. 거상에게 꼭 필요한 능력이라면 상품교환으로 결합된 공동체 사이의 서로 다른 가치관 차이에서 이익을 궁리해낼 수 있어야 하는 것이다. 그는 아라비아 남단에 사는 주민의 소박한 삶 속에서 생산된 커피와 이스탄불 톱카피궁전 하렘(harem, 이슬람 왕실의 후궁이나 규방. 이슬람 세계에서 가까운 친척 이외의 일반 남자의 출입이 금지된 장소)에서 금이나 은으로 만든 잔에 따라 마시는 커피의 차이를 아는 넓은 안목을 가져야 한다. 그 거대한 차이를 전제로 할 때 상품으로서의 커피는 각각의 공동체 안에서 등가의 외관을 유지하면서 이동할 수 있게 된다.

이윤이 약속된다면 상품 수송이 최대한 빠르고 마찰 없이 이루어질 필요가 있다. 이런 문제를 풀려면 좀 더 진지하게 고민하며 해결책을 찾아야 한다. 또한 홍해는 난코스 지역이므로 획기적인 항해술 개량이 뒤따라야 한다. 좀 더 성능 좋은 나침반과 좀 더 정확한 지도가 필요하고 승선 여건도 질적인 개선이 뒷받침되어야 한다. 언제까지나 해적 따위에게 당할 수만은 없지 않은가. 그렇다면 상선학교를 만들 필요도 있다. 그리스도교 국가의 앞선 항해술을 도입하는 것도 좋은 방법이다. 장사는 일각을 다투는 일이다. 그러나 정보가 없으면 움직일 수 없다. 이런 상황에서 어떻게 해야 할까. 홍해 연안 각 기항지에 연락원을 두는 방법이 있다. 상품으로서의 커피는 기상조건에 크게 좌우된다는 무시할 수 없는 단점을 가지고 있다. 그런 터라 날씨를 미리 예측할 수 있다면 좋겠지만 그게 가능하지가 않다. 그러나 이런 점이 오히려 커피가 지닌 재미있는 요소이기도 하다. 커피는 저장이 수월한 상품이다. 실제로 상당히 오랜 시간 동안 창고에 넣어두어도 그다지 품질이 떨어지지 않는다. 더구나 어찌 된 일인지 곡물의 천적인 쥐들이 다른 곡식은 다 건드려도 커피만은 건드리지 않는다. 이는 저렴할 때 잔뜩 사서 쌓아두었다가 커피가 흉작일 때 방출하면 큰 이익을 얻을 수 있다는 의미다. 바로 이 점을 파고들어 투기적 매입이 생겨난다.

지금 우리 상상 속에 그려낸 '카이로 상인'의 생각은 아라비아 상인 특유의 발상은 아니다. 다시 말해 국가권력과 이어져 있고 때론 '전능하신 신'에게 기대려 하지만 그러면서도 합리성을 추구하는 것, 상품교환의 시야를 넓히고 공동체 간 가치관의 차이를 이용해 이익을 올리려 하는 일이 아라비아 상인만의 생각은 아니었다. 오히려 국가와 문화의 차이를 넘어서 자본의 본원적 축적기에 있던 국제상업자본가들에게 공통된 발상이다. 그리고 이러한 국제상업자본가들의 활동무대가 된 곳이 동지중해 연안, 즉 레반트였다.

17~18세기, 유럽의 상업자본가들은 왜 그토록 커피의 '상품 이미지'를 만드는 일에 골몰했을까

동지중해 연안은 오스만제국에 의해 통일된 이후 안정된 정세를 기반으로 상업활동이 활발하게 이루어졌다. 그곳에서 활약한 유럽 각국 상인을 '레반트 상인'이라고 불렀다.

레반트 상인도 커피 교역에 뛰어들었다. 그들은 주로 외국무역을 통해 막대한 자본을 축적하고 있었다. 동지중해에서 싸게 사들인 상품이 커다란 이익을 남기면서 유럽 각국에서 날개 돋친 듯 팔려 나간 덕분이었다. 커피도 마찬가지였다. 마르세유 상인은 카이로에서 1리브르를 주고 사들인 커피를 마르세유에서 세 배가 넘는 비싼 가격에 팔았고, 이탈리아 상인은 알렉산드리아에서 50킬로그램당 28~29피아스터에 구매한 커피를 리보르노

레반트 상인도 커피 교역에 뛰어들었다.
그들은 주로 외국무역을 통해 막대한 자본을 축적하고 있었다.
동지중해에서 싸게 사들인 상품이 커다란 이익을 남기면서
유럽 각국에서 날개 돋친 듯 팔려 나간 덕분이었다.

농장에서 수확한 커피를 낙타에 싣고 모카 항구를 향해 가는 커피 상인들

(Livorno, 이탈리아 토스카나 주에 있는 도시. 중세부터 요새지로 알려졌으며 메디치가의 보호 아래 항구도시로 발전했다)에서 53피아스터에 팔았다. 이는 17세기 말 무렵의 상황이다. 유럽 상인에게 커피는 막대한 수익을 보장해주는 상품이 되었다. 프랑스는 1714년에 110만 킬로그램, 1715년에는 115만 킬로그램의 커피를 수입했는데 이는 카이로가 예멘에서 들여오는 전체 커피 수입량의 16~17퍼센트에 달했다.

오스만제국의 수도 이스탄불과 소아시아 그리고 유럽에 속한 터키 땅에서 소비되는 커피는 카이로를 거쳐 들어갔으며 그 양은 예멘에서 카이로로 들어오는 전체 수입량의 거의 절반에 달하는 250만 킬로그램 정도였다. 그런데 유럽 상인의 커피 수요가 갈수록 많아지자 카이로의 파샤(오스만제국의 문무 고위 관료에게 주어진 명예 칭호. 처음에는 '장군'을 의미했다)가 유럽에 대한 커피 수출을 금지한 것을 시작으로 터키 정부도 수출량을 차츰 줄여나갔다. 1703년의 일이다. 1726년 이스탄불에서 소비된 커피 양은 92만 5,000킬로그램 정도였다. 터키 정부는 그 정도 분량의 재고를 미리 확보한 뒤에야 그리스도교 세계로 커피 수출을 인정하는 조치를 취했다.

그 밖에 다른 문제도 있다. 커피 무역에 뛰어든 유럽 상인은 카이로 상인이라면 겪을 일이 없는 전혀 다른 문제를 맞닥뜨렸다. 아라비아에서 구매한 커피를 유럽에 가져다 팔 때 특히 그렇다.

아무리 가격 차이가 크다고 해도 유럽인에게는 커피 자체가 본 적도 없고 들은 적도 없는 상품이라 커피에 대한 수요가 제로에 가까웠다. 심지어 런던에 최초의 커피하우스가 영업을 시작했을 때 이웃 주민이 커피하우스에서 나는 '악마의 냄새'를 적절히 조치해줄 것을 요구하며 상부에 고발한 기록이 남아 있을 정도다. 아로마가 어떻고 하는 식의 문화 수준이나 국민성 차원의 문제가 아니었다. 이 상품이 유럽에서 판로를 개척하려면 유럽인 사이에서 커피의 사용가치가 통용되어야 했다. 사용가치는 상품의 자연적, 물질적 특성만으로 규정되는 것이 아니며 인간의 자연적, 정신적 욕구가 그에 대응해야 한다. 그것이 없다면 인위적으로 만들어내야 한다. 말이 쉽지, 인간의 내적 욕구를 만들어내는 일이 수월하게 이루어지겠는가. 그것은 불가능에 가까운 일일 뿐 아니라 어떤 면에서는 '인간개조'를 의미한다. 다행인지 불행인지 모르겠으나 커피에는 '상용성'이 있었다. 어떻게든 일단 몇 번 마시게 하면 자연스럽게 내적욕구로 자리 잡아간다. 하지만 아무리 입에 발린 말로 속인다 해도 유럽에서는 이슬람 세계처럼 커피의 상품 이미지를 뒷받침해줄 수 있는 관념이 형성되어 있지 않았다. 아라비아의 '검은 잠잠성수'에 필적하는, 영혼의 저 깊은 곳에서 사람들의 공감을 불러일으키는 이미지를 어떻게든 만들어내야 했다. 커피에 얽힌 관념은 유럽 각국에 이미 존재하던, 혹은 새롭게 형성되는 이데올로기와 급속하고도 왕성하게 결합하며 자유자재로 변화하는 상품 이미지를 만들어갔다. 커피는 각 나라의 관념 안에서 주어진 위치를 차지해나갔는데 '이성의 리큐어' 혹은 '안티 알코올' 등이 대표적 예다. 그 관념이 어떤 모습이든 간에 커피라는 새로운 상품의 사용가치가 인간의 내적 욕구로 자리 잡기를 누구보다 간절히 바란 이는 상업자본가들이었다.

역사상 최초로 커피 플랜테이션을 운영해 이익을 극대화하고 커피산업의 메커니즘을 송두리째 바꿔놓은 네덜란드 상인

당시 레반트 상인보다 훨씬 광범위하게 커피 교역에 참가한 이들은 바로 네덜란드인이었다. 좀 더 구체적으로는 로테르담과 암스테르담 출신 상업자본가들이었다. 커피에는 '행복한 아라비아'라는 변방의 이미지가 늘 따라다녔다. 여기서 '변방'은 세계 제패를 노리는 열강이 으르렁거리며 격전을 벌이는 접점이기도 했다.

예멘이 오스만제국에 정복당한 해는 1536년이다. 인도항로, 신대륙과 서인도제도 발견 등의 지리상 대발견이 세계시장으로 향하는 무역 루트를 크게 뒤흔든, 즉 '세계시장의 혁명'을 불러온

시기와 겹치는 때였다. 예멘 커피가 전 세계로 퍼져 나가기 시작할 당시 홍해는 이슬람 세계와 유럽의 그리스도교 세력이 접하는 지점으로, 포르투갈과 네덜란드의 삼본 마스트 범선이 출범한 이후 국제상업전쟁의 격전지가 되어 있었다. 그리고 17세기 전형적 자본주의 국가 네덜란드의 활동에는 독특한 점이 있었다.

모카 커피가 암스테르담에 정기적으로 수입된 것은 1663년의 일이다. 그러나 네덜란드는 그 이전부터 이미 본격적으로 커피 교역에 뛰어들었다. 네덜란드인이 사고파는 커피는 사실 네덜란드인만을 위한 것이 아니었다. 커피는 배에 실려 다른 이슬람권 지역으로 전해졌다. 메카와 메디나에서 형성되기 시작한 커피에 관한 지식과 습관은 인도와 인도네시아의 이슬람권으로 광범위하게 퍼져 나갔다. 그런데 과연 누가 인도와 인도네시아 시장으로 커피를 싣고 갔을까? 우선, 메카 순례자 무리에 끼어 사막을 가로지르는 카라반 부대를 꼽을 수 있다. 그 밖에 바닷길로 커피를 나르는 방법도 있었다. 그 동인도 항로를 마치 주머니 속 제 물건인 양 마음껏 활용한 주체가 바로 네덜란드 동인도회사였다.

1602년에 설립된 네덜란드 동인도회사는 1642년에 커피 3만 2,000킬로그램을 인도의 캘커타(오늘날의 콜카타)에 들여왔다. 네덜란드 상인은 '이슬람 와인'을 고국에서 멀리 떨어진 인도의 이슬람교 신도에게 열정적으로 실어다 주었다. 그들은 왜 그토록 커피 교역에 열의를 쏟았을까? 모카에서 싸게 구매한 상품이 인도에 가면 비싸게 팔리는 '가격 차'가 주된 이유였다.

네덜란드 상업자본가들의 활동에는 특이한 점이 한 가지 더 있다. 그게 뭘까? 그것은 바로 수요와 공급 차이로 인해 막대한 이익이 보장된다는 점이었다. 그도 그럴 것이, 커피 소비량은 날로 늘어가는 데 반해 커피 산지라고는 예멘이 유일했기 때문이다. 암스테르담과 로테르담 상인은 커피 원두를 사서 파는 것보다 직접 생산해서 파는 것이 훨씬 이익이 크다는 점을 이내 간파했다. 네덜란드 동인도회사가 식민지에 커피 플랜테이션을 구축한 것은 그런 맥락에서였다.

첫 시도는 실론, 즉 오늘날의 스리랑카에서 이루어졌다. 1658년의 일이다. 그러나 네덜란드 커피의 대표 산지가 된 곳은 스리랑카가 아니라 인도네시아의 자바섬이다. 바타비아(자카르타가 네덜란드의 식민지일 당시의 이름) 총독은 자바섬에서 커피를 재배하기로 세부 계획을 세운 뒤 모카에서 커피 묘목을 들여왔다. 1680년 즈음의 일이다. 향신료의 섬이던 자바는 머지않아 온통 커피나무로 뒤덮였다. 이것이 자바 커피의 간략한 탄생 맥락이다.

자바 커피는 바타비아에서 암스테르담으로 산지 직송되었다. 최초의 뱃짐으로 커피 894파운드가 암스테르담과 미델뷔르흐로 보내졌다. 이는 1712년의 일이다. 아라비아 상인이 개입하지 않은 최초의 '식민지 커피'가 탄생하는 순간이었다. 이후 커피 재배는 급속도로 네덜란드 동인도회사의 막대한 수입원이 되어주었고, 바타비아 총독은 본국 정부로부터 유능함을 인정받았다. 또한 자바 커피의 독특한 풍미와 빛깔, 아로마는 전 유럽에서 호평받았으며, 순식간에 스탠더드 커피 자리를 차지했다. 최초의 뱃짐이 된 후 불과 15년 만에 자바 커피 150만 파운드가 유럽으로 반입되었다. 그리고 그로부터 120여 년 뒤인 1855년에는 1억 7,000만 파운드에 달하는 엄청난 양의 커피가 들어와 유럽과 미국 시장을 석권해버렸다.

바야흐로 커피는 유럽의 식민지주의 역사를 검게 물들이는 상품으로 자리 잡아갔다. 또한 커피는 글자 그대로 지구 위의 자연과 인간을 개조하는 근대 대표 상품의 길을 본격적으로 걷기 시작했다. 이는 네덜란드 상인이 예전처럼 커피를 아라비아 상인에게 최대한 싸게 사들인 뒤 다른 상인들과 경쟁하면서 되도록 비싸게 팔던 방식이 아니라 스스로 커피를 생산하는 방식을 취하면서부터 일어난 근본적인 변화였다.

17세기의 전형적 자본주의 국가 네덜란드가 취한 방식은 철저하면서도 상당히 합리적이었다. 네덜란드 동인도회사는 자바섬의 지배세력을 폭력을 동원해 제압하지 않았다. 그보다는 오히려 그들과 결탁하는 형태로, 그들에게서 커피 재배에 필요한 모든 권리를 현금으로 사들이는 방식을 택했다. 그 결과 자바섬의 지배세력은 어느 정도 독립적 권력을 유지할 수 있었으며, 그 권력을 이용해 자바섬 주민에게 네덜란드를 위한 커피 재배를 강요했다. 이렇듯 네덜란드의 식민지 지배는 현지 지배층에게도 큰 이익을 보장해주는 수단이자 시스템이었다.

자바섬 농민은 커피 플랜테이션에서 무보수로 일하든가 아니면 자신의 농지 일부를 커피 재배에 제공하도록 강요당했다. 생산된 커피는 정해진 값에 네덜란드인에게 팔렸다. 동인도회사는 1피컬(60킬로그램)당 4.5탈러(옛 유럽 여러 나라에서 통용되던 은화)를 지불했는데 농민이 받은 금액은 2탈러 정도밖에 되지 않았다. 게다가 1피컬의 양은 60킬로그램을 훌쩍 넘겨야 할 때도 적지 않았다. 차액은 모두 식민지의 관리나 관리직을 겸했던 토지 소유주의 수익이 되었고 그 금액은 1인당 연평균 10만 탈러에 달했다. 식민지 정부는 이런 공공연한 부정을 바로잡으려 하지 않았다. 그저 토지 소유주에게 연간 2만 5,000탈러의 세금을 부과하는 데 그쳤을 뿐이다. 토지 소유주나 관리자가 사리사욕을 채우는 일을 네덜란드 동인도회사가 묵인했을 뿐 아니라 한발 더 나아가 법적으로 인정했다는 의미다.

상업자본은 무역에서 발생하는 차액을 양분 삼아 살아간다. 그런데 네덜란드가 자바섬에서 한 일은 문명 수준의 차이를 이용해 막대한 이익을 취하는 방법이었다. 프리드리히 엥겔스(Friedrich Engels)가 주장한 대로, "원시공산주의 단계에 있는 촌락이 근대 모습을 갖춘 한 나라를 위한, 착취와 전제를 위한 광범위한 기초를 제공하는" 셈이었다. 부르주아지는 전 세계를 하나의 시장으로 만들어버렸다. 그러나 이는 전 세계가 근대유럽의 사상적 · 법률적 수준에 도달했다는 의미는 아니다. 자바섬의 커피 플랜테이션은 식민지주의의 침략이 토착민 사이에서 빈부격차를 벌이는 결과를 낳았으며, 엥겔스의 말처럼 "인민이 자연발생적인 몽매한 단계에 정체되게 한다"라는 메커니즘의 원형을 보여주었다.

자바섬은 오랜 옛날부터 쌀을 재배하는 지역이었다. 그곳에 어느 날 갑자기 서구인이 몰려와서는 주식인 쌀농사를 커피 재배로 바꿔버렸다. 이처럼 유럽시장을 위한 상품을 생산하는 과정에 발생하는 제3세계의 식량 부족 상황은 구조적인 모순이 되어버렸다. 사리사욕을 채우는 일에 혈안이 된 토지 소유주는 유럽 상류층이 부럽지 않은 호사스러운 생활을 즐기는 한편 먹을 쌀이 없어서 한 지역 전체가 굶어 죽는 참극이 일어나곤 했다. 그도 그럴 것이 이 지역 주민들은 자신이 생산한 상품을 사용하는 것이 금지돼 있었기 때문이다. 이는 제3세계의 기본적 생산구조가 유럽의 소비 욕구를 만족시키기 위한 방향으로 형성돼 있음을 말해준다. 게다가 그 상품이 내수보다는 세계시장에 지나치게 의존했기 때문에 국가의 자율 경제에 막대한 지장을 초래했을 뿐 아니라 오늘날까지 제3세계에 고스란히 남아 있는 고질적인 문제가 되고 있다. 바로 이것이 유럽을 화려하게 물들인 커피와 커피 문명을 위해 커피콩을 제공한 생산자의 실제 모습이었다.

커피는 '자연적' 음료라고 말하기 어렵다. 말하자면 그냥 두어도 개나 고양이가 마시는 그런 음료가 아니라는 의미다. 실제로는 창고에 쌓아둔 커피콩을 굶주린 쥐조차 거들떠보지도 않을 정도다. '마시면 잠이 오지 않는' 커피를 본격적으로 마시기 시작한 이는 수피교 수도사와 신도다. 그들은 왜 커피를 마셨을까? 그들의 특수한 인간적, 정신적 욕구가 그것을 필요로 했기 때문이다. 처음부터 커피를 좋아하는 사람은 많지 않다. 아이들도 당연히 커피를 좋아하지 않는다. 그런 커피가 대량으로 유통되고 소비되게 하려면 어떻게 해야 할까? 상업자본은 인위적으로 사람들의 커피 욕구를 만들어내야 했다. 상업자본주의는 인간과 자연을 내적으로 변화시킬 수 있는 거대한 장치다. 커피라는 신종 음료 소비를 늘리기 위해 상당한 재력을 가진 상인은 호화로운 커피하우스를 만들었다. 그리고 그들은 그곳에서 커피 마시는 방법을 보여주면서 커피 욕구를 돋우고 정착시켰다.

그렇게 해서 일단 사람들 사이에 '내적욕구'로 정착된 상품이 이번에는 '외적자연'에 손을 대기 시작했다. 그러나 새롭게 생겨난 인간의 욕구는 점점 커져가는 데 반해 외적자연은 친절하게 대응해주지 않았다. 외적자연이 원생림이었는지 다른 작물을 위한 밭이었는지와 관계없이 커피 생산을 위해 전면적으로 재편성되어야 하는 것은 그런 이유에서였다. 이후 커피 문명의 발전은 선진자본주의 제국에서 조달된 자본과 서인도제도, 중남미, 아프리카대륙 등의 대지가 결합해 인간과 자연의 전면 개조를 추진하게 된다. 한편 커피 생산에 종사하는 대다수 농민은 흑인이었다. 그들은 자신의 고향과 가족에게서, 자신의 언어에서, 인간의 자연적 요소 일체로부터 뿌리째 뽑힌 채 머나먼 곳으로 보내진 노예들이었다.

대홍수에서 살아남은 노아의 가족이 내려섰다고 전해지는 예멘의 산비탈에서 시작된 역사는 구원의 역사가 되지는 못한 셈이다.

coffee
story

3

영광의 자리를 홍차에게 빼앗긴 영국 커피

17세기 후반, '없는 것을 계속 만들어내야 하는' 영국에게 유용한 도구가 되어준 커피하우스

런던 한 모퉁이에 커피하우스가 문을 열었다. 1652년의 일로, 런던의 첫 번째 커피하우스는 허름한 가게로 출발했다. 하지만 그 소박한 공간이 거대한 미래를 품고 있었다는 점에서 어쩌면 '베들레헴의 마구간'에 견줄 수 있지 않을까!

런던 최초의 커피하우스가 탄생한 경위는 비교적 상세히 전해진다. 레반트를 무대로 활약하던 상인 대니얼 에드워즈(Daniel Edwards)는 터키 서부 스미르나(오늘날의 이즈미르)에서 귀국할 때 라구사 공화국(오늘날의 크로아티아 두브로브니크) 출신으로 알려진 파스카 로제(Pasqua Rosée)를 시종으로 데리고 왔다. 로제는 주인을 위해 매일 아침 커피를 끓였는데, 그 신기한 습관이 친구들의 호기심을 자극했다. 그 바람에 에드워즈는 그들의 호기심을 공유하느라 반나절을 통째로 허비하는 날이 많았다. 그러다가 그는 시간을 잡아먹는 '놀이'에 마침표를 찍어보고자 로제에게 커피하우스를 열어주었다. 로제의 커피하우스 광고 카피 중 이런 문구가 있다.

"The vertue of COFFEE drink first publiquely made and sold in England, by Pasqua Rosee."

(파스카 로제가 영국 최초로 공적으로 만들어 판매하는 커피 음료의 효능)

로제에게는 '선구자의 수난'이 기다리고 있었다. 새로운 경쟁 상대가 자리를 비집고 들어와 번창하는 것을 끔찍이도 싫어하는 인근의 술집주인들이 상부에 커피하우스를 폐쇄해달라고 진정서를 낸 것이다. 그들은 무슨 근거로 로제를 공격했을까? 그들의 주된 논거는 로제가 공민권을 가지고 있지 않다는 점이었다. 시의 참사원 가운데 예전에 레반트 상인으로 활동했던 호지스라는 인물이 자신의 마부 크리스토퍼 보먼(Christopher Bowman)을 로제의 공동 경영자로 앉힘으로써 사건을 무마하려고 나섰다. 그러나 결국 '괘씸한 행위'를 했다는 이유로(자세한 내용은 알 수 없다) 로제는 런던을 떠나게 되고, 커피하우스는 보먼의 소유가 되었다. 그 직후 보먼은 6,000펜스를 들여 가게를 새롭게 단장했다. 한편 어쩔 수 없이 런던을 떠나야 했던 로제는 이후 유럽의 여러 도시를 전전하며 커피문화를 정착시키기 위해 노력한다. 그러나 안타깝

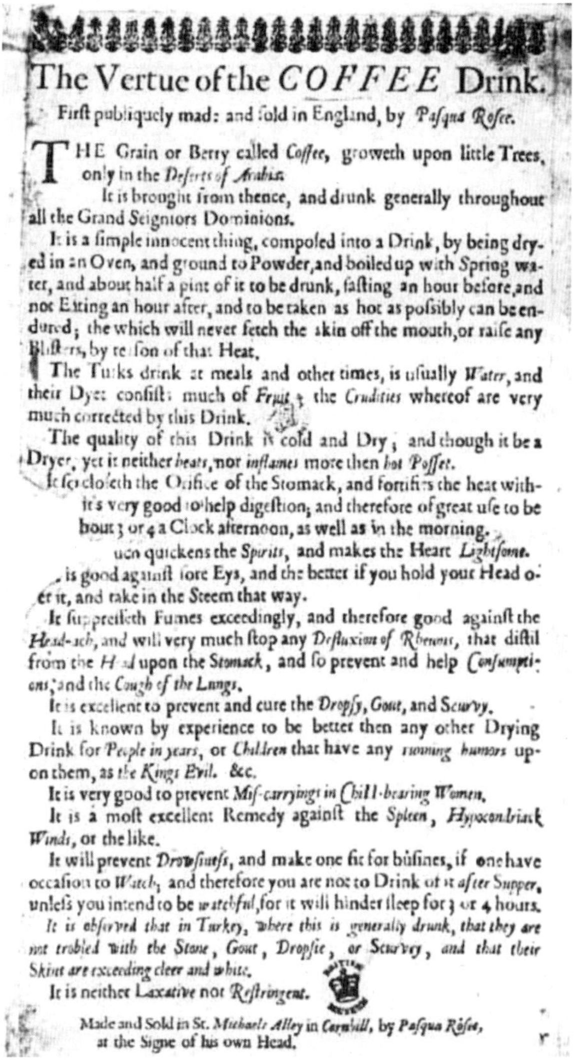
The Vertue of the *COFFEE* Drink.

First publiquely made and sold in England, by *Pasqua Rosee.*

THE Grain or Berry called *Coffee*, groweth upon little Trees, only in the *Deserts of Arabia.*

It is brought from thence, and drunk generally throughout all the Grand Seigniors Dominions.

It is a simple innocent thing, composed into a Drink, by being dryed in an Oven, and ground to Powder, and boiled up with Spring water, and about half a pint of it to be drunk, fasting an hour before, and not Eating an hour after, and to be taken as hot as possibly can be endured; the which will never fetch the skin off the mouth, or raise any Blisters, by reason of that Heat.

The Turks drink at meals and other times, is usually *Water*, and their Dyet consists much of *Fruit*; the *Crudities* whereof are very much corrected by this Drink.

The quality of this Drink is cold and Dry; and though it be a Dryer, yet it neither *heats*, nor *inflames* more then *hot Posset.*

It so closeth the Orifice of the Stomack, and fortifies the heat with-
it's very good to help digestion; and therefore of great use to be
bout 3 or 4 a Clock afternoon, as well as in the morning.

uch quickens the *Spirits*, and makes the Heart *Lightsome.*

is good against sore Eys, and the better if you hold your Head over it, and take in the *Steem* that way.

It suppresseth Fumes exceedingly, and therefore good against the *Head-ach*, and will very much stop any *Defluxion of Rheums*, that distil from the *Head* upon the *Stomack*, and so prevent and help *Consumptions*; and the *Cough of the Lungs.*

It is excellent to prevent and cure the *Dropsy*, *Gout*, and *Scurvy.*

It is known by experience to be better then any other Drying Drink for *People in years*, or *Children* that have any *running humors* upon them, as the *Kings Evil.* &c.

It is very good to prevent *Mis-carryings* in *Child-bearing Women.*

It is a most excellent Remedy against the *Spleen*, *Hypocondriack Winds*, or the like.

It will prevent *Drowsiness*, and make one fit for busines, if one have occasion to *Watch*; and therefore you are not to Drink of it *after Supper*, unless you intend to be *watchful*, for it will hinder sleep for 3 or 4 hours.

It is observed that in Turkey, where this is generally drunk, that they are not trobled with the Stone, Gout, Dropsie, or Scurvey, and that their Skins are exceeding cleer and white.

It is neither *Laxative* nor *Restringent.*

Made and Sold in St. *Michaels Alley* in *Cornhill*, by *Pasqua Rosee*, at the Signe of his own Head.

파스카 로제의 커피하우스 광고 카피

게도 그는 가게가 일단 자리 잡고 나면 금세 잊히는 외국인의 원형이 되었다. 어찌 됐든 런던의 커피하우스는 순식간에 수를 불려갔다. 1683년에는 3,000여 곳, 1714년에는 8,000여 곳에 달했다. 그야말로 폭발적인 수치가 아닐 수 없다.

그렇다면 영국 런던에서 커피하우스 문화가 그토록 번성한 원인을 어디에서 찾을 수 있을까? 로제의 커피하우스 광고 카피를 보면 해결의 실마리가 되는 단어가 기록되어 있다. 그것은 바로 '공적으로'라는 단어다. 여기서 말하는 '공적으로'란 무엇일까? 이는 스튜어트 왕조 궁정에 공적으로 커피 드링크를 바친다는 의미도 아니고, 서민이 마시는 커피를 정부가 세금을 써가며 관리해준다는 의미도 아니다. 그 시대 런던에는 바야흐로 새로운 공적 세계가 만들어지고 있었다. 그것은 시민적 공공성의 세계, 즉 시민사회다. 로제, 아니 에드워즈는 이 새로운 공적 세계 한가운데에 커피하우스를 던져 넣은 셈이다. 로제에 의해 탄생한 '공적으로 만들어 판매하는 커피 음료'라는 광고 카피는 시대정신을 반영한 매우 시의적절한 문구였다. 말하자면 그것은 이슬람 세계의 '검은 잠잠성수'에 필적할 만한 것이었다.

고대 그리스·로마시대에는 사적영역과 공적영역이 뚜렷하게 구별되었다. 안으로는 부엌(부엌의 여신 베스타가 관장하는 공간)을 중심으로 하는 집(오이코스(Oikos), 공적영역인 폴리스에 대비되는 사적생활 단위로서의 '집', '가계', '가정')이라는 생산영역(오이코노미아(Oikonomia),

가정경영을 의미하며 Economy의 어원)이 있고, 밖으로는 도시국가의 공적·정치적 영역인 폴리스(Polis)가 있었다. 그러나 집의 생산 영역이 커지면서 본래의 사적영역을 넘어선 경제활동(Economy)이 본격화했는데, 그에 따라 집이라는 공동체와 공적영역과는 또 다른 인간의 결합(소키에스(socies))이 나타났다. 근대시민사회(society)가 그 전형적인 사례다. 이곳에서는 기존의 공사구별이 뚜렷하지 않다. 물론 오늘날은 다양한 정치제도나 공공시설이 마련되어 공과 사를 확연히 구별할 수 있게 되었다. 하지만 17세기 중반 근대시민사회에는 이러한 제도가 존재하지 않았다. 말하자면 당시에는 기존의 공사 관계가 대부분 무너져 내린 상태였다. 그런 상황에서 근대시민사회의 공과 사의 관계를 만들어가는 부엌 역할을 할 만한 것은 커피하우스 말고는 없었다.

대영제국은 일곱 군데 바다에서 네덜란드와 치열하게 경쟁하는 상업자본주의 국가였다. 상인들은 인도 저편의 향료제도, 서인도제도, 남북아메리카 대륙 등과의 원거리무역을 추진하면서 중상주의 시대를 활짝 열었다. 상업활동은 세계 각지의 상품 가치 차이를 전제로 한다.

세계를 무대로 활동하는 상인이라면 무엇보다 세계 각지의 다양한 정보에 밝아야 한다. 그러나 당시에는 정보를 얻고자 해도 체계적인 시스템이 갖춰져 있지 않았다. 17세기 중반 영국에는 왕의 정부에서 발행하는 신문밖에 없었으며 그 정보는 실제적인 도움이 되지 못했다. 국내는 물론이고 유럽과 전 세계에서 새롭게 들어온 신선한 정보가 실린 신문이 필요했다. '신문을 만들자!' 그러나 신문을 만들기에 적절한 장소가 없다. '그렇다면 커피하우스에서 하자!'

새로운 정보를 얻는 또 한 가지 방법은 '우편'이다. 하지만 변변한 우편제도가 갖춰져 있지 않았다. 1678년 영국에서 국가 우편제도가 비로소 만들어졌으나 배달 시스템이 엉망이었다. 좀 더 신뢰할 수 있는 우편제도가 절실히 필요했다. 그런 상황에서 금융업자 로버트 머리(Robert Murray)가 '1페니 우편제도(Penny Post)'를 만들었다. 1680년의 일이다. 이는 사적인 우편제도이자 커피하우스를 기반으로 편지·신문 발송 및 배달을 조직화한 시스템이었다. 커피하우스에 자루가 걸려 있어서 어딘가로 편지를 보내고 싶은 사람은 그 자루에 편지를 넣고, 편지가 어느 정도 모이면 배달하는 방식이었다. 몇 년 후인 1683년, 영국 정부도 이 시스템을 도입한다. 그런데 이때 특정 우체국뿐 아니라 커피하우스도 지정했다. 해외우편도 예외는 아니었다. 예를 들어, 자메이카 커피하우스의 경우 이름 그대로 자메이카 무역과 깊은 관련이 있었다. 사람들은 출항이나 화물 관련 뉴스를 그곳에서 들을 수 있었다. 또한 자메이카를 수신처로 하는 편지를 부치는 우체국 역할도 겸했다. 훗날 특정 커피하우스를 폐지하려고 했던 영국 우정청 로열메일(Royal Mail)은 커피하우스의 거센 반대에 부딪

혀 오랫동안 고전을 면치 못한다. 결국 커피하우스는 해외우편 업무에서 배제되고 만다. 1799년의 일이다. 그뿐 아니라 몇십 년 후 국내우편 업무마저 배제되는데, 이는 19세기 중반인 1840년의 일이다.

상인은 세계 각지의 상품 가격 차이를 알아야 하지만 제멋대로 차이를 만들어서는 안 된다. 상인은 자본가와 달라서 노동자를 직접 착취할 수 없고 절대군주처럼 정치권력을 동원해 생산을 강요할 수도 없다. 그들이 가진 무기라고는 오직 돈뿐이다. 그렇다면 돈을 융통해야 하고 할 수만 있다면 주식을 팔고 싶어 한다. 하지만 주식거래소가 없다. 그렇다면 어떻게 해야 할까? 커피하우스를 이용하는 방법이 있다. 실제로 1690년 무렵 왕립 거래소인 로열익스체인지(Royal Exchange)에서 주식 거래가 가능해졌지만 주식 거래와 관련된 모든 일을 처리하기에는 공간이 충분치 않았다. 그런 상황에서 주변의 커피하우스가 부족한 공간을 제공해주었다. 예를 들어 주식거래로 유명한 조너선 커피하우스(Jonathan's Coffee-House)에서는 증권 전문가를 고용해 고객상담에 응하고 조언해주는 서비스를 제공하기도 했다. 또한 버지니아 앤드 발틱 커피하우스(Virginia and Baltick Coffee House)처럼 선박주 거래를 주도하는 커피하우스도 있었다. 한편 당시에는 제대로 된 상품거래소도 없었다. 그런 터라 실질적으로는 곡물거래소가 된 커피하우스도 생겼다.

해외 활동은 위험이 따르게 마련이다. 보험이 필요하지만 없다. 어딘가에서 시작해야 한다. 그곳이 어딜까? 역시 커피하우스! 정확하고 신속한 정보와 원거리 교역 관련 사고보상 등은 시대적 요청이었다. 에드워드 로이드(Edward Lloyd)는 1688년 무렵 런던 타워 스트리트에 커피하우스를 열고 선원과 여행자를 상대로 장사를 시작했다. 1691년 자신의 커피하우스를 금융가인 롬바드가로 옮긴 후 고객 서비스의 일환으로 『로이즈 뉴스(Lloyd's News)』를 간행했다. 1696년의 일이다. 흥미롭게도 『로이즈 뉴스』는 보험 가입을 희망하는 선박 리스트가 대부분을 차지했다. 당시 보험은 주로 개인보험사업자가 담당했기 때문에 리스크가 컸고, 그런 만큼 좀 더 정확한 정보를 필요로 했다. 그 연장선에서 로이즈가 직접 작성한 '영국 및 외국의 선박 일람'은 큰 반향을 일으켰다. 그리고 이는 훗날 신뢰할 수 있는 정확한 뉴스를 자랑하는 세계 최대 보험회사를 탄생시키는 기반이 되었다.

이후 『로이즈 뉴스』는 『로이즈 리스트(Lloyd's List)』가 되었다. 영국 주요 항구에 배치된 로이즈 통신원은 입항한 선박의 수하물 정보를 정확히 기재한 리스트를 보내주었다. '로이즈'라고 기재된 리스트의 수신처는 우정청 로열메일이었기에 우편세가 면제되었고, 리스트는 도착하자마자 곧바로 커피하우스의 메신저에게 전달되었다. 로이즈 커피하우스 고객은 다른 사람들보다 몇 시간 더 빨리 귀한 정보를 손에 넣을 수 있었는데, 그렇게 전달된

리스트를 기반으로 한 신문 『로이드 리스트』 덕분이었다. 로열메일이 이런 특별 서비스를 제공하는 데 요구한 뇌물은 연간 200파운드였다. 이 방법이 온당치 못하다고 결론 난 것은 1791년의 일이다. 로열메일이 커피하우스 따위에게 돈을 받아서는 안 된다는 논리였다. 그러나 로열메일의 갑작스러운 결정과 조치는 로이즈에 아무런 타격도 입히지 못했다. 그 시점의 로이즈는 이미 그 정도 타격에 휘청거릴 기업이 아니었기 때문이다.

아무것도 없다시피 하던 영국은 '없는 것'을 계속해서 만들어내는 수밖에 없었다. 이는 17세기 후반 무렵의 상황이다. 그런데 그 모든 것이 커피하우스를 다목적공간으로 활용해 급성장을 이루는 셈이 되었다. 런던은 세계무역의 중심이었다. 대영제국 선박은 동인도로, 서인도제도로, 말 그대로 일곱 군데 바다를 분주히 돌아다녔다. 그렇다면 본국에서 세계무역 관련 일을 하는 사람들은 어떻게 하면 좋을까? 사무실 책상에 앉아 팩스만 기다리면 되는 시대가 아니었다. 사무실 또한 충분하지 않았다. 그래서 그들은 어디서 모였을까? 바로 커피하우스다! 커피하우스는 여러 장점을 갖고 있었다. 우선, 한 잔의 커피값만 지불하면 커피를 마시면서 몇 시간이고 머무를 수 있었다. 또 매일 커피를 마신다고 해도 사무실 임대료보다 훨씬 저렴하기 때문에 무리하게 임대료를 지불하며 사무실을 얻을 필요도 없었다. 중요한 것은 업무 파트너가 죽치고 앉아 있는 커피하우스가 어디인지를 그 업

커피하우스는 여러 장점을 갖고 있었다. 우선, 한 잔의 커피값만 지불하면 커피를 마시면서 몇 시간이고 머무를 수 있었다. 또 매일 커피를 마신다고 해도 사무실 임대료보다 훨씬 저렴하기 때문에 무리하게 임대료를 지불하며 사무실을 얻을 필요도 없었다.

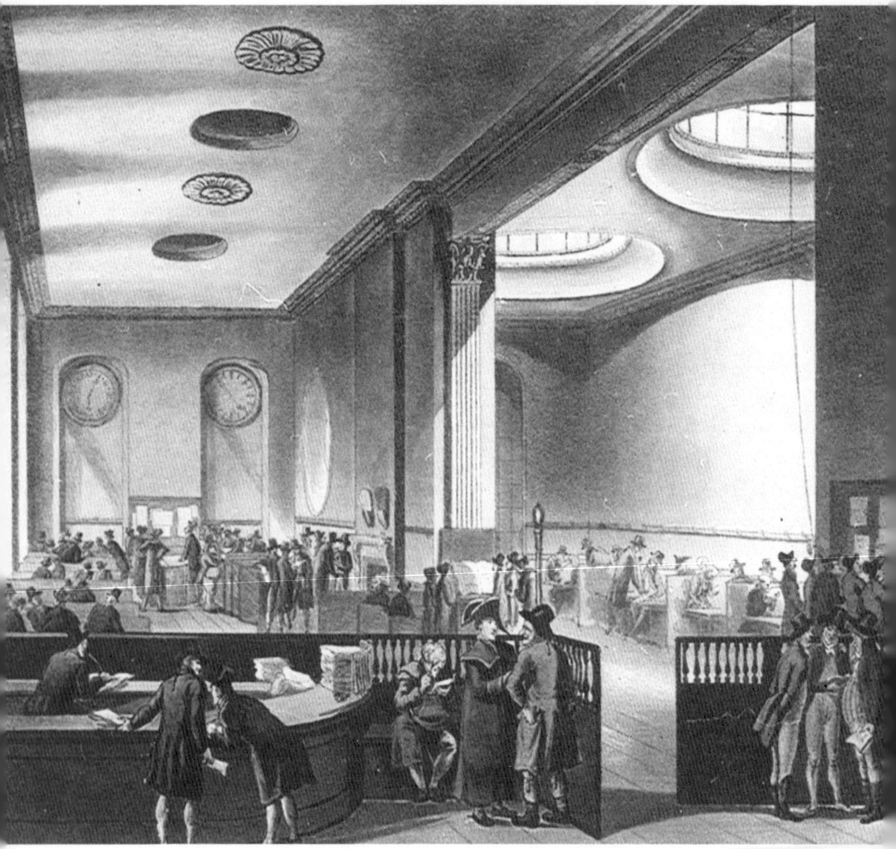

1809년 에드워드 로이즈 커피하우스 업무 공간

무와 관련된 모든 사람이 알게 하면 될 일이다. 커피하우스에는 최신 정보가 가득 실린 정기간행물, 우편물 등 업무에 필요한 모든 것이 갖춰져 있었다. 그런 터라 주식중개인, 각계 정보통과 런던의 내로라하는 엘리트들이 커피하우스로 부나비처럼 몰려드는 것은 당연한 일이었다

그러나 지금까지 언급한 것이 커피하우스의 전부는 아니다. 17세기 말 즈음 런던의 커피하우스를 특징짓는 또 하나의 중요한 요소가 있었다. 그것은 바로 '공론 형성의 장'을 마련했다는 점이다. 원거리무역은 이익은 크지만 늘 다양한 리스크에 골치를 썩게 마련이고, 그런 위협에서 벗어나려면 강력한 무력이 뒷받침되어야 하는 법이다. 힘센 군대를 조직하고 그것을 유지하는 것, 그것은 곧 국가의 조세조직으로서의 기능을 강화한다는 의미다. 이렇게 왕권과 거대독점 상인의 강고한 결합을 바탕으로 근대국가가 정비되어가고 있었다.

이런 상황에서 상업자본과 산업자본의 모순이 격화되었다. 당시에는 무역의 주요 지불수단이 은이었으므로 은을 지배하는 자가 세계무역을 지배하는 구조였다. 이때 압도적으로 우위에 선 나라가 스페인이었다. 왜냐하면 이 나라는 세계 은 산출량의 90퍼센트를 점한 멕시코와 페루를 식민지로 거느리고 있었기 때문이다. 그러나 스페인의 패권은 그리 오래가지 못했다. 이유가 뭘까? 멕시코와 페루를 비롯한 남북아메리카 식민지들이 은

과 교환하고 싶어 했던 상품은 모직물이었기 때문이다. 거대한 모직물산업을 보유한 국가가 세계무역의 지배자가 되었다. 결국 양이 결정권을 쥔 셈이었다. 양이 초원에서 풀을 뜯고 있는 풍경, 그것은 결코 목가적인 풍경이 아니었다. 그보다는 '양이 사람을 죽이는' 살풍경이라고 해야 할까. 이는 속죄양 같은 농민이 '인클로저(Enclosure, 미개간지, 공유지 등 공동 이용이 가능한 토지에 담이나 울타리 따위 경계선을 둘러쳐서 남의 이용을 막고 사유지로 하는 일. 주로 영국에서 볼 수 있던 토지 경영의 현대화 현상이다. 농업보다는 모직물을 위한 양모 생산이 더 유리한 데서 경작지를 목장으로 전환하고 그것을 위해 공유지와 농민 보유지를 둘러싸는 일이 주류를 이루었다. 이로 인해 파생된 농민의 실업과 이농 현상, 농가의 황폐화, 빈곤 증대는 인클로저에 대한 비난을 불러일으켰다)'로 인해 토지를 빼앗기고 임금노동자가 되는, 모직물산업의 기계화가 더불어 시작된 산업혁명의 개막이었다.

당시 상업자본은 국내 모직물산업을 적극적으로 모색해야 했다. 그러나 상업자본가에게는 '가격 격차'가 무엇보다 중요했다. 그러므로 그들은 제품 가격을 최저로 묶어두기 위해 안간힘을 썼다. 반대로 이런 상황이 산업자본가에게는 불만사항이자 골치 아픈 난제였다. 비록 그 과정은 녹록지 않았으나 산업자본가는 상업자본가에 맞선 투쟁과 치열한 경쟁에서 승리를 거두었다. 그 결과 17세기 영국은 마침내 산업자본이 상업자본에 우위에 서게 되는 시대로 각인되었다. 산업자본이 왕권과 결탁한 거대독점상업자본을 상대로 벌인 투쟁은 커피하우스의 특수성을 잘 설명해준다.

왕권과 거대상업자본은 기존의 '공적세계'를 점유하고 있었다. 그에 반해 산업자본가는 공권력과 아무런 연결고리도 갖지 못한 '민간인'이었다. 그런 의미에서 그들은 그야말로 '개인'에 지나지 않았다. 그들은 '여전히 제로'인 제3계급이었다. 그런 그들이 장원과 상업자본을 향해 투쟁을 전개하고 산업자본의 이익을 추구하기 위해서는 기존의 공적세계와는 다른 '공적세계'에 호소할 수밖에 없었다. 비유해서 말하자면 중세적인 '공중목욕탕'의 온탕에 몸을 담그고 있던 대중이 산업자본주의의 이데올로그(어떤 사회적·정치적 이데올로기를 대변하고 고취하는 일. 원래 '공상적인 언사를 즐겨 쓰는 사람'이라는 뜻인데, 나폴레옹이 자신의 정치적 야심을 비판하는 급진적 유물론자들을 쏘아붙이며 비판한 데서 널리 쓰이게 되었다. 오늘날에는 애초의 '공론가'의 의미보다는 특정계급의 입장이나 당파의 대표적 이론가를 의미하는 말이 되었다)에 의해 온탕에서 내몰린 뒤 왕이나 정부의 '공권력'에 대항하는 근대적 권력 요소로 동원된 셈이었다. 하지만 그들을 권력투쟁의 장으로 끌어내려 해도 당시 영국은 그에 필요한 기반을 갖추지 못했다. 아무것도 없다고 해도 지나친 말이 아니었다. 신문, 라디오, TV, 전화 등 그야말로 아무것도 없었다. 그런 터라 상업자본과 산업자본의 이데올로기 대결은 팸플릿과 입소문을 통해 새로운 권력 요소가 되어가는, 그러면서 동시에 판단하고 비판하는 대중을 어떻게 자기편으로 끌어들일지에 달려 있었다. 새로운 공적제도로서 커피하우스가 생겨난 것은 바로 이러한 상황에서였다. 공론의 장이 되어가는 것을 방해하지 않고 지켜본다는 점에는 근대시민사회, 그리고 그 정치행태로서의 국민국가 이념이 스며 있다. 대중 의견은 '여론'이라는 이름의 새로운 권력 요소가 되어가고 있었다.

'의회(parliament)'의 어원을 찾아보면 '말하다, 논의하다'라는 의미의 단어를 만나게 된다. 대중이 공권력을 향해 의견을 말하는 장소로서의 커피하우스는 필연적으로 사설의회 모습을 띠게 되었다. 각각의 커피하우스에는 여러 오피니언 리더가 진을 치고는 고객의 이해득실과 관심의 대변자 역할을 하고 있었다. 이 방면으로 특히 유명한 것이 턱스헤드(Turk's Head), 혹은 주인 이름을 따서 '마일즈(Miles)'로 불린 커피하우스다. 여기에서는 '로타클럽(The Rota Club)'이라는 이름의 사설의회가 존재했다. 로타클럽의 창설자는 토머스 모어(Thomas More)의 『유토피아(Utopia)』(1516)를 본떠 『오세아니아공화국(The Commonwealth of Oceana)』(1656)을 집필한 영국 정치가 제임스 헤링턴(James Harrington)이었다. "의원은 적절히 로테이션하는 것이 이상적이다." 공화주의자인 그가 1659년 마일즈에 로타클럽을 창설하며 한 말이다. 로타클럽에서는 매일 밤 회합이 열렸다. 사설의회 회의장은 종업원이 커피를 나를 수 있도록 가운데에 통로를 만들어둔 거대한 원형테이블이었다. 테이블에는 투표상자가 항시 준비되어 있고 중요한 사항은 그때그때 투표로 결정되었다. 예를 들어, '신은 이성적 존재인가 아닌가?', '철학자 토머스 홉스(Thomas Hobbes)는 냉소적인가 아닌가?', '왕의 처형은 올바른가 아닌가?'와 같은 주제를 모두 투표로 결정했다. 그러나 커피하우스에서 열린 왕의 처형 관련 시비 토론이 현실성을 갖게 되는 데는 120년의 시간이 필요했다. 좀 더 구체적으로 120년 뒤 프랑스혁명 당시 자코뱅당이 파리의 카페를 중심으로 정치 선동을 주도할 때까지 기다려야 했다.

런던에 뿌리내린 커피하우스는 그런 우여곡절을 겪으며 공론의 장이 되었고, 당시 공권력에 치명타를 안길 수 있는 요소를 품은 채 출발했다. 다음 인용문은 커피하우스를 불순하고 불쾌한 공간으로 바라보는 당대 어느 보수인사가 자신의 속내를 드러낸 글이다.

> 커피하우스는 모반과 정치적 허위 선전, 인신공격의 온상이 되어가고 있다. 그 어떤 정부도 커피하우스가 대중에게 끼치는 불쾌도를 태평스럽게 방관할 수는 없을 것이다.

'커피하우스에서 이루어지는 반역적인 데다 배신행위나 다름없는 대화'는 정부에게 눈엣가시 같은 것이었다. 보수적인 토리당 사람들이 진을 치고 있던 우진다 초콜릿 하우스(Ouzinda's

Chocolate House)와 코코아트리(Cocoa Tree) 커피하우스, 휘그당 사람들이 떼 지어 몰려드는 세인트 제임스(Saint Jame's)와 스미르나(Smyrna) 커피하우스 등의 정치적 영향력을 뿌리 뽑기 위해 정부는 과격한 수단을 동원하는 일도 마다하지 않았다. 결국 국왕 찰스 2세(Charles II, 재위 1660~1685)가 커피하우스 폐쇄를 명했다. 1675년 12월 29일의 일이다.

> 최근 영국, 웨일스, 스코틀랜드에서 영업 중인 다수의 커피하우스에 게으르고 만족함을 모르는 무리의 발길이 끊임없이 이어지고 있다. 심지어 그곳은 많은 사람, 특히 소상공인이 모여서 정당하게 직무에 바쳐야 할 시간을 허비할 뿐 아니라 이들 커피하우스에서는 온갖 거짓과 중상으로 가득한 정보가 만들어지고 널리 퍼져 폐하의 정부를 업신여기고 왕국의 치안을 혼란케 하기 때문에 다가오는 1월 10일을 기점으로 모든 커피하우스 영업을 금지하고…… 커피, 코코아, 소다수, 홍차 판매를 엄벌로 다스릴 것이다.

영국 정부는 커피하우스를 폐쇄했다. 이는 상황을 오판한 처사였다. 여론 형성의 중심지로서 커피하우스가 어떠한 권력 요소로 성장했는지를 무시한 채 성명서 한 장으로 커피하우스를 무력화할 수 있다고 생각한 것이다. 이에 모든 당파는 일치단결해서 이 '꺼림칙하고 불법적인 행위'에 격렬히 반대했다. 영국 정부는 금세 태도를 바꾸었다. 그러나 당시 정부가 발표한 성명이 어리석은 조치였다고 할 수만은 없다. 정부의 갑작스러운 조치로 생계를 위협받은 커피하우스 주인들은 '향후 가게에서 불온한 대화가 이루어지지 않도록 유의하고 만전을 기한다'라는 취지의 탄원서를 제출했다. 이로써 정부는 커피하우스에서 반정부적인 내용이 담긴 전단지나 서적이 과도하게 배포되는 것을 방지하려던 소기의 목적은 달성한 셈이었다(반면 프랑스 정부는 프랑스혁명 당시 이에 실패해, 파리의 정치 선동 카페는 반정부적 전단지, 캐리커처, 이론 기관지의 온상이 되었다). 위의 사례로 알 수 있듯이 약간의 스캔들이 기대 이상의 선전 효과를 내는 것이 근대사회의 주요한 특징 중 하나였다.

아무튼 이후 대영제국의 커피하우스는 이전보다 더욱 번성하게 된다. 커피하우스의 번영은 정부 입장에서도 세수 측면에서 큰 이익을 가져다주었다. 커피 1갤런(약 4.545리터)당 4펜스의 세금이 국고로 들어가는데, 커피하우스 한 곳의 연간 평균 영업세는 12펜스였다고 한다. 티끌 모아 태산, 그렇게 커피는 국가의 중요 재원이 되었다. 국가를 비판하는 자유로운 토론장으로서의 커피하우스와 국가가 서로 호흡을 맞추며 2인 3각 게임을 시작한 셈이었다.

다음의 시는 당대에 쓰여진 것으로, 커피와 커피하우스를 칭송하고 있다.

의견이 다른 사람들의 열기로 숨이 막힐 것 같은 장소에
언론의 자유는 허락받아 마땅한 것
그것이야말로 커피하우스 왜냐하면 다른 그 어떤 곳에서
이만큼 자유롭게 이야기 나눌 수 있을까?
커피(Coffee)나 공화국(Commonwealth)은 같은 C자로 시작해
개혁을 위해 손과 손을 맞잡고
우리를 자유에 눈뜬 국민으로 만들어준다

청교도혁명이 한창일 때 런던 최초의 커피하우스가 문을 연 것이 과연 우연일까?

청교도혁명이 한창일 때 파스카 로제의 커피하우스가 문을 열었다. 1642년에 시작된 청교도혁명은 1649년 왕정을 폐지하고, 커피와 머리글자가 같은 공화제를 근간으로 삼았다. 올리버 크롬웰(Oliver Cromwell)이 이끄는 정부는 항해조례를 발표한 뒤 해상패권을 놓고 제1차 영국-네덜란드 전쟁(1652~1654)을 치르고 있었다. 1651년 이후의 상황이다. 영국 국내에서는 반혁명 움직임도 갈수록 활발해져서 나라 안팎으로 정세가 요동쳤다.

거대상인과 산업자본의 경제적 이해대립은 왕당파와 공화파 간 이데올로기 대립으로 이어졌고, 심판자로서의 '대중'에 호소

하는 양상이었다. 이에 따라 대중은 국내외 수많은 정보를 면밀히 분석하고 이성적으로 판단할 수 있는 능력을 요구받았다. 커피하우스는 그런 특수한 시대 분위기 속에서 탄생했다.

영국의 커피하우스는 청교도혁명과 뒤이은 왕정복고 시대에 확립된 근대시민사회의 주요 공공제도이자 시스템이었다. 커피하우스와 커피라는 상품 이미지는 근엄한 청교도 이데올로기와 일맥상통하는 면이 있었다. 이슬람 수피즘의 정신적 비호 속에서 탄생한 커피는 저 독특한 '깨어 있는 도취감'이 주요 특징이다. 커피의 그러한 특성은 자본주의 기본 윤리의 한 부분을 형성하는 냉정하게 깨어 있는 종교로서의 청교도주의와 잘 어울렸다.

근엄한 청교도주의 시대에 커피보다 먼저 공격 대상이 된 음료는 알코올이었다. 커피, 코코아, 홍차 등의 비알코올 음료가 판매되기 전 서민계층이 소비한 하루 평균 알코올 양은 어느 정도일까? 예를 들어 맥주의 경우 17세기의 평균적인 가정에서는 남녀노소 가리지 않고 1인당 하루 평균 3리터를 소비했다고 한다. 물론 여기에서 말하는 소비량에는 단순히 마시는 것뿐만 아니라 수프와 절임 등 요리에 사용되는 것도 포함된다. 그렇다고 해도 놀라운 양이 아닐 수 없다. 예로부터 '맥주(beer)'라는 명칭은 '마시다'라는 의미의 라틴어 boire에서 유래했다는 주장이 있다. 그 주장을 신뢰한다면 '맥주를 마시다'라는 말은 어김없는 동어반복이다. 그에 비해 '커피를 마시다'라는 표현은 언어를 잘못 사용한 사례는 아닐지라도(아랍에서는 '커피를 섭취한다'고 표현한다) 뭔가 부족한 느낌을 지울 수 없다.

커피 역사는 한편으로 알코올과의 경쟁의 역사이기도 하다. 어디서 굴러먹던 말 뼈다귀인지도 모르는 커피가 토착음료인 알코올 영역을 침범함에 따라 여러 나라에서 강력한 저항이 일어났다. 예를 들어 맥주 제국 독일에서 커피하우스가 정치에 관여하기 시작한 것은 20세기에 이르러서였다. 대다수 독일국민은 맥주 도시 뮌헨의 커다란 비어홀에서 '비어홀 난동'을 일으킴으로써 '남자의 체면'을 세우려 한 아돌프 히틀러(Adolf Hitler)에게 온정을 느꼈으며 그것이 '국민적 합의'로까지 왜곡되고 말았다. 그러나 신사의 체면을 중시하는 영국인은 '뒤처진 독일인'과는 달랐다. 그들의 방식은 재빨리 커피의 '효능'을 인정하고 '자유를 향해 깨어 있는 국민'을 만들고자 부지런히 노력하는 것이었다.

영국에서는 커피의 이해하기 힘든 도취작용이 와인과는 다른 것으로 여겨졌다. 나아가 커피는 알코올의 피해를 없애거나 완화시키는 도구로 인정받고 환영받았다. 커피 옹호의 가장 강력한 이데올로그는 의사들이었다. 혈액 순환 개념의 창안자이자 제임스 1세(James I, 재위 1603~1625)와 찰스 1세(Charles I, 재위 1625~1649)의 시의였던 윌리엄 하비(William Harvey)는 사후에 커피 56파운드(약 25킬로그램)를 런던 의사들에게 남기기로 했다. 조건은 단 하나, 그들이 매달 한 번씩 모여서 함께 커피를 마셔야 한다는 것이었다. 커피가 혈액 순환을 돕는다는 의학적 확신이 빚어낸 일화다.

1650년대에 접어들면서 런던에 커피하우스가 하나둘 문을 열기 시작했다. 그와 발맞추어 로열소사이어티(Royal Society)의 영재들은 커피에 관한 학문적 검증을 더했고, 의사들은 건강 촉진제인 커피를 대대적으로 홍보했다. 물론 그 과정에 긍정적인 일만 있었던 것은 아니다. 더러 부정적 에피소드도 있었다. 예를 들어 어느 커피하우스에서 퍼져 나오는 '악마의 냄새'의 조치를 요구하며 재판소로 달려간 우매한 사람도 있을 정도였다. 이는 1656년의 일이다. 아무튼 대대적 커피 홍보캠페인은 이익과도 직결된 중요한 문제였다. 커피는 기본적으로 약품으로 취급되었다. 의사는 당연하다는 듯 커피를 조미료나 약초, 심지어 화학제품과 섞은 다음 탁월한 약효를 강조하며 판매했다.

커피는 단숨에 만능 특효약이 되어버렸다. 그 연장선에서 다음과 같은 스타일의 광고가 넘쳐났다.

> 아침에 마시는 커피 한잔으로 혈액순환이 빨라지고, 졸음이 달아나고, 눈의 염증이 치료되고, 갈증이 사라진다.

이 정도에서 그쳤다면 그나마 좋았을 텐데, 어디나 광적인 지식을 가진 사람들은 있게 마련이다. 마침내 커피는 통풍, 괴혈병,

편두통, 천식, 방광염, 신경마비, 우울증, 히스테리, 생리불순 등 거의 모든 병을 치료하는 만병통치약으로 취급되는 지경에 이르렀다. 커피가 취기를 없애주고 알코올을 멀리하게 해주는 작용을 지니고 있다는 점도 끊임없이 강조되었다. 올바른 지식도 때로는 과장해서 말해야 사람들의 마음이 흔들린다는 것 또한 세상의 이치다. 어찌 됐든 커피의 존재는 많은 애주가들의 혼탁한 의식에까지 침투했다. 비록 커피와 우유를 같이 마시는 것은 뾰루지나 부스럼의 원인이 된다는 식으로 호들갑스럽게 과대 포장되긴 했지만 말이다. 다행인지 불행인지, 아니면 때마침인지 혹은 공교롭게인지 모르겠지만, 아라비아에서 페스트 확산 소식이 들려오자 런던 시민은 그들이 알고 있는 유일한 아라비아 말, '아브라카다브라(Abracadabra)' 주문 부적을 가슴에 품고는 쭈뼛쭈뼛 커피하우스를 찾아가 '커피가 페스트 예방에 좋다'라는 식의 정보 교환에 심취했다. 흑사병에 '검은 액체'로 맞서려 하다니, 면역 효과를 기대했던 것일까?

근대시민사회의 '인큐베이터'로 자리매김한 커피하우스

커피하우스는 새로운 것을 탄생시키는 인큐베이터였다. 근대시민사회의 많은 제도가 그곳에서 만들어졌다. 또한 커피하우스는 그곳을 방문하는 사람들을 근대시민사회에 맞게 개조해 주는 장소이기도 하다. 커피는 사람을 '깨어 있게' 하고, 이성적으로 만들어주고, 쉴 새 없이 말하게 하는 액체로 각인되었다. 이 시점에서 진지하게 인과관계를 따져보자. 자석이 쇠를 끌어들이듯 커피하우스로 사람을 끌어모은 것은 과연 커피였을까? 실제로는, 그 검고 쓴 독특한 음료보다는 새롭게 등장한 '공공장소'의 매력에 사람들이 이끌렸다고 봐야 할 것 같다. 다시 말해, 당대 커피하우스가 파는 진정한 상품은 커피 자체가 아닌, '정보'였던 셈이다. 아무튼, 저녁 여섯 시가 되면 커피하우스는 사람들로 넘쳐났다. 사람들을 만나고, 이야기를 나누고, 비즈니스를 추진하고, 그리고 무엇보다 정치 뉴스를 들으며 중요한 시사문제에 대해 서로 의견을 말하며 토론하고자 커피하우스로 몰려들었다.

17세기 영국 런던의 어느 커피하우스 앞에 서 있다고 상상해보자. 당신은 아름다운 유리등이 비추는 커피하우스 입구로 들어간다. 입구는 거리와 접해 있고 방은 2층에 있다. 안으로 들어갈 때는 구석에 있는 카운터의 매력적인 여성에게 모자를 벗어 정중히 인사할 수 있는 정도의 매너를 갖춰야 한다. 참고로 아라비아의 커피하우스에서 손님을 끌어모으기 위해 바지런히 몸을 움직인 이가 미소년이었다면, 유럽의 커피하우스에서는 미녀가 그 역할을 담당했다. 카운터의 미녀 앞에 오래 머무는 것 또한 예의가 아니니 적당히 인사를 나누고 지나가야 한다. 안으로 들어가면 자유로운 공간이 펼쳐진다. 벽에는 이런저런 알림이나 공고가 붙어 있다. 기적적인 특효약 광고, 순회의사의 회진 시간, 잃어버린 물건이나 주운 물건 안내, 특별한 사건 기록이나 투기 권유 따위가 그것이다.

방 한가운데에는 긴 테이블이 있고, 그 위에 팸플릿과 신문이 놓여 있다. 긴 의자에 앉아 자유롭게 그것을 읽어도 좋다. 혹은 여기저기 무리 지어 있는 사람들이 하는 이야기에 관심이 있다면 그쪽으로 합류해 뭔가 자신이 말하고 싶은 의견을 당당히 말하면 된다. 청교도혁명이 한창일 때 어떻게 돌아가는 상황인지 모르면서 함부로 입을 열면 안 된다고 생각하던 사람들은 커피하우스 안에서 새 시대의 숨결을 느꼈을 것이다. 게다가 그곳에서의 토론은 공중목욕탕이나 교회, 극장에서 수다 떠는 것과 달리 공적 의견으로서의 힘을 갖게 된다.

당대에는 '서로 다른 생각을 가진 사람들'이 자유롭게 교류할 수 있는 분위기와 비판정신이 커피하우스의 중심을 이루었다. 그런 터라 이곳에서는 어느 자리가 상석인지 신경 쓰는 사람이 거의 없었다. 벽에는 커피하우스 안에서 준수해야 할 '규칙과 예법'이 붙어 있는데, 환영인사로 시작해서 이곳에서는 아무리 돈이 많거나, 막강한 권력을 가졌거나, 위대한 사람이 와도 자리를 양보할 필요가 없다고 규정해놓았다.

비록 커피하우스가 자유롭고 방만한 공간이었어도 한 가지 중요한 규제가 있었다. 그것은 바로 전근대적인 시민들에게서 어떤 능력을 쥐어짜듯 끌어내어 근대시민사회를 형성하는 데 큰 힘을 발휘한, '회화능력'이었다. 당시 커피하우스에 온갖 부류의 사람들이 모여 대화하고 토론하는 분위기를 연출했다고 해도 17세기 런던 시민 모두가 '말하는 법'에 통달해 있는 것은 아니었다. 집에서 부부싸움하듯 생각나는 대로 지껄인다면 '공론장'에서는 아무도 거들떠보지 않을 것이다. 커피하우스의 '규칙과 예법'에는 장내에서 삼가야 할 조심성 없는 행동을 세부적으로 예시하고 있다. 가게 주인은 트럼프나 주사위놀이를 금지하는 것 이외에 큰소리로 욕하거나 소리 지르는 행위를 '악마의 소행'으로 간주하고 경계했다. 근대시민사회는 공론의식을 겸비한 회화능력을 갖춘 인간을 원했다. 가만히 침묵하고 있으면 바보가 되기 십상인 세상이 열린 것이다.

17세기 유럽의 커피하우스는 '대화(conversation)' 기법이라는 시민사회의 필수 기술을 개발하는 일에 있어서 그야말로 획기적인 역할을 해냈다. 그때까지 사람들이 대화를 나눌 만한 장소로 꼽은 곳은 무도회장, 극장, 공원, 마티네(Matine, 연극이나 오페라, 음악회 등의 주간흥행), 만찬모임 등 이른바 상류층을 위한 사교장이었다. 이들 고전적인 장소와 커피하우스의 가장 큰 차이는 무엇이었을까? 커피하우스에는 신분제 틀을 벗어나 대화할 수 있다는 특수성이 있었다. 신분이 낮은 사람들과 한데 어울려 대화하는 일에 거부감을 느끼지 않았다. 오히려 고객층이 다양하다는 점이 커피하우스의 매력이었다. 그리고 그런 바탕 위에서 비로소 사회정세나 정치 동향, 거래 성사에서 문예활동에 이르는 변화무쌍하고 흥미진진하며 예측하기 어려운 소통과 토론이 가능하게 된 것이다. 커피하우스에서는 궁정사회의 답답하고 굼뜨고 바보 같은 정중함은 쓸데없는 것으로 간주되었다. 이곳에서는 정보와 정보가 충돌하며 새로운 정보를 만들어냈다. 그리고 그 새로운 정보는 공기의 저항을 이기고 힘차게 창공을 나는 새처럼, 물의 저항을 이기고 상류를 향해 헤엄치는 물고기처럼 사람들 사이를 오가며 새로운 가치를 창출했다. 커피하우스에서 사람들이 터득한 '말하기'는 '사고'로 승화되어 새로운 시대정신을 일깨워주었다. 그러므로 당대 시대정신을 대표하는 작가들이 커피하우스에 즐겨 다닌 것은 어찌 보면 당연한 일이었다. 몇몇 커피하우스는 저명한 시인이 단골로 출입하는 장소로 유명해지기도 했다. 시인이며 비평가인 존 드라이든(John Dryden)이 존재감을 뽐내고 알렉산더 포프(Alexander Pope)와 조너선 스위프트(Jonathan Swift)가 자주 드나들던 윌즈 커피하우스(Will's Coffee House), 시인이며 정치가인 조지프 애디슨(Joseph Addison)과 아일랜드 출신의 극작가이며 정치가인 리처드 스틸(Richard Steele)이 《태들러(Tatler)》와 《스펙테이터(The Spectator)》를 발행한 곳으로 유명한 버튼즈 커피하우스(Button's Coffee House)나 세인트 제임스 커피하우스 등이 대표적이다.

17~18세기 동안 커피하우스는 문학가들의 생활을 오롯이 점유하는 동시에 근대시민사회의 평범한 시민을 '판단력과 비판력을 갖춘 대중'으로 한 차원 끌어올리는 데 기여한 '독자층'을 만드는 거점이 되었다. 여기서 독자층이란 '자신의 집에서보다 커피하우스에서 더 많은 시간을 보내는 훌륭한 시민'을 말한다. 그들은 간결한 문장으로 자신의 견해를 효과적으로 피력하는 기술을 배웠다. '귀는 눈처럼 긴 문장을 따라 읽을 수 없기' 때문이다. 커피하우스는 그들에게 서로 다른 의견을 나누는 것에서부터 자신의 공적 견해를 피력하는 기술을 터득하게 해주었다.

오로지 타인의 견해만 듣고서 자기 견해를 만들어낸 사람이 독서를 통해 다져온 자신만의 판단력으로 말하는 사람보다 뛰어나다고 보기는 어렵다. 그러나 전자의 경우는 유연성이 풍부하고, 민첩성이 뛰어나고, 사교성을 갖춘, 한마디로 말해서 시대와 잘 맞는 타입임에 틀림없다.

근대사회는 '혈액순환'이 빠른 사람을 좋아한다. 그런 맥락에서도 피의 순환이 원활해지도록 도와주는 커피는 시대에 안성맞춤인 음료였다. 대영제국의 상선은 전 세계 바다를 누비고 다녔고, 상품과 화폐의 순환도 상업도시 런던을 중심으로 전 세계적 규모로 이루어졌다. 의원들도 어느 정도 시간이 지나면 적당한 로테이션을 요구받았으며, 비즈니스맨은 커피하우스를 돌고, 커피하우스에서는 웨이터가 테이블 사이를 돌고, 그 웨이터의 몸속에서는 혈액이 바쁘게 도는, 모든 것이 돌고 돌아야 좋게 여겨지던 시대였다. 그러나 시대 또한 돌고 도는 법. 어찌 된 일인지 한창 위세를 떨치던 커피와 커피하우스는 허무하게도 시대의 순환에서 궤도를 이탈한 열차처럼 튕겨져 나가고 만다.

무엇이 영국인을 커피와 커피하우스에서 멀어지게 했나

커피하우스는 반세기 가까이 런던 시민생활의 중심을 차지했다. 그러다가 18세기 중반에 접어들면서 급격히 쇠락한다. 실제로 1714년에 8,000곳을 넘어섰던 런던의 커피하우스가 1739년에는 551곳으로 줄었다는 통계가 나올 정도였다. 한때 잘나가던 커피하우스는 왜 인기가 시들해진 연예인처럼 쇠락했을까? 여러 가지 원인이 있겠지만, 중요한 원인을 한 가지 꼽아보면 당대 커피하우스가 사회적 기능을 다했다는 점이다. 사실 커피하우스는 비록 자유롭고 민주적인 분위기였다고는 해도 긴 안목으로 보면 클럽으로 가는 가교 역할을 한 것에 지나지 않았다. 그런 맥락에서 공개 지향적인 커피하우스가 제각각 특수한 고정 고객층을 확보하면서 폐쇄적인 클럽으로 변천해가는 것은 어쩌면 자연스러운 일이었다. 여기서 '폐쇄적'으로 변했다고 해서 딱히 비판할 일은 아니라는 생각이 든다. 왜냐하면 사리 분별도 못하는 사람들이 툭하면 소란을 피우는 상황에 휘말려 불쾌해지는 것보다는 뜻이 잘 맞고 소통이 잘 되는 사람들끼리 모이는 편이 훨씬 낫다는 데 다른 의견을 제시할 사람은 거의 없을 것이기 때문이다. 게다가 특히 정치나 문학과 관련된, 다소 편협한 사고를 가진 사람이라면 더하지 않았을까? 그들은 정기적 회합 장소를 폐쇄적인 장소로, 그리고 커피를 마시는 대신 식사를 할 수 있는 클럽으로 옮겨갔다. 18세기 말 클럽 수는 1세기 전인 17세기 말 커피하우스 숫자와 비슷했다. 그리고 한발 더 나아가 온갖 종류의 클럽이 만들어졌다. 심지어 못생긴 사람들의 클럽, 수렵에서 갈비뼈나 쇄골이 부러진 경험이 있는 헌터 클럽까지 등장할 정도였다. 헌터 클럽 회장은 그만 목이 부러져서 죽기만 기다리고 있다는 식의 우스갯소리도 심심찮게 나돌았다. 클럽 회원들의 견고한 결속은 커피하우스의 그것과 비할 바가 아니었다.

한편 커피하우스가 클럽으로 바뀌어가던 그 시점에 훨씬 더 근본적이고 중요한 변화가 일어나고 있었다. 그것은 바로 '홍차'의 등장이다. 사람들이 커피와 차츰 멀어지면서 찾기 시작한 것이 바로 홍차다. "왜 영국인이 정열적인 홍차 마니아인가는 그들의 커피를 마셔보면 단박에 알 수 있다"라는 우스갯소리가 있다. 그러나 그렇다고 해서 커피가 맛이 없다는 것이 변화의 본질적인 원인일 리는 없다. 게다가 영국인은 '맛있는 차를 맛없게 마시는 국민'이라고 하지 않는가.

아시아에서 차를 생산하는 식민지를 확보한 영국이 산업정책상 자국 내에 홍차 판로를 개척할 필요가 있었다는 점도 간과할 수는 없으나 그것만으로 모든 의구심이 해소되는 것은 아니다. 그도 그럴 것이 훗날 영국이 네덜란드와 함께 전 세계 커피 무역을 사실상 지배하게 되었을 때 전 유럽에 대량의 커피를 공급하면서도 정작 영국인 자신은 커피를 마시려고 하지 않았다.

그렇다면 도대체 무엇이 영국인을 커피와 커피하우스에서 멀어지게 한 것일까? 이 문제의 해법을 찾는 데 도움이 되는 참고자료가 있다. 1674년, 남편이 허구한 날 커피하우스에 들락거리는 것을 애태우던 아내들이 커피를 반대한다는 입장을 밝히기 위해 만들어낸 진귀한 팸플릿이다. 정식 제목은 〈커피에 반대하는 여성의 청원. 사막처럼 메마르고 쇠약하게 만드는 음료의 과도한 섭취로 인해 여성의 섹스에 야기된 심각한 불편을 공공에 호소한다〉다.

전체 여섯 페이지에 달하는 이 팸플릿은 런던에서 커피와 여성의 관계를 적확하게 표현하고 있다고 판단된다. 내용이 다소 노골적이지만 자세히 살펴보자. 청원자인 '수천 명의 선량하고 포동포동한 아내'는 수호신 비너스에게 가호를 빌며 기도한 뒤 다음과 같이 서술한다.

예로부터 영국은 여성의 파라다이스였습니다. 그리고 영국 여성은 강건하고 기세등등한 남성을 사랑했습니다.

영국 여성에게 영예란 남편의 왕성한 활동력 빼고는 없습니다. 그리고 사실 옛날부터 우리 남편은 기독교계를 통틀어 가장 유능한 퍼포머로 인정받아왔습니다. 그러나 말로 다 표현하기 어려울 만큼 슬프고 참담한 것은 최근 우리가 이 영국 고유의 활력이 눈에 띄게 쇠퇴해가는 것을 하릴없이 목격하고 있다는 사실입니다.

우리는 어찌하여 스페인 황태자가 어떤 법을 준수할 것을 강요받았는지 잘 알고 있습니다. 그 법은 남편이 아내에게 '자상함'을 연거푸 보여주기가 하룻밤에 아홉 번을 넘겨야 한다고 정한 것이었습니다. 아, 그러나 안타깝게도 그토록 열정적이고 왕성했던 날들은 저 멀리 사라져버렸습니다. 우리는 영국 남성이 자신의 의무이면서 동시에 우리의 기대이자 요구인 부분을 제대로 충족시켜주지 못하고 있다고 생각합니다.

이 참을 수 없는 재앙의 원인은 저 불길한 이교도의 커피라고 불리는 이상한 음료라고밖에 할 수 없습니다. 커피는 자연이 우리에게 선물한 최고의 보물을 빼앗아 그 근본이 되는 수분을 바싹 말려버리고는 남편을 거세하고 그의 아름다운 아내까지 지치게 했습니다. 커피라고 불리는 재앙의 열매는 그것을 우리에게 가져다준 저

커피라고 불리는 재앙의 열매는
그것을 우리에게 가져다준 저 아라비아 사막과 마찬가지로
남자란 남자는 모두 성불구로 만들고 모든 것을
불모지로 만들어버립니다.

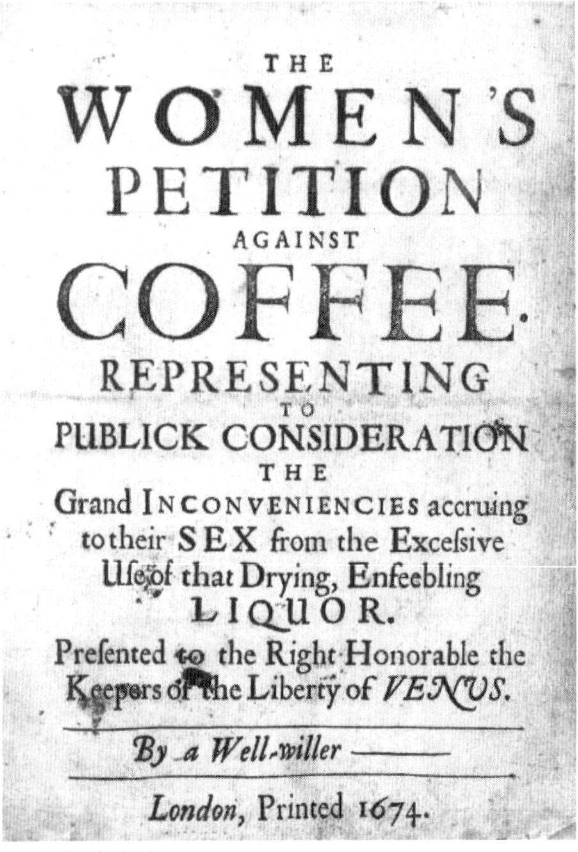

THE
WOMEN'S
PETITION
AGAINST
COFFEE.
REPRESENTING
TO
PUBLICK CONSIDERATION
THE
Grand INCONVENIENCIES accruing
to their SEX from the Exceſsive
Uſe of that Drying, Enfeebling
LIQUOR.
Preſented to the Right Honorable the
Keepers of the Liberty of *VENUS*.

By a Well-willer ——

London, Printed 1674.

〈커피에 반대하는 여성의 청원〉 팸플릿

아라비아 사막과 마찬가지로 남자란 남자는 모두 성불구로 만들고 모든 것을 불모지로 만들어버립니다.

표현이 다소 노골적인 것은 사실이나 팸플릿을 만든 이들의 분노가 그만큼 컸기 때문이라고 이해하고 넘어가자. 어찌 됐든 〈여성의 청원〉이 주장하는 바에 따르면 커피는 기운 좋고 기세등등하던 영국인을 '원숭이나 피그미 계열의 인간'처럼 왜소하게 만들었고 '자연을 상하게 하는 유해한 작용'을 한다. 그뿐이 아니다. 그들이 도저히 납득할 수 없었던 것은 남편이 걸핏하면 커피하우스에 가서 여성의 특권이라 할 수 있는 '수다'를 떨기 시작했는데, 순식간에 자신들을 능가하는 수준에 이르렀다는 것이다. 그들에 따르면, 남편들이 커피하우스에서 '마치 웅덩이에 모여 있는 개구리처럼, 흙탕물 같은 액체를 홀짝홀짝 마시고는 의미를 알 수 없는 이상한 말을 중얼거린다'는 것이다. 그들의 관점으로 볼 때 커피가 아라비아 사막의 부정적인 측면을 응축하고 있다고 한다면, 커피하우스는 그 발상지인 아프리카와 마찬가지로 온갖 종류의 동물이 모여 멍청한 의견을 떠들어대거나 바보같이 행동하게 하는 장소인 셈이다. 영국 유부녀의 관점으로 볼 때 그렇지 않아도 평소 마치 자신이 유능한 정치가라도 되는 양 행세하는 남편이 한심했는데, 그들이 가장 중히 여기는 화제라는 것이 고작 '홍해는 무슨 색일까?', '터키 황제는 루터파인가 칼뱅 교도인가?', '카인의 의부는 누구인가?' 따위였기 때문이다. 그리고 심지어 마음을 다부지게 먹고 뭔가 결판을 내려야 할 때조차 그들이 사용하는 무기가 예전의 기개 넘치던 퍼포머의 모습이 아니라 여성의 무기라 할 수 있는 혓바닥뿐이었던 것이다.

그런 식으로 커피와 커피하우스를 실컷 비난하고 조롱한 뒤 영국 유부녀들은 비난의 화살을 남편들이 칭송하는 커피의 효능에 겨누었다. 커피는 사람을 잠들지 않고 깨어 있게 한다고 주장하지만 그것은 새빨간 거짓말이라는 것이다. 그녀들이 실제로 실행에 옮긴 '한심한 실험'에 따르면 '남편은 커피를 마신 후 10분도 지나지 않아 곯아떨어지기 때문'이다. 또 그들은 '갓 볶은 숯검정'이 숙취를 달래준다는 주장도 전혀 근거가 없다고 비판했다. 왜냐하면 '술 취한 남편은 커피를 연거푸 몇 잔 들이킨 후에도 여전히 자기 힘으로 일어설 수 없었기 때문'이다. 커피하우스의 가치도 의심스럽기는 마찬가지였다. 남편은 커피하우스에서 친구를 만나고 뉴스 관련 이야기를 나눈다고 하지만 어차피 '남편은 아는 것도 없고 그 일과 관계도 없다.' 다만 자신이 모든 것을 아는 척 행동할 뿐이다. 결국 영국 유부녀들이 〈여성의 청원〉을 통해 주장하고 싶은 것은 독일 철학자 하이데거(Martin Heidegger)의 다음 말로 정리될 수 있지 않을까.

> 공공성은 모든 것을 무지몽매하게 만든다.

〈여성의 청원〉은 "이후 60세 이하 모든 성인이 커피를 마시는 것을 중죄로 다스려야 하고, 대신 '맥주, 코크에일, 코디얼 카나리스, 말라가 백포도주 그리고 코코아가 유토피아와도 같은 우리나라 전역에서 널리 사용되기를 바란다"라는 '조심스러운 간원'으로 마무리된다.

내용을 길게 소개한 이유는 이 〈여성의 청원〉에는 단지 진귀한 역사물로 방치해 두기에는 아까운 내용이 가득하기 때문이다. 이 시점에 꼭 짚고 넘어가야 할 점 한 가지, 〈여성의 청원〉을 작성한 이가 반드시 여성이라고 장담할 수 없다는 사실이다. 어쩌면 오히려 커피하우스를 일상적으로 출입하는 유토피아에 빠진 글쟁이의 허언에 가까운 표현일 수도 있고, 혹은 알코올 업계의 의견을 담아 작성한 교묘하고도 지능적인 선전 팸플릿일 수도 있다. 그도 그럴 것이 커피가 유럽 각국에 보급될 때마다 직·간접적으로 손해를 입은 것은 그 지방의 고유산업이라 할 수 있는 알코올 업계였기 때문이다. 당시 손해를 입은 것은 알코올 업계뿐만이 아니었다. 예삿일로 치부하고 지나칠 수 없는 것이 농업에 직접적으로 가해지는 위협이었다. 또 다른 팸플릿은 이 점을 지적한다.

> 커피하우스는 보리와 밀 등 우리나라 농산물 판매에 지속적으로 나쁜 영향을 미치면서 곡물 가격과 그에 따른 토지 소작료를 억

압하고 있다. 이런 상황이 이어지면 소작인은 모두 파멸할 수밖에 없다. 왜냐하면 곡물을 팔려고 아무리 애를 써도 팔 수 없기 때문이다. 또한 소작인이 판로를 찾지 못해 농산물을 팔지 못하게 되면 소작료를 낼 수 없게 될 것이고 결국 토지 소유주도 파산하고 말 것이다.

어찌 됐든 '수천 명의 선량하고 포동포동한 아내'의 남편들은 초라한 서민사회 구성원으로서는 그다지 익숙지 않은 논의에 참가하면서 '홍해는 무슨 색일까?' 고민했을 것이다. 그러나 앞에서 언급한 '회화능력' 연마가 근대시민사회 내에서 이해관계가 충돌할 때 근본적인 수습책을 이끌어내는 심판기준으로서 '이성에 바탕을 둔 여론'을 형성하는 능력을 키워주었다는 사실을 잊어서는 안 된다. 또 다른 팸플릿에 나와 있는 것처럼 "초라한 장사꾼이나 어쭙잖은 기술자 따위가 온종일 커피하우스에 무리 지어 앉아 뉴스를 듣고 정치를 주제로 이야기 삼매경에 빠진다"는 이유만으로 커피하우스를 반대하는 것은 근대시민사회의 민주주의적 이상을 이해하지 못하는 것과 마찬가지다. 하지만 아무리 그렇다고 해도 여성 측에서 볼 때 커피하우스라는 시스템에는 우려되는 심각한 문제점이 두 가지 있었다. 그중 하나는 경제적인 측면이다. 그도 그럴 것이 누구나 일단 커피하우스에 들어가면 보통 서너 시간은 앉아 있고, 혹 아는 사람이라도 나타나면 두세 시간을 더 앉아 있게 된다. 그러는 사이에 생업은 방치되고 만다. 단돈 1페니로 그만큼 오랜 시간을 버틸 수 있는 데다 적지 않은 지식과 정보까지 얻을 수 있다면 참으로 저렴한 비용이 아닌가. 그러므로 실제로 커피하우스는 '1페니 대학(Penny University)'이라고 불리기도 했다. 오늘날의 비싼 대학 수업료를 감안하면 분명 저렴한 비용인데다 수혜자인 고객이 그 정도 비용은 기꺼이 감수해야 한다고 생각하는 사람도 많을 것이다. 문제는 17세기 후반에 1페니가 어느 정도의 가치를 지니고 있었느냐다. 참고로, 〈여성의 청원〉의 경우 그 두 배인 2펜스만 있으면 성인 한 사람당 하루 끼니를 해결할 수 있다고 주장한다. 또한 커피는 다른 나라에서 수입한 의약품의 일종이라는 사실을 잊어선 안 된다. 그런데도 남편이 그런 독특한 상품을 소비하느라 생업을 등한시한다면 가족의 생계는 직격탄을 맞을 수 있다. 물론 남편이 커피하우스 안에서도 열정적으로 활동하며 제대로 생활력을 발휘한다면 그 덕분에 오히려 완전히 새로운 미래를 열어갈 수도 있지만 말이다.

그 시절 영국의 대다수 청교도는 신세계 건설을 꿈꾸며 아메리카대륙으로 건너갔다. 그중 한 명인 퀘이커(Quaker, 17세기에 등장한 기독교의 한 종파. '프렌드 단체(Society of Friend)'라는 뜻으로, 퀘이커라는 이름은 하나님 앞에서 떤다는 말에서 유래했다) 교도 윌리엄 펜(William Penn)은 신앙의 자유와 인간의 존엄이라는 이상을 실현하고자 식민지 땅을 불하받고 사람들을 모았다. 1인당 50에이커의 토지 할당,

그 밖에 1에이커당 1페니의 소작료를 내면 200에이커까지 임대 가능. 이는 아메리칸 데모크라시의 '신성한 실현'인 펜실베이니아가 이주자에게 제시한 조건이었다. 1에이커는 4,047제곱미터(약 1,200평) 넓이다. 한 잔의 '갓 볶은 숯검정'과 비교할 때 어느 쪽이 더 가치가 있을까? 이는 한 번쯤 깊이 생각해봐야 할 문제다. 윌리엄 펜은 뉴욕에서 1파운드 18실링 9펜스나 지불해야 하는 터무니없이 비싼 커피값에 화가 치민 나머지 온몸이 부들부들 떨렸다고 한다. 이는 1683년의 일이다. 커피하우스에 대한 공격에는 당연히 반론도 있었다.

> 혹독한 면학 혹은 사람을 녹초로 만드는 지치고 힘든 일을 마친 뒤 원기를 회복하기 위해 어디를 가면 좋단 말인가. 젊은이나 소시민이 저녁에 한두 시간가량 죄를 짓지 않으면서 나름대로 유익한 시간을 보낼 만한 곳이 커피하우스 말고 어디에 있단 말인가. 잘 알다시피 인간을 읽는 것은 책을 읽는 것보다 결실이 많다. 그 면학을 위해 커피하우스만큼 훌륭한 도서관이 어디에 있단 말인가!
>
> — 〈커피하우스 옹호〉(1675)

그들이 대중에게 전달하려고 하는 바를 이해하지 못하는 것은 아니다. 그렇기는 하나 세상사와 약간 동떨어진 듯한 그들의 주장은 '아내의 생생한 리얼리즘' 앞에서 무디게 느껴진다.

두 번째 문제점, 커피하우스가 오로지 남성을 위한 제도이자 공간이었다는 점이다. 커피하우스에서 아무리 자유로운 논의가 가능했다고 해도 여성의 모습은 거의 찾아볼 수 없었다. 그러니 당연하게도 그곳에서 여성을 위한 문제는 논의되지 않았다. 이 점이 바로 커피하우스가 17, 18세기 런던의 시민생활을 한 차원 향상시켰으며 화려함을 더해주었음에도 제대로 평가받지 못한 이유다. 여성이 참여하지 않는 커피하우스의 시민생활은 근대 시민사회가 철저히 '남성 위주 사회'였다는 사실을 단적으로 드러내 보여준다. 근대화한 사회에서도 여성은 여전히 가정의 울타리 안에 갇혀 지내는 신세였다. 그럼에도 근대시민사회가 자리 잡은 이 시기는 '가정'을 다시금 '친밀한 영역'으로 새롭게 발견하는 시대였으며, 새로운 가정을 창조하는 과정이기도 했다. 이 새로운 가정에서는 과거 인류에게서는 찾아보기 어려울 정도로 '친밀도'가 크게 증가해서 어머니는 모성애에 새롭게 눈뜨고 아이들은 어머니에게 애착을 보이게 된다. 이는 어쩌면 근대시민사회의 새로운 병리현상일지도 모른다. 여기서 문제는 커피가 이러한 가정적 친밀 영역에 참가할 자격을 갖추지 못했다는 점이다. 커피에는 안 좋은 소문이 늘 따라다녔다. 〈여성의 청원〉이 정면으로 언급한 '커피 성불구 원인설'이 바로 그런 대표적인 예다. 그런 이미지는 종족 보존을 최고의 가치로 여기는 가정에서 마시는 음료로 자리 잡는 데 있어 치명적인 타격이었다.

사실 런던의 커피는 지나치게 남성 전유물이었다. 그런 터라 커피를 대신할 비알코올 음료가 순식간에 여성을 사로잡았는데, 훗날 영국의 모든 가정을 점령하게 된 홍차였다.

상인 토머스 트와이닝(Thomas Twining)이 영국 최초의 티하우스 '골든 라이온(Golden Lion)'을 개점했다. 1717년의 일이다. 티하우스는 커피하우스와 달리 여성에게도 호평을 얻었다. 아라비아의 커피하우스와 비교했을 때 런던의 커피하우스는 너무도 비즈니스 중심이어서 정원을 아름답고 편안한 분위기로 꾸미는 배려가 거의 없었다. 그에 반해 18세기에 나타나기 시작한 티룸이나 티가든은 커피하우스가 갖지 못한 우아한 분위기를 무기로 승부하여 여성에게 크게 환영받았다.

커피가 국민음료로 정착하기 위해서는 아무리 남성 중심 사회라 해도 그 파트너인 여성의 찬성이 필요하다. 시대가 돌고 돌아도 남자는 어쩔 수 없는 남자라 커피보다는 여성이 훨씬 중요할 수밖에 없다. 런던의 커피문화는 한때 크게 유행했음에도 여성의 동의를 얻는 데 완전히 실패했다. 이러한 영국의 전철을 밟지 않고 커피와 커피하우스(카페)를 시민혁명으로까지 끌어 올린 나라가 바로 프랑스다.

coffee
story
4

프랑스혁명의 인큐베이터가 된 커피와 카페

DEJEUNERS
DINERS
FIGARO

16세기, 오스만제국의 헝가리 부다페스트 정복을 결정적으로 도운 '검은 수프', 커피

프랑스에서 커피는 국제정치의 미묘한 역학관계 속에 자리 잡고 정당성을 확보했다. 오스만튀르크인 술레이만 아가(Suleiman Aga)는 태양왕 루이 14세(Louis XIV, 재위 1643~1715)가 통치하는 프랑스 파리에 대사로 부임했다. 이는 1669년의 일로, 오스만제국 술탄 메흐메드 4세(Mehmed IV, 재위 1648~1687)의 임명을 받고서였다. 사람들은 흔히 그리스도교권과 이슬람교권을 도저히 화해 불가능한 불구대천의 적으로 보는 경향이 있다. 그러나 그러한 경향은 적어도 외견상 십자군 시대의 유물일 뿐이었다. 프랑스와 오스만제국의 양대 세력은 서로 멀리 떨어져 있었으나 여러 방면에서 이익을 공유하고 있었다. 오스만제국의 오랜 난적은 베네치아공화국이었다. 오스만제국이 발칸반도까지 세력을 확장해 북아프리카 지배체제를 튼튼히 하기 위해서는 베네치아의 해상지배권을 분쇄하는 것이 무엇보다 시급히 해결해야 할 과제였다.

역사적으로 사실상 육군병력밖에 없다시피 했던 오스만제국이 강력한 해군을 보유할 필요성을 느끼게 되는 중요한 계기가 있었다. 1416년 5월 29일의 일이다. 당시 갈리폴리 해전에서 오스만튀르크는 베네치아의 '그리스 불(Greek Fire)'이라는 가공할 무기의 위력에 압도당해 끔찍한 패배를 맛보았던 것이다. 아무튼 당시 오스만제국이 배를 만드는 속도와 해군을 조직하는 힘은 전 유럽을 놀라게 했다. 오스만튀르크는 흑해 연안 삼림지대에서 목재를 베어왔고 몰다우강 연안에서 금속을 산출했다. 한데 아이러니하게도 당시 오스만튀르크인에게 조선 기술을 전수해준 기술자는 다름 아닌 베네치아인이었다. 선원도 이교도인 오스만튀르크인에게 항해를 맡기기보다는 같은 그리스도교를 믿는 이탈리아인이나 그리스인을 선호했다. 그런 터라 선원 대다수가 그리스도교도였다. 그리고 바다에 뜬 배를 움직이는 데 꼭 필요한 돛은 프랑스에서 수입해왔다. 이렇듯 그리스도교도의 절대적인 협력을 바탕으로 증강된 오스만튀르크 해군은 머지않아 그리스도교권 전체를 위협하기에 이르렀다.

1570년 키프로스섬 소유권을 둘러싸고 벌어진 오스만튀르크—베네치아 전투는 결국 오스만튀르크의 승리로 끝났다. 1573년

3월의 일이다. 1669년 오스만튀르크 대사 술레이만 아가가 파리에 부임한 해에 오스만제국은 크레타섬을 손아귀에 넣고 동지중해를 제압했다. 이는 9월 6일의 일이다. 이때 오스만튀르크 대사가 파리에 부임한 것은 무엇을 의미할까?

오스만제국과 프랑스 부르봉 왕조에게는 새롭게 등장한 적이 있었다. 그것은 바로 신성로마제국 합스부르크 가문이었다. 오스만제국은 신성로마제국의 '황금사과'를 간절히 원했다. 여기서 말하는 '황금사과'란 무엇일까? 이는 비유적인 표현으로, 오스만튀르크인이 발칸반도 저편 동서 문명의 접점에 위치하는 도시이자 신성로마제국의 수도 빈을 지칭할 때 사용하는 어휘다. 당시 이미 동지중해를 차지한 오스만제국 입장에서는 '황금사과'를 함락시키고 자국 깃발을 휘날리는 것, 그럼으로써 유럽 한복판에 이슬람 요새를 완성하는 일이야말로 가장 중요한 성전의 하나였다.

사실 오스만제국의 '황금사과' 공략은 그 이전에도 한 번 시도된 적이 있었다. 당시 오스만튀르크, 즉 터키가 종교전쟁에 휘말린 신성로마제국에게 위협을 가했던 것이다. 당시 신성로마제국의 구교 세력은 갑작스럽게 동쪽에서 나타난 위협에서 벗어나기 위해 신교를 회유할 필요를 느꼈다. 그런 터라 카를 5세(Karl V. Holy Roman Emperor 재위 1530~1556)는 오스만제국의 신성로마제국 침략에 맞서기 위해 제후들의 도움을 얻고자 슈파이어 의회(Diet of

Speyer)에서 '신앙의 자유'를 승인했다. 1526년의 일이다. 그러나 그로부터 3년여 후인 1529년 오스만제국의 제1차 빈 포위작전이 실패로 돌아가고 위협이 아침안개처럼 사라지자 "화장실 들어갈 때 마음 다르고 나올 때 마음 다르다"라는 속담을 증명이라도 하려는 듯 구교는 신교를 다시 탄압하기 시작했다. 이에 신교도는 극렬히 '저항(protest)'했고 이후 신교도를 '저항하는 자', 즉 '프로테스탄트'로 부르게 되었다.

이스탄불과 빈 사이에는 광대한 마자르 평원이 펼쳐져 있다. 오스만제국과 합스부르크제국이 격전을 벌인 곳은 지금의 헝가리 땅이었다. 맨 처음 소아시아에서 집결한 오스만제국군은 발칸반도에서 더 많은 병력을 규합해 마자르 평원을 넘어 '황금사과' 빈을 포위했다. 실제로 이것은 놀랍고도 무모한 시도가 아닐 수 없었다. 왜냐하면 당시에는 추운 겨울에 전투 행동을 개시한다는 것은 엄두조차 내기 어려웠기 때문이다(일테면 나폴레옹이 한겨울에 알프스 산을 넘은 사실은 비상식의 또 다른 표현으로 받아들여진다). 그런 터라 가는 길도 그렇고 돌아오는 길도 그렇고, 광대한 마자르 평원을 눈 속에서 행진한다는 것은 말도 안 되는 일로 받아들여질 수밖에 없었다. 오스만제국군에게 가장 위협적인 적은 '시간'이었다. 그런 맥락에서 마자르 평원에서 적과 내통하는 게릴라의 습격을 받아 하루라도 허비하게 된다면 큰일이다. 그러므로 오스만제국군은 마자르인을 완벽하게 평정해야 했다. 오스만제국군은 부다(오늘날 부다페스트의 일부)를 제압했다. 1541년의 일이다. 이후 오스만튀르크인은 부다의 고위층을 식사에 초대하고는 그러한 이벤트를 '평화적 교섭'이라고 불렀다. 또 그들은 식사를 끝내고 돌아가려는 부다인에게 "이제, 검은 수프가 나올 것이오"라며 좀 더 머무를 것을 요청했다. 식사 후 나온 '검은 수프'는 당연하게도 커피였다. 그들은 한참을 기다렸다가 '검은 수프'를 마시고 자신들 도시로 돌아왔다. 그런데 아뿔싸, 그땐 이미 너무 늦어버렸고, 모든 것이 끝난 후였다. 그들이 '검은 수프'를 기다리는 동안 오스만튀르크군의 정예부대 예니체리가 여행자로 변장한 채 도시로 잠입해 들어와 부다를 무장해제시킨 것이었다. 그 후 헝가리에는 '검은 수프'라는 말이 관용어로 정착했는데, '만에 하나 마지막 순간에 나쁜 일이 벌어지는 것은 아닌가' 하고 걱정할 때 사용하는 표현이다.

16세기는 오스만제국의 세기였다. 그들의 거침없는 질주와 진격에는 속도제한이 없었고 브레이크도 없었다. 그러나 이 세상에 영원한 것은 없는 법. 오스만제국의 거칠 것 없는 약진에 언제부턴가 시나브로 어두운 그림자가 드리우기 시작했다. 이는 1606년 오스만제국과 합스부르크제국이 지트바토로크 강화조약(Treaty of Zsitvatorok)을 체결했을 때부터의 상황이다. 사실 당시에는 합스부르크제국보다 오스만제국이 우세한 것처럼 보였다. 왜냐하면 그 조약에서 합스부르크제국이 오스만제국에 조공을 바치기로 했기 때문이다. 그러나 실상은 그렇지가 않았다. 이슬람 세계의 맹주 자격을 갖고 알라신의 이름으로 성전을 벌이던 오스만제국이 온당치 않게도 신성로마제국이라는 그리스도교 국가의 합스부르크가를 동등한 교섭 상대로 인정했다는 것 자체가 굴욕적인 일로 받아들여진 상황이었기 때문이다. 당시 오스만튀르크는 이미 왕년의 잘나가던 오스만제국이 아니었다. 이미 국력이 약해질 대로 약해진 상태였다. 애초에 오스만제국이 그리스도교 세계를 무너뜨리고자 했다면 유럽의 그리스도교가 신교와 구교로 나뉘어 다투던 30년 전쟁(1618~1648)이 그야말로 절호의 기회였다. 그런데 오스만제국은 그 기회를 놓쳐버렸다. 당시 오스만튀르크가 전성기와 비교해 얼마나 약해졌는지는 크레타섬을 정복하는 과정을 살펴보아도 명확히 드러난다. 오스만제국은 1570년에 키프로스섬을 정복했다. 우리가 잘 알다시피 키프로스섬과 크레타섬은 멀리 떨어져 있지 않다. 그런 크레타섬을 오스만제국이 가까스로 정복한 것은 1669년이 되어서였다. 물론 그동안 국내개혁도 진행되었다. 그러나 그 역시 충분한 성과를 거두지 못한 채 오스만제국은 명예욕에 사로잡힌 대신 카라 무스타파 파샤(Kara Mustafa Pasha)의 발의로 빈 포위라는 어리석은 작전을 개시한 것이다. 이는 1683년의 일이다.

오스만제국은 이번이 두 번째 시도이기에 완벽하게 준비할 필요가 있었다. 그 연장선에서 그들은 태양왕 루이 14세의 속마음을 읽어야 했다. 오스만제국의 제1차 빈 포위 작전 당시만 해도 적대적인 이슬람 세계의 위협에 맞서기 위해 유럽의 모든 그리스도교 국가가 단결할 수밖에 없었다. 그러나 그 후 유럽은 국민국가로의 발걸음을 빨리하고 있었다. 그런 상황에서 프랑스의 부르봉 왕조는 과연 빈 공방전에 어떻게 대응할 것인가? 그리스도교 제국의 일원으로서 빈에 원군을 보낼 것인가, 보내지 않을 것인가?

그리스도교 세계가 이슬람 세계에 대해 굳건한 바위와 같은 단결력을 보여주던 시대는 이미 지났다. 국민국가로 나아가는 과정에 복잡한 이해관계가 나타났다. 만약 신성로마제국의 수도 빈이 동쪽으로부터 공격을 받아서 총력을 기울여 방어전에 임해야 하는 사태가 벌어진다면 신성로마제국의 서쪽 수비에 공백이 생기는 것은 불을 보듯 뻔한 일이었다. 만일 그렇게 된다면 프랑스는 오랜 숙원인 라인강 좌측 신성로마제국령을 힘도 들이지 않고 간단히 손에 넣을 수 있다. 그뿐이 아니다. 좀 더 상상해본다면 다음과 같은 상황까지도 현실 가능성이 있다.

> 신성로마제국은 오스만제국의 깃발이 펄럭이는 가운데 고통에 절규하며 와해되고 말 것이다. 마침내 '황금사과'를 손에 넣은 오스만제국군은 도나우강을 따라 서쪽으로 진군하고, 보덴호수에 다다른 뒤 라인강을 따라 북상한다. 그렇게 되면 라인강 오른쪽 해안,

즉 독일어를 모국어로 사용하는 이들이 사는 영토는 모두 오스만 제국이 차지하고 이슬람교를 받들게 된다. '~부르크'라는 독일 이름 도시는 모두 '~바르'라는 터키어로 개정될 것이다. '역사의 강' 라인강을 끼고 수많은 요새를 만들어 그리스도교 프랑스와 이슬람교 오스만제국이 대치한다. 그제야 비로소 태양왕 루이 14세는 중앙 유럽의 해방자가 되기 위해 칼을 뽑는다. 그 전쟁에서 만약 프랑스가 승리한다면 태양왕 루이 14세는 그리스도교 세계의 유일무이한 수호자가 되어 그 옛날 남부 프랑스 깊은 곳까지 침입했던 아라비아군을 격퇴했던 카롤루스 마르텔(Carolus Martel)의 위용을 재현하는 셈이 되고, 부르봉가는 와해되어 버린 합스부르크가의 신성로마제국을 대신해 서로마제국의 명실상부한 계승자가 된다.

위의 시나리오와 반대로 루이 14세의 프랑스가 패하면 어떻게 될까? 그때는 아시아로 통하는 보스포루스해협과 아프리카로 이어지는 지브롤터해협 사이에 낀 유럽의 거대한 영토에 새로운 통일 유럽, 즉 이슬람 유럽이 탄생해 있을지도 모를 일이다.

그러나 이런 설정은 결과적으로 공상에 지나지 않게 되었다. 현실은 그렇게 단순하지 않았다. 구교를 믿는 빈도, 신교를 믿는 베를린도 오늘날까지 건재하기 때문이다. 두 달여 간에 걸친 오스만제국의 빈 포위 작전은 실패로 끝났다. 그 전말을 간단히 설명하자면 다음과 같다.

카라 무스타파 파샤가 이끄는 오스만제국의 대군이 아드리아노플(오늘날의 터키 에디르네. 이스탄불 북서쪽 트리키아 평야 서쪽에 있다)을 출발한 것은 1683년 3월 30일의 일이다. 이는 제국이 탄생한 이래 가장 사치스러운 출전으로 기록될 만했다. 그도 그럴 것이 카라 무스타파 파샤가 워낙 화려한 것을 좋아하는 성격인데다 그가 하렘 여인의 요구에 유난히 약했던 탓도 컸다. 왕비의 마차에는 은장식이 박혀 있었고 내부는 벨벳으로 장식되었다. 100대가 넘는 마차가 하렘 여인을 위해 동행했다. 군악을 연주하며 아수라(阿修羅, 불법을 지키는 여덟 신장(神將), 팔부중(八部衆)의 하나. 싸우기를 좋아하는 귀신으로 알려져 있다)처럼 행진하는 1만 2,000명의 예니체리 중에는 '여자가 더 많은 거 아냐' 하며 불평을 늘어놓는 이가 있을 정도였다. 사정이야 어찌 됐든 엄청난 대군이 '황금사과'를 향해 출발했다. 오스만제국군은 소피아에 4월 17일부터 20일까지, 베오그라드에 5월 3일부터 24일까지 체류했다. 그런 다음 그들은 각지에 흩어져 있던 병력을 결집하면서 미트로비차, 엣세히, 슈타르바이젠부르크, 코마롬을 거쳐 마침내 '황금사과'가 한눈에 내려다보이는 칼렌베르크 구릉지대에 진을 쳤다. 7월 14일의 일이다. 순식간에 2만 5,000개 텐트가 펼쳐졌는데, 하룻밤 만에 당시 바르샤바(인구는 30만 명 정도로 추산)에 버금가는 도시가 출현한 셈이었다. 유럽인의 입장에서는 아라비아 사막민족의 오랜 전통이 쌓아 올린, 그 후로도 오랫동안 경이의 대상이던 이슬람

군의 놀라운 군막기술을 눈앞에서 목격하는 순간이었다.

신성로마제국 황제 레오폴트 1세(Leopold I, Holy Roman Emperor, 재위 1658~1705)는 신속하게 린츠로 피신한 다음 신성로마제국과 폴란드 연합군이 도착하기만을 애타게 기다렸다. 그러면서 그는 프랑스 지원군도 도착하기를 기다렸으나 태양왕 루이 14세는 단 한 명의 지원군도 보내지 않았다. '황금사과'는 스탈린그라드 신세가 된 셈이었다. 끝없이 쌓여가는 시체 저편에서 오스만제국의 깃발이 밤낮없이 돌격 신호를 보냈다. 한 달이 지나도 신성로마제국과 폴란드 연합군은 도착하지 않았다. 그러자 한 남자가 스스로 연락병이 되겠다고 나섰다. 그의 이름은 예르지 프란치셰크 쿨치츠키(Jerzy Franciszek Kulczycki)였는데, 예전 레반트 상인의 통역을 담당해 터키어에 능숙한 사람이었다. 그는 오스만튀르크인 복장으로 위장한 뒤 오스만제국 병사를 만나면 터키어로 적당히 둘러대면서 전선을 빠져나가 연합군의 로트링겐 대공 카를 5세(Karl V. Herzogtum Lothringen)와 연락하는 데 성공한다. 8월 15일 이른 아침의 일이다. 결국 신성로마제국과 폴란드 연합군은 총공격을 개시했고 오스만튀르크군은 졸지에 쫓기는 신세가 되고 말았다. 이는 9월 20일의 일이다. 그들은 짐도 모두 버려둔 채 꽁무니가 빠지게 도망쳤다. 한데, 그중에는 어마어마한 양의 커피콩이 있었다. 레반트 사정에 정통했던 쿨치츠키는 그것이 얼마나 막대한 이익을 가져다줄지 잘 알고 있었다. 그는 드라마틱한 승전에 기여한

카라 무스타파 파샤가 이끄는 오스만제국의 대군이
아드리아노플을 출발한 것은 1683년 3월 30일의 일이다.
이는 제국이 탄생한 이래 가장 사치스러운 출전으로 기록될 만했다.

카라 무스타파 파샤(Kara Mustafa Pasha, 1634/35-1683)

데 대한 보상으로 많은 양의 커피를 받았고, 빈 중심가에 최초의 카페(Zur Blauen Flasche, The Blue Bottle Coffee House)를 열었다. 이것이 바로 국가 존망과 관련된 빈 카페의 기원이다. 빈 시민들은 이런 무용담을 자랑스럽게 떠들며 해마다 기념한다. 아무튼, 그렇게 '이슬람교의 유럽 통합' 시도는 물거품이 되고 말았다.

다시 1669년 오스만튀르크 대사가 파리에 부임한 이야기로 돌아가자. 세계사는 1683년 오스만튀르크군에 의한 빈 포위로 걸음마를 시작했다. 비록 그 결말은 사람들이 상상하던 역사와는 사뭇 달랐으나 긴 안목으로 보면 장대한 것이었다. 부르봉 왕조를 멸망으로 이끈 것은 오스만튀르크군이 아니었다. 그럼 과연 무엇이 이 왕조를 무너뜨렸을까? 흥미롭게도 당시 오스만튀르크 대사 술레이만 아가 주변에서 유행하기 시작한 커피, 그리고 프랑스의 커피하우스인 카페가 부르봉 왕조의 숨통을 끊는 치명타가 되었다. 좀 더 구체적으로 카페의 계몽사상과 자코뱅파의 정치 선동 카페가 100여 년 후 부르봉 왕조의 운명을 결정지은 셈이다. 그리고 결국 파리의 카페에서 맺어진 연줄의 도움에 크게 힘입어 황제의 길을 걷기 시작한 나폴레옹 보나파르트가 독일 신성로마제국을 무너뜨린다. 그러나 이것은 아직 먼 훗날의 이야기일 뿐, 그때만 해도 커피라고 불리는 신기한 음료가 오스만튀르크와의 우호 관계를 중시하는 정부의 고관대작 사이에서 이제 막 시음되기 시작하던 시점이다.

1669년 11월에 이루어진 루이 14세의 오스만튀르크 대사 접견 장면은 다음과 같이 전해진다. 당시 대사의 나이는 쉰 살, 언동에 무게가 있고 기품이 넘쳤다. 접견은 유례없이 호화롭게 진행되었다. 당시 루이 14세가 입은 가운만 돈으로 환산해 1,400만 리브르가 넘는 다이아몬드가 박혀 값을 매기기 어려울 정도였으며, 왕의 곁에 늘어선 귀족의 의복 또한 온갖 보석으로 번쩍거렸다. 왕좌는 거대한 회랑 끝에 마련되었다. 비단 태피스트리가 벽을 장식하고 호화로운 카펫이 깔린 바닥에는 작은 원탁과 꽃병, 은으로 만든 테이블이 자리를 잡았다. 그런데 행상인에게나 어울릴 만한 검소한 양털 가운을 몸에 두른 대사에게서 눈앞에 펼쳐진 화려하기 그지없는 광경에 주눅 들거나 기가 죽은 모습은 조금도 찾아볼 수 없었고 찬탄의 기미나 놀라는 기색도 전혀 없었다. 그는 천천히 나아가 태양왕 루이 14세에게 편지를 한 통 전달하면서 그 자리에서 읽을 것을 요구했다. 왕은 즉시 편지봉투를 열어보았으나 편지 내용이 무척 긴 것을 확인하고는 나중에 찬찬히 읽은 후 답변하겠노라고 했다. 그러자 오스만튀르크 대사는 루이 14세가 편지를 받을 때 자리에서 일어나지 않은 것을 불쾌해하면서 자신과 자신의 제국이 정당한 대우를 받지 못하고 있다고 항의했다. 이에 루이 14세는 정상적인 관례를 따르고 있다고 대답했다. 오스만튀르크 대사는 얼굴 가득 불쾌한 표정을 드러낸 채 물러났다.

오스만튀르크 대사 술레이만 아가가 역설적으로 적대국인 프랑스 커피문화 정착의 결정적 공로자가 될 수 있었던 이유

궁정 마차가 오스만튀르크 대사를 베르사유궁에서 파리까지 데려다주었다. 파리 사람들은 순식간에 이 오스만튀르크인에게 빠져들었다. 그는 사람들을 정성껏 대접하고, 고국 관례에 따라 자신을 찾아온 손님에게 커피를 타서 돌렸다. 파리 상류층 사람들에게도 커피의 씁쓸한 첫 맛은 바뀌지 않는 법. 그러나 그들은 머나먼 오리엔트의 이국적 세계를 경험하는 색다른 일을 위해서라면 얼마든지 치를 만한 대가로 여겼다. 또 그들은 오스만튀르크 대사의 가구나 세간, 벽걸이, 장식 등에서 콘스탄티노플의 풍요로운 생활상을 떠올렸다. 그곳에는 의자라는 것이 없었고, 바닥에 놓인 푹신한 쿠션에 앉아 (비록 통역이 동석했으나) 이전에는 한 번도 체험해보지 못한 느긋한 자세로 집주인과 대화를 나누었다. 오스만튀르크 의상을 입은 젊고 아름다운 하녀들이 귀부인에게 황금술로 장식된 작은 다마스크 냅킨을 놓아주고 자퐁(오늘날의 일본) 등지에서 만들어진 도자기 잔에 커피를 따라주며 돌아다녔다. 사람들을 몰입하게 하고 열광하게 한 것은 아마도 그런 이국적인 문화와 스타일을 향한 막연한 동경 같은 것이 아니었을까. 어찌 됐든 오스만튀르크의 빈 포위를 15년 후로 보류해야 하는 정치적 긴박함 속에서 커피는 파리 상류사회로 퍼져 나가기 시작했다.

당시 일반 서민에게 커피는 그림의 떡이었다. 아라비아와 이집트 등에서 소량씩 들여오는 커피는 상당히 비싼 가격을 형성했으며 동방무역을 담당한 마르세유의 무역상은 커피 수요의 비약적인 신장을 아직 예측하지 못했다. 그러나 커피를 좀 더 저렴한 가격에 일반 서민에 공급하지 못하면 커피가 장차 프랑스 국민이 즐겨 마시는 음료가 되는 것은 말할 것도 없고 카페가 프랑스혁명의 무대가 되는 일도 기대할 수 없다.

카페라고 하면 프랑스를 떠올릴 정도로 국민적인 제도이자 메커니즘으로 자리 잡기까지 런던 최초의 커피하우스를 열었던 파스카 로제 같은 수많은 이방인의 시행착오가 되풀이되어야 했다.

술레이만 아가의 커피외교에 보조를 맞추듯 민간차원의 커피외교를 궤도에 올려놓은 것은 아르메니아 출신 상인이었다. 아르메니아인 파스칼이 생제르맹데프레에 최초의 카페를 개점했다. 1672년의 일이다. 아니, 어쩌면 '개점'이라는 어휘가 적절하지 않을 수도 있다. 왜냐하면 파스칼의 카페는 그해에 열린 박람회에 가설된 간이점포였기 때문이다. 생제르맹데프레에서는 매년 9월에 박람회가 열렸고, 파리 시민은 물론 먼 지방에서도 많은 사람이 몰려들었다. 파스칼은 그 인파 한가운데에 이스탄불의 '커피하우스'를 충실하게 재현한 간이점포를 던져 넣었다. 어쨌든 파스칼 덕분에 고귀한 신분의 사람들 사이에서 화제가 되고

1669년 11월에 이루어진 루이 14세의
오스만튀르크 대사 접견 장면은 다음과 같이 전해진다.
당시 대사의 나이는 쉰 살, 언동에 무게가 있고 기품이 넘쳤다.
접견은 유례없이 호화롭게 진행되었다.

1669년 베르사유궁에서 루이 14세를 알현하는 오스만튀르크 대사 술레이만 아가

있다는 커피를 일반 서민도 마실 수 있게 된 셈이다. 이 카페가 일반인에게 커다란 반향을 불러일으킨 것은 당연한 결과였다.

간이점포에서 선보인 커피가 호평을 받고 열광적인 반응을 얻자 잔뜩 고무된 파스칼은 진짜 카페를 열기로 했다. 그러나 그것은 그의 오산이었다. 왜냐하면 간이점포에서 내놓는 상품은 간이점포이므로 고객이 참고 넘어가는 경우가 많기 때문이다. 간이점포에서 판매한 커피가 호평과 긍정적인 반응을 얻은 것도 따지고 보면 축제 분위기를 탄 영향이 컸다. 카페 매상이 좋지 않자 파스칼은 파리에서는 가망이 없다고 판단해 단념하고 당시 커피하우스의 전성기를 맞이한 영국 런던으로 건너가 신천지를 찾아다녔다. 그러나 그곳에서도 행운의 여신은 파스칼에게 미소를 보여주지 않았다. 아니, 어쩌면 행운의 여신 탓이라기보다는 워낙에 참을성이 없다면 어디를 가도 뿌리 내리지 못하는 것이 이 세상의 법칙이기 때문이었을 수도 있다.

그리고 3~4년 후 또 다른 아르메니아인 말리반이 페루 거리에 카페를 열었다. 그러나 그 또한 계획대로 잘 풀리지 않았다. 이에 말리반은 네덜란드로 이주했고 그의 밑에서 일하던 페르시아인 그레고르가 가게를 인수했다. 이 이스파한 출신의 페르시아인은 '커피하우스'가 무엇인지 정확히 인식하고 있었다. 그의 고향에서는 커피하우스가 '인식의 학교'라 불리면서 학생, 문인이 주로 모이는 장소였다. 그레고르는 파리에서 카페가 그런 콘셉트의 공간으로 자리 잡지 못하는 이유가 분명 있을 것이라고 생각했다. '파리의 학자나 문인은 주로 어디에 모여서 대화를 나누며 시간을 보낼까?' 답은 1680년에 개관한 코메디프랑세즈(La Comédie-Française), 즉 프랑스국립극장이었다. 그레고르는 말리반에게 사들인 카페를 되판 다음 코메디프랑세즈 바로 맞은편 건물에 새로운 카페를 열었다.

그레고르의 전략은 보기 좋게 맞아떨어졌다. 그의 카페가 큰 성공을 거둔 이후 극장과 카페는 으레 세트메뉴처럼 함께 다니는 것으로 자리 잡았다. 그런 터라 코메디프랑세즈가 포세생제르맹데프레 거리로 이전하자 그가 금세 뒤를 따른 것은 두말할 필요도 없을 정도다. 이는 1689년의 일이다.

한편 카페를 열고 싶지만 돈이 없어 실행에 옮기지 못하는 이들도 나름의 시도를 반복하고 있었다. 1690년, 크레타섬 출신 칸디오라는 이름의 그리스인은 부족한 자금을 기발한 아이디어로 충당하려 했다. 그는 하얀 앞치마를 두른 뒤 바닥이 평평한 바구니를 배 쪽에 고정해놓고는 손에 커피주전자를 들고 행상을 다녔다. 그가 커피를 사라고 소리치면 집에서 컵을 들고 나온 손님에게 커피를 따라주는 방식이었는데, 한잔에 2수(Sou, 옛날 프랑스의 화폐 단위)를 받았다. 문제는 이 아이디어가 너무도 쉽고 간단해서 금세 따라 하는 사람이 많이 나타났다는 점이다. 전체적으로 보면 파리 뒷골목에 커피 아로마가 감돌게 한 공적은 크다고 할 수 있지만 결국 제대로 자리 잡지는 못했다.

커피를 마시는 데 어울리는 스타일은 판매자가 손님 집을 찾아다니는 방식은 아니었다. 그보다는 불특정 다수의 사람이 모이는 장소라야 한다. 말하자면, 카페는 새로운 시대의 공중목욕탕이 되어야 했다. 그것을 실행하고 현실화한 이는 시칠리아섬 팔레르모 출신의 프로코피오 쿠토(Procopio Cutò)다. 1672년 스물두 살 나이에 파리에 온 그는 아르메니아인 파스칼의 카페에서 종업원으로 일했다. 시칠리아는 아라비아의 영향을 깊게 받은 땅이었다. 그는 카페가 어떤 모습으로, 어떤 역할을 해야 하는지를 완벽하게 터득하고 있었다. 우선 그는 커피를 좀 더 깊이, 그리고 체계적으로 연구했다. 1686년 포세생제르맹데프레 거리에 문을 연 그의 가게의 명물은 커피와 홍차를 반반 섞은 커피였다. 그의 고향 시칠리아에는 '아이스크림의 본가' 자리를 놓고 스위스 알프스와 치열한 신경전을 벌이는 에트나산이 있다. 그런 터라 프로코피오는 자기 가게의 특별메뉴로 맛있는 아이스크림을 제공하기 시작했다. 여기에 더해 그는 지치지 않고 끊임없이 노력했다. 커피에는 좋지 않은 소문이 늘 따라다녔다. 프로코피오는 직접 나서서 그런 소문에 일일이 반론을 제기했다. 그는 파리 여성과 결혼해서 여덟 명의 아이를 얻었다. 그리고 아내가 먼저 세상을 떠나자 재혼해서 네 명의 아이를 더 낳았다. 아무튼 그가 한 일 중에서 가장 잘한 일, 그리고 중요한 일은 루이 13세(Louis XIII, 재위 1610~1643)

시대 재상 리슐리외 추기경의 저택이던 팔레루아얄에 있는 공중 목욕탕을 사들인 다음 카페로 개조한 일이었다. 그는 대리석으로 된 벽에 거울을 설치하고 크리스털 샹들리에로 장식했다. 또 대리석 테이블을 곳곳에 배치해서 부르봉 왕조의 수도에 어울리는 호사스럽고도 편히 쉴 만한 공간을 만들어냈다. 그러면서도 그는 공중목욕탕이 갖는 공공성을 유지하려고 노력했다. 프로코피오가 단장한 그의 카페 프로코프(Café Procope)는 머지않아 프랑스 계몽주의와 미국의 독립혁명, 프랑스혁명 시대를 거치면서 이름을 크게 떨치며, 파리를 대표하는 카페로 자리 잡았다.

'커피가 건강에 해롭다'라는 속설이 오히려 프랑스에서 독특한 커피문화가 발달하는 기폭제가 되었다는데?

1700년에 출간된 팸플릿에 기록된 내용을 잠깐 살펴보자.

> 카페는 남녀를 불문하고 성실한 사람들이 즐겨 찾는 장소가 되었다. 그곳에서는 매우 다양한 사람을 만날 수 있다. 세련되고 풍류를 아는 남자, 짙은 화장에 바람기 넘치는 여자, 교양 있는 수도사와 교양 없는 수도사, 장교와 병사, 남 얘기하기 좋아하는 무리, 지방에서 온 사람, 낯선 이방인, 소송당사자, 술주정뱅이, 도박꾼, 식객,

사기꾼, 젊은 정부(情夫)에 늙은 구애자, 허풍쟁이, 멍청한 작가 나부랭이…… 기타 등등 기타 등등.

도무지 뭐가 '성실한 사람들이 즐겨 찾는 장소'인지 의심스럽게 하는 팸플릿이기는 하다. 그러나 어쨌든 런던과 마찬가지로 파리의 카페에서도 모든 사람이 신분 차이를 벗어버리고 한곳에 모여 수다 삼매경에 빠져버렸다는 점에 의미 부여를 할 수 있지 않을까. 경찰은 이 새로운 공간과 메커니즘의 등장에 의심의 눈초리를 거두지 않았다. 그러던 중 퐁네프 옆 어느 카페에서 한 궁정 관리가 약간 도를 넘은 발언을 했다는 이유로 바스티유 감옥에 수감되는 사태가 벌어졌다. 1701년의 일이다. 자유로운 대화, 토론과 바스티유의 관계는 머지않아 끝장을 보게 되는 시기가 올 것이다. 경찰의 예감은 정확히 맞아떨어졌다.

한편 커피가 인간의 몸과 마음에 해롭다는 통념이 역설적으로 프랑스인 사이에서 독특한 커피문화를 발달시켰다. 그것은 바로 '카페오레(café au lait)'다. 사람들은 이렇게 생각했다. '그래, 커피가 몸에 좋지 않다는 점은 인정하자. 그러나 우리 프랑스 땅에는 풍요와 청순의 상징이라 할 만한 암소와 우유가 넘쳐나지 않는가. 그러니 커피에 우유를 섞어 마시면 되겠지!' 그들은 커피에 우유를 섞어 마심으로써 커피가 지닌 독성을 없애고자 한 것이다. 그러나 그냥 커피에 우유를 섞어 마신다고 되는 것은 아니다. 그럼 어떻게 해야 할까? 1685년, 그르노블의 모냉(Monin)이라는 이름의 저명한 의사는 그 요령을 다음과 같이 서술한다.

> 사발 한 가득 양질의 우유를 불에 올려서 가볍게 끓기 시작하면 큰 숟가락 가득 커피가루와 큰 숟가락 가득 흑설탕을 넣은 다음 잠시 그대로 둔다. 너무 오래 끓이면 안 된다. 그리고 이것을 마신 후 네 시간 동안은 식사를 하면 안 된다. 왜냐하면 이것이 펜으로 종이 위에 다 표현할 수 없을 정도로 몸에 좋기 때문이다.

모냉 박사는 이런 식으로 마시면 커피가 위에 침전되지 않고, 기침을 멈추게 하며, 병자조차 살이 찌게 한다고 주장했다. '커피가 위에 침전된다'는 희한한 발상은 당시만 해도 대중에게 그럴듯한 지식으로 받아들여졌다. 동방교역을 이끌던 재상 콜베르(Jean-Baptiste Colbert)가 죽었을 때 오늘날 식으로 말하자면 '커피가 위암의 원인'이라는 소문이 삽시간에 퍼져 나갔다. "커피를 몸속에 넣고 죽은 자는 초열지옥에 떨어지지 않는다"라는 이슬람 속담 같은 신학적 이데올로기 체계를 갖지 못했던 프랑스인이 쉽게 공포에 휩싸인 것도 무리는 아니었다. 아무리 그렇다고 해도 '커피를 우유와 함께 마시면 괜찮다'라는 속설이 진정으로 설득력이 있었을까? 이처럼 문자 그대로 흑을 백으로 둘러치는 것 같은 억지논리가 버젓이 통용되었다는 것은 과학적으로 생각하는 풍조가 쇠퇴했다는 의미이기도 하다.

곰곰이 생각해보자. 몸에 좋은지 나쁜지에 휘둘리지 않고 무조건 커피를 칭송한 이슬람의 수피교 수도사에 반해 그리스도교 신학자들은 얼마나 온갖 다양한 주장에 휘둘려왔던가. 그들은 일신교적 정신성을 갖추고 있었는데, 하물며 가톨릭교도가 압도적 다수를 차지하는 프랑스에서, 특히 성직자나 신학자 사이에서는 커피가 지닌 '인간의 근본이 되는 수분', 즉 성욕 등을 말려버리는 작용에 호감을 갖는 것은 당연하지 않을까. 그도 그럴 것이 프로테스탄트와 달리 가톨릭 수도사에게는 결혼이 엄격히 금지되었으며 '불범((不犯), 사음계(邪淫戒), 즉 음탕한 짓을 하지 말라는 계율을 어기지 않는 일)'을 요구받았기 때문이다. 이에 관해 1697년 파리대학 의학부 교수가 된 필리프 에케(Philippe Hecquet)는 흥미로운 의견을 내놓았다. 그는 "커피의 귀중한 효력은 정열의 불꽃을 진정시키므로 금욕을 지키고자 하는 사람에게 큰 도움이 된다"라고 강조했다.

> 커피야말로 음란함을 방지하는 약으로 적합하다. '커피는 정열의 불꽃을 진정시키고 금욕을 지키는 일에 도움이 된다.' 이는 말토가 브란카초 추기경에게 보낸 편지에 한 말이다. 실제로 신분상 그것을 철저히 지켜야 할 의무가 있는 사람들은 큰 도움을 받았다고 한다. 그리고 한발 더 나아가 커피가 좀 더 유행하게 된다면 오늘날

사람들 사이에 버젓이 행해지는 주지육림의 짓거리도 줄어들고 파리에서 수없이 발생하는 성병도 크게 줄어들 것으로 생각한다. 신의 가호가 있어, 이 관찰과 분석이 올바른 것이기를 바란다. 그렇게 전제할 때 오늘날 대중 사이에 유행하는 커피가 이렇게까지 비난받는 것이 과연 온당할까? 커피는 욕망과 열정을 억제하되 근절한다기보다는 조절해주며 소멸하기보다는 복종시킨다. 그러므로 이성 간에 서로 증오하지 않을 만큼의 정열은 남지만 그들은 예전처럼 지나치게 정열적으로 사랑하지는 않을 것이다. 이렇게 되면 그들을 하나로 이어주는 것은 정열이 아닌 '이성'이 된다. 몸은 하인이 되고 영혼이 주인이 되기 때문이다. 그와 마찬가지로 서로 사랑을 맹세하는 것은 이미 부끄러워해야 할 일이 아닐 뿐더러 우의와 상호존중이 온화한 인연의 고리를 이어주게 될 것이다. 그 결과 혼인은 더욱더 신성한 것이 되고 더욱더 멋지고 조화로운 부부의 결합과 좀 더 행복한 상태가 될 것이다.

영국에서 커피는 일반 가정에까지 들어가는 데 실패했다. 그러나 프랑스에서 커피는 '결혼의 성사' 문제와 결부되어 신성시될 수도 있을 것 같은 분위기였다. 또 영국과는 달리 카페의 발전도 여성을 배제하는 방향으로 흐르지 않았다. 왜 그럴까? 아마도 프랑스에서 맨 처음 커피를 받아들인 이들이 베르사유궁의 귀족 부인이었기 때문일 것이다. 그들은 커피의 아로마에 흠뻑 취하면서, 오스만제국 술탄의 후궁이나 왕비의 머리 모양 등을 떠올리지 않았을까. 참고로 프랑스에서 『천일야화』 번역이 1740년부터 본격적으로 시작되었는데, 그 영향으로 프랑스인은 머나먼 오리엔트의 파라다이스에 흠뻑 빠져들었다. 이러한 분위기는 훗날 마리 앙투아네트(Marie Antoinette) 왕비와 더불어 베르사유궁의 귀족부인을 목가적 취미에 빠지게 함으로써 '커피모임'이 유행하게 만들고, 급기야 그것이 국자 재정에 적잖은 부담을 주기에 이르렀다.

평범한 부인들 사정도 마찬가지였다. 예를 들어 생제르맹 박람회라고 하면 프랑스 카페문화의 발상지 격인데, 박람회 시즌이 찾아오면 인근의 청량음료 가게는 모두 점포를 호사스럽게 꾸며놓고 일반 여성에게도 카페 비슷한 것을 경험할 수 있는 기회를 제공하곤 했다. 그런 분위기에서 프랑스 카페는 처음부터 여성 출입을 너무도 당연하고 일반적인 것으로 받아들였다. 에케 교수의 주장대로, 카페에 출입하고 커피를 마시는 파리 여성은 '정열'을 진정시킨 덕분인지 런던 여성들이 〈여성의 청원〉에서 '섹스의 부재'를 한탄하는 모습과 같은 행태는 찾아볼 수 없었다. 이는 프랑스의 초창기 카페가 통상 철야영업을 했다는 점을 감안하면 더욱 두드러지는 특징이다.

어찌 됐든 여성의 존재는 프랑스의 카페문화를 국민생활 깊숙한 곳까지 뿌리내리게 했다.

프랑스인에게 '커피가 얼마나 훌륭한 음료인가' 하는 결정적 인상을 심어준 책, 몽테스키외의 『페르시아인의 편지』

커피가 얼마나 훌륭한 음료인가 하는 인상을 갖게 하는 데 결정적인 영향을 미친 책이 한 권 출간되었다. 1721년의 일이다. 그 책의 저자는 와인으로 유명한 보르도의 유서 깊은 명문가에서 태어났으므로 그 의견에 사리사욕을 뛰어넘은 공평한 법의 정신이라 할 수 있는 신뢰성이 담겨 있다고 인정받았다. 저자의 이름은 샤를 루이 드 세콩다 몽테스키외(Charles Louis de Secondat Montesquieu)이고, 책 제목은 『페르시아인의 편지(Lettres persanes)』다.

서간체 소설인 작품 속에서 몽테스키외는 화자를 페르시아인으로 설정하고는 와인에 높은 세금을 매기는 프랑스 방식이 본고장인 『꾸란』의 가르침을 따라야 한다는 등 몇 가지 주장을 펼친다. 그러면서 그는 아시아인의 '이성을 맑게 하는 음료', '인간을 쾌활하게 하고, 그 고통의 추억을 달래주는 음료'에 대해 서술한다.

> 파리에는 커피가 한창 유행하면서 이것을 파는 가게가 많이 생겨났다. 그중 몇몇 가게에서는 뉴스를 이야기하고, 다른 몇몇 가게에서는 체스를 두곤 한다. 고객에게 기운을 불어넣어 주기라도 하려는 듯 커피를 따라주는 가게가 한 곳 있는데, 그 가게에서 시간을

영국과는 달리 카페의 발전도 여성을 배제하는 방향으로 흐르지 않았다. 왜 그럴까? 아마도 프랑스에서 맨 처음 커피를 받아들인 이들이 베르사유궁의 귀족부인이었기 때문일 것이다.

커피를 마시는 프랑스 여인
18~19세기 유럽에서는 잔 받침에 커피나 홍차를 따라서 마시곤 했다

보낸 사람들은 들어갈 때보다 네 배나 더 활기에 찬 모습으로 나온다는 사실을 부정할 이가 없다.

몽케스키외가 여기서 말하는 가게는 카페 프로코프다. 그렇다면 이 카페의 고객은 이곳에서 충전받은 기운을 무엇에 소비했을까? 바로 문학과 정치와 목가와 혁명이다. 실제로 18세기가 역사 속에서 이뤄내야 할 과제를 생각하면 네 배의 네 배가 넘는 기운이 충전되어도 모자랄 지경이다. 18세기는 그야말로 '빛나는 세기'였기 때문이다. 그것을 준비한 것이 '커피의 출현'이었다고 단정적으로 주장한 이가 역사가 쥘 미슐레(Jules Michelet)다. 그는 1867년에 완성한 『프랑스사(Histoire de France)』에서 1719년 장의 제목을 '커피, 아메리카'라 하고 프랑스에 있어서 '커피의 출현'이 가져온 역사적 의의를 논한다.

파리는 하나의 거대한 카페가 되었다. 날마다 300곳의 카페가 문을 열고 사람들은 카페에서 서로 대화를 나눈다. 다른 대도시, 보르도, 낭트, 리옹, 마르세유도 마찬가지다. 모든 약국에서도 커피를 팔며 카운터에서 커피를 제공한다. 수도원에서도 이 이익 많은 상품에 앞 다투어 가세하고 있다. 수도원 응접실에서는 늙은 수녀가 젊은 수녀를 시켜 수도하려고 온 사람이 어떻게 생각하는지 의사를 묻기도 전에 커피를 내놓는다…….

프랑스가 이렇게까지 유난스레 삼삼오오 모이기만 하면 대화 속으로 빠져드는 일이 예전에는 없었다. 1789년의 웅변술이나 레토릭은 아직 나오지 않았다. 심지어 장 자크 루소도 등장하지 않은 때다. 인용할 것이 거의 없었음에도 자연발생적으로 용솟음치는 기운과 활기…….

이 불꽃 휘날리는 활기의 폭발과 관련해, 비록 부분적일망정 시대의 행복한 변동, 즉 새로운 생활습관을 만들어내고 사람들의 기질마저 바꾼 중요한 변화가 커피의 출현 덕분이라는 사실에는 추호의 의심도 없다…….

커피의 작용은 (오늘날처럼 담배에 의한 지력 저하로 약해지지도 중화되지도 않았을 것이기에) 헤아리기 어려운 것이었다…….

선술집, 루이 14세 시대 청년들이 술통과 여자들 사이를 굴러다니며 취기를 발하던 초라한 선술집은 어느 사이에 왕좌를 빼앗겼다. 밤마다 사람들의 귀를 아프게 하고 신경질 나게 하던 취객의 고성방가와 배수구에서 괴로워하며 뒹구는 귀족의 추태도 줄어들었다. 대화를 나누기 위한 우아한 가게, 아니 가게라고 하기보다는 살롱이라 할 만한 카페가 사람들의 인품을 고귀하게 바꿔놓았다.

커피, 깨어 있게 만드는 음료, 강력하게 지성을 부여잡고 알코올과는 정반대로 명민함과 명석함을 증진시켜주며, 눈앞에 펼쳐지는 현실에서 진리의 반짝임과 섬광을 내뿜게 하는 커피. 정신의 흥분으로 섹스의 현장 부재를 강요하는 안티 에로스의 커피…….

프랑스 커피 역사를 송두리째 뒤바꿔놓은

'암스테르담 시장이 루이 14세에게 바친 커피나무'

쥘 미슐레에 따르면, 프랑스에 출현한 검은 음료의 저 깊은 곳에서는 '1789년이라는 미래의 섬광'이 빛을 발하고 있었다. '화산성 토양에서 자란 커피'는 비판적 지성을 배양해 구질서를 파괴하는 정신이 용솟음치게 하는 결과를 초래했다. 커피나 카페는 어느 날 하늘에서 뚝 떨어지듯 갑자기 출현한 것이 아니다. 또 카페에 앉아 커피를 마시면 새로운 정신이 용솟음친다는 것은 흔치 않은 경험이다. '화산성 토양에서 자란 커피'와 프랑스 계몽주의의 '폭발하는 정신' 사이에는 그 나름의 인과관계와 그 이전의 역사가 존재한다. 자, 이제 프랑스령 서인도제도의 커피 재배 역사를 살펴보자.

18세기, 유럽에서 커피 재배에 관한 한 확실한 선진국은 네덜란드였다. 암스테르담시는 자바에서 커피나무를 들여왔다. 1706년의 일이다. 그 나무는 전 유럽에서 대단한 호평을 얻었다. 이후 암스테르담시에 부임해 있던 프랑스 영사가 암스테르담시와 오래 교섭한 끝에 커피나무 한 그루를 루이 14세에게 보내는 데 성공한 것은 1714년의 일이다. 그해 7월 29일, 커피나무가 마를리 성에 도착했다. 키가 150센티미터 정도 되는 튼튼하고 어린 나무였다.

서인도제도에 프랑스 커피를 뿌리내리게 한 것은 프랑스령 마르티니크섬에서 근무한 해군대위 가브리엘 드 클리외(Gabriel de Clieu)다. 그가 파리에 잠시 귀국했을 때 몽테스키외의 책을 읽었는지는 의심스러우나 어쨌든 그는 사람들이 대량으로 커피를 사고팔며 소비하는 것을 목격했다. 1723년의 일이다. 그 커피는 네덜란드가 자국 식민지인 동인도에서 재배한 것이었다. 당시 영국뿐 아니라 프랑스도 인도에 식민지를 보유하고 있었다. 그런데 유념해야 할 것은 당대 프랑스인이 '인도'라고 말하면 그것은 '서인도', 즉 중앙아메리카를 의미한다. '이름이 같다면 기후와 풍토에도 큰 차이가 없지 않을까?' '그렇다면 마르티니크섬에서도 커피를 재배할 수 있지 않을까?' 해군대위는 이런 식의 평범한 아이디어를 머릿속에 떠올렸다. 누구나 생각할 수 있는 것을 현실에서 실현하느냐 못 하느냐는 열의와 끈기 문제를 빼고 나면 대개는 '연출'에 달렸다. 당시 암스테르담 시장이 루이 14세에게 바친 커피나무는 왕립식물원 온실에 있었다. 마를리 성에 보내진 다음 날 그곳으로 옮겨진 것이었다. 그 후 커피나무는 왕성하게 개체수를 늘려갔다. 드 클리외는 식물원 원장에게 커피나무를 나눠달라고 부탁했지만 쉽사리 허락을 얻지 못하자 특별한 연출을 활용하기로 했다. 특별한 연출은 바로 커피나무를 루이 14세에게 직접 가져다 바치는 역할을 맡았던 왕의 주치의 M. 드 시라크(M. de Chirac)였다. 드 클리외는 어느 지체 높은 부인을 통해

드 시라크에게 여러 번 부탁했으며, 드 시라크는 거듭되는 부인의 간청에 어쩔 수 없이 부탁을 들어주었다.

드 클리외는 어린 커피나무 한 그루를 소중히 지닌 채 낭트를 떠나 마르티니크로 향했다. 1723년의 일이다. 커피나무는 햇빛을 잘 받도록 고안된 유리상자에 보관되었는데, 운반 도중 햇빛이 부족하다 싶으면 인공적으로 빛을 비추곤 했다. 그런 식으로 세심하게 주의를 기울인다고는 해도 대서양을 횡단하는 항해는 멀고도 험했다. 한번은 승객 중 한 사람이 드 클리외의 시대적 소명을 시샘한 나머지 유리상자를 훔쳐가기도 했다. 또한 포르투갈령 마데이라섬 연안에서는 튀니지 해적선의 습격을 받기도 했다. 게다가 거센 풍랑에 휘말려 난파할 뻔한 일도 있었다. 이런 온갖 고난을 겪은 끝에 커피나무는 무사히 마르티니크에 도착했다.

드 클리외가 가져온 커피나무는 순식간에 놀라운 생산량을 기록했다. 이후 마르티니크와 과달루페는 1,120만 파운드의 커피를 수출했다. 1759년의 일이다. 같은 해에 아이티, 마르티니크, 과달루페의 커피 수확량은 각각 7,000만, 1,000만, 700만 킬로그램에 달했다.

프랑스령 서인도제도에서 산출되는 막대한 양의 커피는 저 멀리 이슬람 세계에까지 영향을 미쳤다. 18세기 전반 이슬람 세계의 커피무역을 장악한 이들은 카이로의 거상이었으나 프랑스 커피가 그들을 타격했다. 서인도제도의 커피가 마르세유를 거쳐

서아시아로 역류하기 시작한 것이다. 비록 서인도제도의 커피 수입 독점권을 가지고 있던 것은 프랑스 인도회사지만 마르세유 상인은 회사와 교섭해 커피를 레반트에 수출하기 위한 수입권을 따냈다. 1732년의 일이다. 그리고 같은 시기에 오스만튀르크 정부로부터 유럽의 오스만튀르크령에서 커피를 판매할 수 있는 권리도 얻어냈다. 서인도 커피는 가격이 저렴한 편이었다. 그곳에서는 적어도 모카보다는 싼값에 커피를 판매했다. 이것이 주요한 성공 요인으로 작용했다. 1736년, 커피 9만 2,247피아스터가 알레포에 수출되었다는 기록이 남아 있다. 그러다 결국 18세기 중반에는 마르세유를 경유한 서인도제도 커피가 튀니지에서 카이로 상인의 모카 커피와 경쟁하기에 이르렀다. 이렇게 20여 년 사이에 마르세유는 서인도제도의 커피를 서아시아로 약 61만 6,000킬로그램, 84만 리브르어치를 옮겼고, 프랑스혁명 직전인 1786년부터 1789년 사이에 이 숫자는 약 200만 킬로그램, 352만 5,000리브르어치까지 올라서 국가의 총판매량이 21퍼센트에 달했다. 상대는 소아시아의 스미르나가 48퍼센트, 테살로니키가 25퍼센트, 이스탄불이 20퍼센트였다. 오스만제국의 도시나 스미르나를 거쳐 아나톨리아, 아르메니아, 페르시아 등 순수한 이슬람권에서 프랑스령 서인도제도 커피를 마시게 된 것이다.

프랑스산 커피의 놀랄 만한 시장 진출은 그저 카이로 상인의 전통적인 예멘 커피 판매 루트를 압박한 데 그치지 않았다. 카이로 자체가 서인도제도의 커피를 수입하는 난처한 처지에 놓이게 되었다. 예멘의 커피 총생산량은 워낙 제한적이어서 비쌀 수밖에 없었다. 부유한 사람들은 모카를 마시는 사치를 누릴 수 있었으나 서민층은 가격이 20~25퍼센트 낮게 책정된 서인도제도 커피를 마셨다. 이런 값싼 커피는 이슬람 세계의 커피하우스 등지에서 대부분 모카와 섞어 마셨다. 1750년 전후로 모카에 42만 1,000리브르를 지출한 카이로는 마르세유를 거쳐 들어온 서인도제도 커피에도 5만 리브르를 지출하고 있었다. 초기 커피 교역을 독점한 카이로 거상에게 큰 타격을 입힌 것은 마르세유였고, 그 기초를 쌓은 이는 드 클리외였다.

드 클리외는 영웅으로 칭송받으며 과달루페 총독으로 부임했다. 훗날 그가 파리에서 여든네 살로 생을 마칠 때는 프랑스 최고 영예로 인정되는 레지옹도뇌르 명예훈장이 주어졌다. 신문은 그의 죽음을 대대적으로 보도했으며, 한 시인은 커피와 '행복한 아라비아'라는 오래된 모티프에 변주를 더해 '행복한 마르티니크'를 구축한 드 클리외의 위업을 서사시로 칭송했다.

> 행복한 마르티니크! 아, 기분 좋게 사람을 환대하는 바닷가여!
> 그대는 신세계에서 최초의 것을 열매 맺었다
> 아시아의 향기로운 과실을 처음 받아들여
> 프랑스 토양에서 신의 음식을 풍성하게 했다

커피가 '니그로의 땀'이라는 무시무시한 별명으로 불리게 된 은밀하고도 잔혹한 이유

행복한 마르티니크라고? 우리는 앞에서 커피 재배가 원주민에게 경제적 윤택함을 주기는커녕 기아를 초래했다는 것을 자바를 통해 살펴보았다. 앞에 인용한 시에서 시인은 '신의 음식'이라 찬양했는데, 그렇다면 '인간의 음식'은 어떻게 되었는지 되묻고 싶다. 서인도제도의 커피 플랜테이션은 자바보다 훨씬 혹독했다. 원래 서인도제도는 스페인, 포르투갈에 의해 잔혹한 식민지 노예제도가 실시된 땅이다. 노예를 짐승이나 물건처럼 취급하는 백인 정복자의 가혹한 학대는 원주민 수를 무서운 기세로 줄여놓았다.

오늘날에도 커피를 '니그로의 땀'이라고 부르는 무시무시한 어휘가 남아 있다. 왜 이런 어휘가 생겨났을까? 흑인이 손이 많이 가는 커피 재배를 뒷받침한 주요 노동력으로 활용되었기 때문이다. 아프리카 서해안에 집결한 흑인노예는 그리스도교 목사의 축복을 받은 후 서인도제도의 플랜테이션으로 실려 갔다. 노예를 싣고 간 배는 돌아올 때 설탕, 담배, 럼주, 인디고, 커피를 실어 유럽으로 날랐다. 한데 충격적인 것은, 흑인노예를 옮기는 과정에 드 클리외가 커피나무를 옮길 때와 같은 세심한 주의라고는 눈곱만큼도 찾아볼 수 없었다는 점이다. 당시 배에 탄 흑인 가운데 무려 3분의 1이 배 안에서 사망했다고 하니 살아남은 흑인 노예가 얼마나 비참한 환경을 견뎌냈을지는 두말할 필요도 없지 않을까. 추정하기로는, 아프리카에서 아메리카로 1,500만 명의 흑인노예가 실려 갔지만 18세기 말 아메리카 대륙에 살아남은 흑인노예는 300만 명뿐이었다고 한다. 서인도제도의 대지는 처음부터 '니그로의 땀'을 받아들여 유럽인을 위한 '신의 음식'을 풍성하게 한 셈이다.

곰곰이 생각해보자. 노예무역이 프랑스혁명의 이념을 지지하는 부르주아지의 경제적 기반을 형성하고 튼튼하게 해주었다는 점은 역사의 짓궂은 아이러니가 아닐까? 노예무역으로 축적된 낭트와 보르도의 풍요로움이 부르주아지로 하여금 자유를 추구하고 해방을 부르짖는 자부심을 갖게 했다. 그리고 제3계급에게는 '아직은 제로다'라고 외칠 수 있는 자기주장의 터전을 마련해주었다. 노예무역의 중심은 낭트였다. 1666년, 기니에서 출발한 배 108척에는 흑인노예 3만 7,430명이 실려 있었다. 이 한 번의 노예무역으로 상인은 3,700만 리브르의 이익을 올렸다. 이는 투자 대비 20~37퍼센트의 고수익이었다. 낭트는 매년 배 50척을 서인도제도로 보내면서 가정에서 소비하는 아일랜드의 소금에 절인 고기, 노예가 입을 옷, 설탕 생산에 필요한 시설을 함께 실어 보냈다. 이는 17세기 말의 상황이다. 기니 또는 서인도제도에 보내는 음식 이외의 제품은 프랑스에서 눈부시게 발전한 모든 공업의 밑천이 되었다.

서인도제도는 프랑스의 상업 부르주아지가 조달하는 자본으로 움직였다. 1720년대 프랑스는 쥘 미슐레의 말대로 수많은 카페에서 끝도 없이 이어지는 '대화'와 '과도한 사교성'의 시대로 구분된다. 어쨌든 카페에서는 '인도'가 자주 화제에 올랐다. 여기서 '인도'란 서인도제도를 의미하며, 카페는 '인도 개발'을 위한 투자금 조달처 역할을 했다. 서인도제도에 대한 투자는 큰 이익을 보장했다. 1783년부터 프랑스혁명기에 이르는 동안 보르도만 해도 10억 파운드를 아이티에 투자했다. 1789년에는 낭트 상인이 서인도제도에 투자한 금액만 5,000만 리브르가 넘었다. 같은 해 프랑스는 식민지에 상품(밀가루·건조고기·와인·직물 등) 7,600만 파운드어치를 보냈다. 반면 식민지는 설탕, 커피, 카카오, 목재, 인디고, 무두질한 가죽 등 총 2억 1,800만 파운드어치를 프랑스로 보냈다. 그 가운데 프랑스 국내에서 소비되는 7,100만 파운드어치를 제외한 나머지는 다시 해외에 내다 팔았다. 식민지 상품으로 윤택한 삶을 누린 도시는 낭트, 보르도, 마르세유라는 이른바 상업자본의 3대 중심지만이 아니었다. 서인도제도에서 생산되는 설탕은 오를레앙과 디에프, 그리고 파리의 제당산업을 발전시켰다. 피혁산업에 필요한 가죽도 서인도제도에서 조달되었다. 또 서인도제도의 목면은 100군데가 넘는 프랑스 도시의 목면사업을 발달시켰다. 각 도시가 다른 각 도시의 종속적인 산업부문을 도맡아 발달시킨 셈이었다.

팔레루아얄에 늘어선 카페에서 서인도제도의 '화산성 토양에서 자란 커피'를 마신 계몽주의자들이 '행복한 마르티니크'의 불행을 깨닫지 못한 것은 아니었다. 인간에게는 각자 자신의 행복을 추구할 권리가 있다는 것, 자유와 평등을 바탕으로 살아갈 권리가 있다는 것을 역설한 그들의 주장은 머지않아 노예제 폐지 운동의 든든한 이론적 기틀이 된다.

프랑스 커피문화 형성과 발전에 기여한 주연배우와 조연배우들

경제적 기반은 있다. 혁명적 사상도 있다. 팔레루아얄에 프랑스혁명을 위한 무대도 완벽하게 준비되었다. 이제 본격적으로 배우가 등장해서 볼거리를 시작할 시점이다. 첫 배우는 마리 앙투아네트다. 그는 열다섯 살인 1770년 오스트리아제국 수도 빈에서 프랑스 파리로 시집왔다. 당시 숙적이던 프랑스 부르봉 왕조와 오스트리아제국 합스부르크 가문 사이의 혼인식은 그 자체로 전 유럽을 놀라게 한 외교혁명이었다. 어린 나이에 외교혁명의 드라마를 멋지게 연기해낸 마리 앙투아네트는 뒤이어 프랑스혁명의 주연배우 역할을 떠맡게 된다.

그해, 프랑스혁명 무대를 준비하는 '지나가는 사람 역할' 배우가 아르메니아인 복장으로 파리에 돌아왔다. 그는 바로 장 자크 루소(Jean-Jacques Rousseau)다. 여행을 떠날 때면 아르메니아인 복장을 하곤 했던 루소에게 친구들은 종종 '당신에게 알라의 평안이 있기를' 하며 이슬람교도식 인사를 건네곤 했다. 루소가 여장을 풀고 '카페 레장스(Café de la Régence)'에 들어서자 사람들이 구름처럼 몰려들어 그를 에워쌌다. 그 여파로 경찰은 루소에게 카페든 그 외 공중시설이든 대중 앞에 모습을 드러내지 말라고 경고했다.

그다음 등장할 인물은 아리따운 바리 부인(Madame du Barry)이다. 프랑스 커피문화는 술레이만 아가가 활개를 치고 다닌 시절부터 언제나 음으로 양으로 상류층 부인의 원조를 받아 전개되었다. 게다가 그것은 어딘가 모르게 이국적인 오리엔트의 꿈을 키워주었다. 루이 15세(Louis XV, 재위 1715~1774)의 궁정은 커피로 넘쳐났다. 베르사유궁 정원에도 커피나무가 자랐는데, 그 나무들은 어느새 4미터 높이가 되었으며 매년 6~7파운드의 열매를 맺었다. 왕은 그 나무에서 수확한 열매를 따서 말린 원두로 몸소 커피를 끓여서 손님을 대접하기도 했다. 그 루이 15세의 총애를 한 몸에 받은 이가 바로 바리 부인이었다.

왕과 바리 부인의 마니아적인 커피 사랑은 국고에 적지 않은 부담을 주었다. 1754~1755년까지 황금 커피포트와 황금으로 만든 알코올램프, 은으로 만든 솥, 나뭇잎 모양 장식이 붙은 커피잔, 신형 스푼, 도금을 새겨 넣은 접시 데우는 그릇, 황금으로 만들어진 커피용기세트, 빈에서 만든 사탕을 담는 하늘빛 자기 포트 등이 끊임없이 발주되었다. 이 2년여 동안의 기록에 남아 있는 것만 해도 총액 1만 3,000리브르어치나 된다. 궁정에서 이토록 호사스러운 커피문화가 발전한 것은 무엇을 의미할까? 이를 단순히 루이 15세와 바리 부인의 개인적인 취향 문제로만 볼 수는 없다. 파리 상류사회에서 '커피'라는 개념에 뭔가 새로운 요소가 보태지기 시작했다고 봐야 한다. 당대 살롱에서는 무슨 일이 일어나고 있었을까? 에피네 부인(Madame d'Epinay)이 1765년에 쓴 편지에는 당시 상류사회에 있어 커피의 개념 확장을 기록하고 있다.

> 어쩌면 '카페 모임'이라는 것이 무엇을 위한 것인지조차 잘 모르고 있는지도 모릅니다. 간단히 말하자면 비용도 들이지 않고, 격식을 차리지도 않고, 부담스럽지 않게 아주 많은 사람을 모을 수 있는 비결입니다. 물론 모임 구성원 외에는 들어올 수 없지만 말입니다. 어떤 식인가 하면 대략 이렇습니다. 먼저 '카페'를 개최하기로 정한 날이면 이 음료를 위해서 준비된 홀에 작은 테이블을 몇 개 놓고, 각 테이블에 두 개 혹은 세 개, 많을 때는 네 개의 의자를 나란히 놓습니다. 한쪽 테이블에는 트럼프, 숫자게임용 패, 체스, 체커, 바둑 등을 준비합니다. 또 한쪽에는 맥주와 와인, 아몬드 음료와 레모네이드를 둡니다. '카페'를 주최하는 여주인은 영국풍 옷을 입습니

다. 단순하고 짧은 드레스, 모슬린 앞치마, 삼각형 숄, 그리고 작은 모자. 그는 카운터로 쓰이는 긴 테이블을 앞에 두고, 그 위에는 오렌지, 비스킷, 가제본한 책, 그리고 몇 가지 신문을 올려놓습니다. 급사들은 모두 하얀 조끼에 테 없는 흰 모자를 쓰고 있는데, 그들은 공중카페에서 그러는 것처럼 '가르송'이라고 불렀습니다. 모르는 사람은 들어올 수 없습니다. 누구든 좋아하는 곳에 앉고, 재미있을 것 같은 테이블에 자리를 잡습니다. 그러나 이것이 전부는 아닙니다. 더 매력적인 것이 많이 있습니다. 팬터마임을 즐기고, 춤을 추고, 노래를 부르고, 소극을 연기하기도 했습니다.

친한 사람들끼리 모인 자리에서 한 귀부인이 커피 키퍼(keeper)를 연기하고, 손님은 커피 소사이어티의 각 파트를 연기한다. 이는 서민사회에서 유행하는 카페를 흉내 내는 것이다. 커피를 마시는 행위는 파리의 살롱이라는 사교의 장에 마치 솜뭉치에 물 스며들 듯 시나브로, 그러면서도 묵직하게 받아들여져서 어느 사이 또 하나의 귀족문화를 형성한 것이다. 그 문화의 정점에 서 있는 인물이 바리 부인이었다. 바리 부인의 초상화는 오늘날까지 남아 있다. 시중드는 흑인 소년이 들고 있는 쟁반에서 은 커피포트를 잡고, 은 스푼으로 커피를 젓고 있는 실크옷을 입은 그의 모습은 술탄의 왕비를 연상케 한다. 이 초상화를 통해 바리 부인은 자신이 파리 사교계의 톱 레이디라는 사실을 선언한 셈이다.

궁정의 호사스러운 커피문화와 극명하게 대조를 이룬 것이 루소의 커피다. 앞에서 얘기한 대로, 대중 앞에 서는 것을 금지당한 루소는 자신의 저서 『고백(Confessions)』(1782)을 낭독하는 일 또한 금지당했다. 이는 1771년 5월 10일의 일로, 치안당국이 에피네 부인의 고발을 받아들인 결과였다. 게다가 개인서신검열소에서 그의 편지를 압류하는 일까지 벌어졌다. 파리 한복판에서 맛보아야만 했던 '로빈슨 크루소식 고독'. 바로 이 시기의 루소의 모습을 전해준 이는 바로 소설가이자 루소의 제자인 베르나르댕 드 생피에르(Bernardin de Saint-Pierre)다.

> 튀일리를 통해 그를 보러 가면 커피향이 맴돌았다. 그러면 그는 말했다. '내가 제일 좋아하는 향기랍니다. 우리 집 계단 근처에서 누군가가 커피를 볶고 있으면, 옆집 사람들은 모두 창문을 닫았지만 나는 오히려 창문을 열어둡니다.' '그러면 커피를 좋아하십니까? 향기가 좋다고 하시니까요!'라고 나는 물었다. '그래요' 하고 그는 대답했다. '사치스러운 것 중에서 내가 좋아하는 것을 말한다면, 아이스크림과 커피 정도입니다.'
>
> —『고독한 산책자의 몽상(Les Vœux d'un solitaire)』(1790) 중에서

드 생피에르는 인도양의 레위니옹섬에서 막 귀국하여, 그곳에서 가져온 한 상자의 커피를 봉지에 나눠 친구들에게 선물했다.

그해, 프랑스혁명 무대를 준비하는
'지나가는 사람 역할' 배우가 아르메니아인 복장으로
파리에 돌아왔다. 그는 바로 장 자크 루소다.

장 자크 루소(Jean Jacques Rousseau, 1712~1778)

그런데 루소가 커피를 좋아한다는 말을 듣고 그에게도 한 봉지 보냈다. 그러자 그에게서 다음과 같은 내용의 답신이 왔다.

> 어제는 손님이 오셔서 보내주신 선물 내용을 볼 수 없었습니다. 이제 막 서로 알기 시작했는데, 벌써 선물을 보내주셨군요. 그러나 이것으로 우리 교류는 서로 신분의 격이 다른 교류가 되어버렸습니다. 저의 재산으로는 선물을 보낼 여유가 없기 때문입니다. 그러니 커피를 다시 돌려받으시든가 다시는 만나지 않든가, 둘 중 하나를 결정하시기 바랍니다.

서인도제도의 커피열도가 프랑스 식민지였고, 파리에 카페 600~700곳이 늘어섰으며, 상류사회의 살롱이 '카페 모임'에 심취했다고는 하나 당시에 커피는 여전히 사치품이었다. 그 탓에 그 약간을 나눠 선물한 정도로도 '신분 차이'를 드러내는 일로 받아들여졌던 모양이다. 프랑스혁명에서 커피나 카페의 의미를 생각할 때 이 점을 놓쳐서는 안 된다. 그 시절의 공장노동자가 하루에 12~14시간 노동으로 받는 일당이 25~30수였다. 보리와 밀을 섞은 빵이 1파운드에 3~4수 정도 가격에 팔렸다. 게다가 이웃나라 독일에서 프랑스 위그노교도의 영향으로 먹기 시작한 감자가 이때까지만 해도 파리에는 충분히 보급되지 않고 있었다. 감자를 '대지의 사과(pomme de terre)'라고 부르는 프랑스어 자체에서 감자 보급에 얼마나 많은 고난이 뒤따랐는지 알 수 있다. 파리의 노동자들은 오늘도 내일도 모레도 똑같은 빵과 밀가루 수프를 먹을 수밖에 없었다. 4인 가정에서는 적어도 하루에 3파운드의 빵과 반 파운드의 밀가루가 필요했다. 그것만 산다고 하더라도 수입의 거의 절반 가까운 돈이 나간다. 그러니 카페를 드나들 돈도 시간도 없다. 프랑스혁명의 거대한 에너지원이 되는 밑바닥 대중에게는 커피를 대신해서 마실 만한 대체물이 없었다. 한가로운 시간을 주체하지 못해 카페에서 공공적 논의에 몰두하는 사람들과 커피 따위는 마실 수도 없는 압도적 다수의 국민들 간 결합이 말하자면 프랑스혁명의 요체였다. 게다가 그러한 면에서 커피를 '사치'로 느끼는 루소 같은 철학자의 사상이 열광적으로 받아들여진 이유도 되지 않을까.

루소는 1778년 7월 2일에 사망했다. 공교롭게도 같은 해에 스물세 살의 아름다운 '로코코 여왕'으로 변모한 비극의 주인공 마리 앙투아네트가 다시 등장한다. "사람은 불행해지고 나서야 비로소 자신이 누구인지를 알게 되는 법입니다"와 같은 희대의 명대사와 함께 단두대의 이슬로 사라지는 그지만 이때까지만 해도 행복의 절정기였다. 그는 바리 부인의 흔적을 말끔히 없애고, 베르사유궁의 톱 레이디가 다른 누구도 아닌 자신이라는 것을 세상에 널리 알리고자 호사스러운 '카페 모임'을 자주 개최했다. 그 모임은 마를리 성에서 주로 열렸다. 커피 아로마가 곳곳에 떠도는 가운데 사치의 극치를 보여주는 로코코풍 거대한 야외극이었다. 그러나 우아하고 아름다운 로코코풍 목가극은 참담한 그리스 비극으로 무대를 어둡게 바꾸어가기 시작했다. 팔레루아얄에 마리 앙투아네를 비난하는 내용의 팸플릿과 캐리커처가 나돌기 시작했던 것이다.

커피와 카페가 없었다면 프랑스 계몽주의 운동도 없었다?

1778년, 루소가 세상을 떠나고, 프랑스와 미국은 공수동맹(攻守同盟, 제3국의 공격에 공동으로 방어와 공격을 하기 위해 맺어진 두 나라 이상의 군사동맹)을 체결하고, 세계사는 대혁명을 향해 본격적으로 움직이기 시작했다. 그해 프랑스 국내에서는 어떤 불길한 변화의 조짐이 나타났다. 우선, 와인 판매가 급감했다. 이는 생각보다 심각한 상황이었다. 당시 와인과 브랜디는 프랑스 세계교역의 대표 상품이었기 때문이다. 그로 인해 보르도나 샹파뉴 같은 와인산업의 중심지가 '와인 플랜테이션'의 외형을 드러내기 시작했다. 다시 말해, '포도재배를 위해서'라는 명분에 밀려 주식이 되는 상품마저 등한시되었다. 결국 빵은 다른 곳에서 사야만 했다. 와인이 순조롭게 팔리고 곡물 가격이 일정하게 유지된다면 문제는 없다. 그러나 정부가 빵 가격을 유지하는 데 실패했다.

실제로 1761년부터 1788년까지 빵 1파운드 가격이 1수에서 7수로 폭등했다. 당시 전 유럽을 통틀어 곡물을 수입해서 빵 가격을 유지하는 아슬아슬한 곡예를 감당할 수 있는 나라는 대영제국밖에 없었다. 그런데 상품 가격이 제멋대로 상승할 리는 없었다. 시장 메커니즘을 제대로 이해하지 못하는 농민은 빵값이 올라가는 데는 누군가 악의를 품고 있는 검은 손이 있다고 넘겨짚었다. 그로 인해 농민폭동이 자주 일어났다. 프랑스 전역이 흉년으로 몸살을 앓았다. 1787년의 일이다. 당시만 해도 프랑스 전체 인구의 85퍼센트가 농민이던 시대였다. 그런 농업이 치명적 타격을 입은 것이다. 엎친 데 덮친 격으로 그 이듬해인 1788년에는 더 심각한 흉년이 닥쳤다. 그리고 그해 겨울, 모든 것을 끝장내기로 한 듯 사상 초유의 엄동설한이 몰아닥쳤다.

그 시대의 겨울이 어떤 느낌이었을지 궁금하다면 고야의 그림 〈겨울〉(1786~1787)을 보면 어느 정도 짐작이 간다. 그런데 1788년부터 1789년의 겨울은 그보다 훨씬 혹독했다. 좀처럼 얼지 않던 베네치아의 개펄까지 얼음판이 되었다. 그야말로 전 유럽이 꽁꽁 얼어붙어버린 셈이었다.

프랑스 농업이 받은 타격은 프랑스 경제 전반으로 삽시간에 번져 나갔다. 파리 공산품의 지방 판로는 완전히 차단되었다. 마른강과 센강에는 화물선의 모습이 아예 자취를 감추었다. 맹추위로 센강에 얼음덩어리가 빙하조각처럼 떠다니는 바람에 선박

운항이 불가능해졌고, 흉년으로 인해 식료품을 운반하는 배가 사라지더니 건축자재를 실어 나르는 배마저 자취를 감춰버렸다. 프랑스혁명에 앞선 몇 년간 파리에서는 건축 붐이 일어나서 많은 토목노동자가 파리로 몰려들었다. 그러나 예전에 없던 빠른 겨울이 찾아오자 건축공사가 모두 중단되었다. 유례없는 강추위가 몰아닥친 1788년의 일이다. 사람들은 봄이 오기만을 애타게 기다렸다. 그러나 1789년의 봄이 가져온 것은 여전히 환멸스러운 현실이었다. 사람들은 새로운 건축공사를 착수할 엄두도 내지 못했고, 공사가 한창 진행되던 건축물은 그대로 방치되었다. 전국적인 흉년으로 인한 경제위기 상황을 뻔히 알면서 사업 확장을 감행하는 사업가는 없었다. 파리의 거룻배와 뱃짐을 부리는 곳에는 수백 명의 노동자가 주린 배를 움켜쥐고 있다가 얼떨결에 배에서 수하물을 내리는 일이라도 운 좋게 만나면 득달같이 달려들어 몇 푼의 수입을 챙겼다. 파리 시내 전체에 실업자가 넘쳐나는 시절이었다.

한데 엄동설한과 끔찍한 불황이 겹친 파리에 정체를 알 수 없는 열기가 넘쳐흘렀다. 1788년 8월 8일에 루이 16세가 삼부회 소집을 공표했기 때문이다. 1789년 1월 24일에 선거규칙이 공표되고 드디어 선거가 시작되자 파리 전역에 묘한 흥분감이 감돌기 시작했다. 제3신분의 선거 방법은 복잡할 뿐 아니라 피선거권에도 적지 않은 제한이 있었다. 투표인이 선거인단의 선거인을 뽑

프란시스코 데 고야, 〈겨울〉, 1786~1787, 캔버스에 유채, 275×275cm, 프라도미술관, 마드리드

으면 이 선거인이 대의원을 뽑는 방식으로 진행되는데, 선거권이 주어지는 자는 선거구에 거주하면서 집을 가지고 있는, 그리고 관직 혹은 정규직에 종사하는 자, 후견인 면허를 가진 자, 또는 최소한 한 해에 6프랑의 직접세를 내는 자들로 제한되었다. 그러나 프랑스를 위협하던 불황은 선거권이 없는 사람들까지도 선거운동의 열기 속으로 끌어당겼다.

파리는 항상 대도시에서 자신의 가능성을 시험해보려고 지방에서 막 올라온 젊은 지식인으로 북적댔다. 지방의 작은 도시에는 일이 없거나 너무 지루했기에 문인, 변호사, 예술가, 의사, 학생들이 파리로 몰려들었다. 그러나 운 나쁘게도 1789년에는 특히 더 일거리가 없었다. 그들 대다수는 교외 소시민이나 노동자의 집 다락방에 살면서 루소, 볼테르, 몽테스키외 등의 계몽사상에 고무되어 길에서 구한 정치 팸플릿의 혁명사상에 열광했다. 읽고 쓰지 못하는 사람들이 80퍼센트를 넘는 시대였다. 그런 터라 20퍼센트에 속하는 사람들이 나머지 80퍼센트에게 팸플릿 내용을 읽어주고 자세히 설명해주었다.

파리와 그 교외까지 합쳐 60만 명의 인구를 가진 대도시는 예전에는 겪어보지 못했던 거대한 정치의 소용돌이로 빠져들었다. 산책로와 광장, 교통 요지에는 어김없이 사람들이 모여서 뉴스를 듣고, 서로 이야기 나누며 토론을 벌였다. 소용돌이의 중심은 거대한 장방형 팔레루아얄 광장이었다. 그곳에는 아침부터 밤늦게까지 사람들이 모여들었다. 군중에 둘러싸인 연설자가 신문, 팸플릿을 읽은 다음 정치 동향을 설명해주었고 자신의 요구사항에 좀 더 탄탄한 논리를 붙여나갔다. 팔레루아얄 광장 근처에는 프랑스 계몽주의의 '검은 섬광'을 내뿜는 카페가 줄지어 늘어섰다. 삼부회 소집이 공표되는 시점부터 그들 카페는 그 공공적 기능을 그야말로 풀스윙으로 발휘하기 시작했다.

프랑스혁명의 아지트이자 도화선 역할을 한 역사적 카페

카페 프로코프

1776년, 미국 정부는 미국과 프랑스의 공수동맹을 체결하기 위해 정치, 외교, 과학 등 다방면에 능수능란했던 벤저민 프랭클린(Benjamin Franklin)을 프랑스에 파견했다. 당시 프랑스의 지성 볼테르(Voltaire)는 미국의 특별한 '자유'에 주목하고 있었다. 그는 인간이 신앙의 자유를 토대로 잘살 수 있다는 것을 실증한 펜실베이니아의 '아메리칸 데모크라시의 신성한 실험'이나 그 성과물인 '권리장전'이 얼마나 감탄할 만한 것인지 프랑스인에게 가르쳐주고 있었다. 프랑스인들은 미국 특사 프랭클린을 따뜻하게 맞아주었다.

미국과 프랑스는 통상조약과 공수동맹을 맺었다. 1778년 2월 6일의 일이다. 프랑스의 머무는 동안 프랭클린은 카페 프로코프의 단골이 되었다. 1790년 미국에서 프랭클린이 세상을 떠났다는 소식이 전해지자 카페 프로코프는 조기를 내걸고 그의 넋을 기렸는데, 이는 미국독립혁명과 프랑스혁명을 이어주는 상징으로 받아들여졌다.

미국혁명을 초래한 또 하나의 이념은 흑인노예해방 이념이다. 자유와 독립 그리고 행복을 외친 독립선언문을 발표한 미국의 각 주는 하나둘씩 흑인노예해방을 선언했다. 노예해방운동은 프랑스 계몽주의의 이념을 실험하는 시금석이었다. 자유와 평등이 인간이 태어날 때부터 가지고 있는 인권이라면 그 인권은 흑인 노예에게도 적용되어야 한다.

노예해방운동을 순수하게 이득을 떠난 인도상의 문제로 보는 관점은 순진하기 짝이 없다. 그렇다면 이 운동을 어떻게 보아야 할까? 어떤 면에서, 노예해방운동은 노예제도가 노동자의 구매력을 심각하게 억제하기 때문에 노동자의 구매력을 향상시키기 위한 차원에서 일어났다고 할 수 있다. 그렇다면 왜 노예를 비롯한 하층민의 구매력을 향상시켜야 했을까? 그래야 제품 생산이 늘어나고 그 제품이 활발히 판매되어 개인과 국가의 부를 증진할 수 있기 때문이다. 이런 흐름의 연장선에 식민지를 둘러싸고 7년 전쟁을 벌인 프랑스와 영국의 경제적 대립이 자리하고 있었다. 그런 터라 프랑스가 미국독립혁명운동에 기꺼이 가담한 것은 어찌 보면 당연한 일이었다. 미국 독립은 그때까지 영국의 독무대이던 광대한 시장이 개방되었음을 의미하는 역사적 사건이었다. 한편, 미국 독립 이후 프랑스 식민지 서인도제도는 괄목상대할 만한 발전을 이루었으며 생산고는 두 배에 달했다. 프랑스 식민지 서인도제도의 번영은 영국에 있어 거대한 위협 이외에 아무것도 아니었다. 그 노동력은 흑인노예였다. 1764년부터 1771년까지 아이티에는 매년 1만 명에서 1만 5,000명의 노예가 보내졌다. 그러던 것이 1786년에는 2만 7,000명, 1787년에는 4만 명으로 늘어났다.

영국 입장에서 프랑스 식민지의 숨통을 끊어놓기 위해 무엇보다 서둘러야 했던 과제가 바로 노예제 폐지였다. 영국은 서둘러 노예제의 비인도성을 전 세계에 호소했다. 1787년 영국에서 흑인노예폐지운동협회가 설립되었으며 그 이듬해에는 프랑스에도 '흑인친구모임(Société des amis des Noirs)'이 결성되었다. 이 모임의 회장은 콩도르세 후작(Marquis de Condorcet)이었는데, 그는 볼테르와 루소가 죽은 후 프랑스 백과전서파(Encyclopédistes) 중 유일하게 생존해 있는 인물이었다. 그런데 그 모임을 실질적으로 지휘한 인물은 브리소(Jacques Pierre Brissot)였다. 저널리스트였던 브리소는 미국의 노예 실체를 직접 목격하고 노예제폐지운동에 헌신했다. '흑인친구모임'은 잡지를 간행하면서 프로파간다를 펼쳤다. 이것은 영국 입장에서는 바람직한 활동이었다. 영국 정부는 거기에 '내재된 에너지'를 일깨우기 위한 자금을 대고 전문가를 파견하는 등 원조를 아끼지 않았다. 여기서 짚고 넘어갈 흥미로운 점은 '흑인친구모임'의 본부가 벤저민 프랭클린의 사망 직후 조기를 내걸었던 카페 프로코프였다는 사실이다.

카페 드 푸아

1789년 5월 4일, 선거가 끝났다. 다음 날인 5월 5일에는 베르사유궁에 거대한 회의장이 만들어졌다. 그러자 이전보다 더 많은 사람이 팔레루아얄의 카페를 방문하기 시작했다. 베르사유궁에서는 도대체 무슨 일이 진행되고 있는 걸까? 정치 동향은 궁정계의 《가제트 드 프랑스(La Gazette de France)》와 부유한 부르주아를 위한 《주르날 드 파리(Le Journal de Paris)》가 공보로 전달하는 것이 고작이었다. 비교적 윤택한 삶을 누리던 사람들조차 읽고 쓰기가 자유롭지 못했던 사정은 제쳐놓고라도 사람들은 뉴스를 입소문에 의지해 모을 수밖에 없었다. 카페라면 신문 지면을 가득 채운 사실을 파악할 수 있고, 그에 대한 다양한 해석을 들을 수 있으며, 자신의 생각을 말할 수도 있었다. 팔레루아얄의 카페들은 그야말로 대화를 위한 장이었다.

팔레루아얄의 카페 가운데 가장 과격한 단골로 붐빈 곳은 카페 드 푸아(Café de Foy)였다. 이곳을 찾는 손님은 대부분 파리 이외의 지역에서 찾아온 지식인, 일거리가 없는 변호사, 의사, 배우, 문인이었다. 카페 드 푸아는 과격파 앙라제(Enragés, '미치광이'라는 뜻으로, 프랑스혁명 당시의 급진적 사회주의 세력을 말한다)가 늘 모이는 곳이었다. 그들은 팔레루아얄 광장에 마련된 판자를 덧대 임시로 만든 작은 가건물에서 회의를 마치면 카페 드 푸아로 장소를 옮겨 논의를 이어갔다. 이런 상황을 카페의 일반 손님은 버텨낼 수 없었을 것이다. 논쟁은 항상 목소리가 커지면서 서로 욕설을 퍼붓는 상황으로 치달았고 주먹을 휘두르는 일도 드물지 않았다. 그중 가장 급진적인 오피니언 리더는 몰락한 귀족 생퀴뤼주 후작(Marquis de Saint-Huruge), 작가 엘리제 루스탈로(Élisée Loustalot), 젊은 변호사 카미유 데물랭(Camille Desmoulins) 등이었다. 데물랭은 7월 12일, 카페 드 푸아를 뛰쳐나가 "무기를 잡아라!"라고 외친 다음 갈기갈기 찢은 나뭇잎을 전쟁 표식처럼 자신의 모자에 붙였다. 한데 흥미롭게도 이후 모든 사람이 이 짓을 따라 하는 바람에 나무란 나무는 모조리 뼈대만 남게 되었다. 데모대는 경비병과 승강이를 벌이기 시작했고, 사소한 분쟁이 파리 전역으로 퍼져 나갔다. 바스티유 함락 이틀 전 상황이다. 지금도 팔레루아얄에는 데물랭의 동상이 남아 있다.

바스티유 함락 후 잠시 주춤하던 카페 드 푸아에 다시금 긴박한 분위기가 감돌기 시작했다. 그해 8월 말의 상황이다. 문제는 '의회가 가결한 법안을 국왕이 재가하지 않을 경우 어떻게 할 것인가' 하는 것이었다. 법안을 창고에 처박아버리는 절대적 거부권을 인정할 것인가, 아니면 법안의 발표를 일정 기간 연장하는 정지적 거부권이 되어야 할 것인가, 그것도 아니면 거부권을 절대로 인정해서는 안 되는 것인가의 문제였다. 카페 드 푸아는 국민의회에 항의단을 보내기로 결정하고, 생튀뤼주 후작을 선두로 베르사유궁을 향해 출발했다. 그러나 시당국은 이미 팔레루아얄에 스파이를 보내 카페 드 푸아의 동향을 살피고 있었다. 시당국은 이런 움직임을 알아차리고는 국민위병으로 하여금 광장 출입구를 굳게 막고 대포를 쏘며 위협했다. 대표단은 어쩔 수 없이 카페 드 푸아로 돌아온 다음 시당국에 보낼 진정단을 편성했다. 진정단은 시의회에는 도착했으나 베르사유궁으로 대표단을 파견하는 것은 결국 허가받지 못했다.

이튿날 카페 드 푸아는 잔뜩 격앙된 표정의 사람들로 넘쳤다. 루스탈로가 연설자로 나섰다. 그는 바스티유가 함락된 후 주간 신문《파리 혁명(Les Révolutions de Paris)》을 창간했는데, 이것은 훗날 급진 자코뱅주의의 이론지가 된다. 그의 뒤를 이어 연단에 오른 다른 연설자가 무력으로 베르사유궁을 돌파하자고 제안했다. 그것은 너무도 위험한 의견이었다. 결국 참가자들은 다시 한 번 시당국에 진정단을 보내기로 결의했으나 딱히 이렇다 할 새로운 돌파구를 찾지는 못했다.

팔레루아얄의 카페 정치가와 시의회 간 대립이 심각한 사태에 맞닥뜨렸다. 시당국은 처음부터 팔레루아얄 카페들에 호감을 갖고 있지 않았다. 그들의 시각으로 볼 때 이곳의 카페에서는 사람들이 곤히 잠들어 있어야 할 밤늦은 시간까지 커피를 마시고, 토론을 한답시고 고래고래 소리를 지르며 소란스럽게 하는 이상하고도 불손한 장소일 뿐이었다. 그들의 그런 행태는 평온해야 할 시민의 안녕을 현저히 위협하는 짓으로 여겨졌다. 커피는 예나 지금이나 마시면 잠을 자지 못하고, 쉽게 흥분하게 만들고, 정신적인 변화를 일으켜서 사람들이 끝도 없이 이야기를 하게 만드는 이상하고도 위험천만한 음료였다.

시당국이 신경을 곤두세운 이유는 한 가지 더 있다. 그것은 바로 카페 드 푸아 근처에 어느 약삭빠른 서적상이 가게를 내서 정치 팸플릿이나 팸플릿에 실리는 것과 비슷한 내용을 가제본한 책, 신문, 그리고 마리 앙투아네트와 궁정 귀족, 국민의회 왕당파 지도자들의 우스꽝스러운 캐리커처를 대량으로 만들어 판매한 것이다. 게다가 그 캐리커처 속에는 장 실뱅 바이이(Jean Sylvain Bailly) 파리 시장도 들어 있었다. 시당국은 이런 캐리커처를 규제하고 팸플릿에도 반드시 서명하도록 정해놓았다. 그런 다음 그들은 경찰과 국민위병을 동원해 대규모 정치집회를 억압하는 한편 팔레루아얄의 선전선동에 현혹되지 않도록 일반 시민을 대상으로 설득 작업을 벌였다.

물론 이런 시도가 이렇다 할 효과를 본 것은 아니었다. 이유가 뭘까? 팔레루아얄에 모이는 사람들이 주로 파리 교외의 좁고 답답한 방에서 자고 일어나는 '이방인'이었기 때문이다. 그들은 자신의 집도 없고, 세금도 내지 않았으며, 정치집회에 참가할 수 있는 공민권도 없었다. 루스탈로는 당시 2만 부를 발행한《파리 혁명》에 다음과 같은 글을 실었다.

> 파리에는 주민도 아니고 파리의 자치 공동체인 코뮌(Commune)에도 속하지 않으므로 시민이라고도 할 수 없는 이방인이 4만 명 남짓 살고 있다. 그들은 파리 여러 지구 심의에 동석할 수 없다. 그러나 각 지구에서 여는 집회는 단순히 그 지역만이 아니라 전 프랑스에 관계되는 일을 다루었기 때문에 이방인들 또한 시나브로 그들만의 지구를 형성해갔다. 그것이 바로 팔레루아얄이다.

시당국은 '코뮌의 모든 무장권력을 공공의 안녕을 방해하는 자들로 여겨, 그 죄질에 따라 심리가 이루어질 수 있도록 그들을 체포하고 구금할 것'을 당부하며 모든 권한을 국민위병에게 위탁했고 국민위병은 명령을 즉시 실행에 옮겼다. 순찰대는 팔레루아얄에서 열리는 모든 집회를 해산하기에 이르렀다. 그들이 휘두르는 총검에 쫓겨 뿔뿔이 흩어져버린 사람들은 카페 드 푸아로 도망쳐 들어갔고, 카페의 손님과 총검을 찬 채 들이닥친 국민위병이 충돌해서 유혈참사가 벌어졌다.

카페 오토

다시 겨울이 찾아왔다. 지난해만큼 혹독하진 않았으나 배고픈 고통은 가시지 않았다. 파리에는 20만 명이 넘는 걸식자와 유민으로 넘쳐났다. 10월 6일, 파리 어시장의 여성들이 국왕 일가를 강제로 파리로 데려 왔다('베르사유로 행진하는 여성들(Women's March on Versailles)'). 국왕이 올 것을 예상하지 못한 튀일리궁이 제대로 준비를 마치지 못하는 바람에 국왕은 첫날밤을 초라한 가죽침대에서 자야 했다. 파리 시민들은 그런 국왕을 동정했다. 제대로 준비를 마치지 못한 것은 국왕을 따라 파리로 옮겨온 국민의회도 마찬가지였다. 그런 터라 10월 19일부터 잠정적으로 파리 대주교궁에서 회의를 하다가 겨우 정비를 마친 튀일리궁 정원의 승마연습장(Salle du Manège)으로 옮겼다. 11월 상순 무렵의 상황이다. 그런 이유로 국민의회의 좌익은 반대파로부터 '승마연습장 녀석들'이라는 별칭으로 불리게 되었다.

팔레루아얄을 대신해서 튀일리궁 정원이 사람들이 즐겨 찾는 장소가 되었다. 정원 북쪽에, 가게 입구는 정원 쪽을 향하고 뒷문은 승마연습장 광장 앞으로 통하는 절묘한 위치에 '오토(Hottot)'라는 이름의 카페가 있었다. 이곳에는 의원들과 그 지인, 방청인, 민원인이 출입했다. 그러다가 카페 오토는 점점 의회의 여러 당파가 정치 선전을 위한 정보를 전달하는 장소로 기능이 바뀌기 시작했다.

카페 오토는 한 꺼림칙한 사건과 관련되어 있다. '베르사유로 행진하는 여성들'은 한 명의 여성을 유명하게 만들었다. 검은 깃털을 단 모자를 쓰고 승마복으로 몸을 단단히 감싼 채 갑작스럽게 역사의 무대에 등장한 '혁명의 아마존' 테루아뉴 드 메리쿠르(Theroigne de Mericourt)가 바로 그다. 그는 팔레루아얄에서 자신과 뜻을 같이하는 여성을 모아놓고 연설하곤 했는데, 정열적이고 박력 넘치는 언변으로 갈채를 받았다. 그는 또 정치 살롱을 만들어 아베 지에스(Abbé Sieyès), 앙투안 바르나브(Antoine Barnave), 제롬 페티옹(Jérôme Pétion) 등과 교류했는데, 그중에서도 특히 그에게 심취한 카미유 데물랭과 긴밀히 교류했다. 이를 못마땅하게 여긴 왕당파 사람들은 살롱이 있던 그르노블 주변을 '아마존 지구'라고 부르면서 '비너스가 공공의 법에 대한 가르침을 똥 내지르듯 흘리고 다닌다'라고 조롱했다. 사실 이는 여전히 한계가 뚜렷했던 당대 여성관을 드러내 보여주는 현상의 하나였다. 왜냐하면 매우 급진적이었던 프랑스혁명 또한 여성의 관점에서 본다면 '여성의 인권'을 본격적으로 문제 삼기엔 아직 한참 멀었기 때문이다. 그리스 · 로마의 고전시대 이래로 공적 세계는 남성의 세계이고 여성의 세계는 가정이라는 틀 안에 머물러 있었다. 국민의회의 인식도 로베스피에르(Maximilien Robespierre)의 생각도 그 틀을 넘어서지 못했다. 아니, 어쩌면 로마 원로원을 이상형으로 여긴 로베스피에로였기에 한층 더 여성의 권리 획득을 위한 투쟁을 이해하지 못했을지도 모를 일이다.

테루아뉴는 카페 오토의 테라스에서 로베스피에로에 대한 경의를 철회한다고 선언했다. 1792년 4월 12일의 일이다. 이것이 자코뱅 클럽에 전해졌고, 사람들이 정신없이 비웃는 와중에 그곳에 뛰어든 것은 승마복을 입고 채찍을 손에 든 '혁명의 아마존' 테루아뉴 드 메리쿠르였다. 그가 채찍을 휘두르며 덤벼들었으나 중과부적으로 자코뱅 당원에 의해 홀에서 쫓겨나고 말았다. 이듬해 봄 무렵이 되자 테루아뉴가 동맹을 맺은 지롱드파와 자코뱅파의 대립이 돌이킬 수 없는 지경에 이르렀다. 그리고 5월 15일, 한심하고 어처구니없는 사건이 일어났다. 튀일리궁 테라스를 걷고 있던 테루아뉴가 자코뱅파 사람들에게 붙잡혀서 스커트를 머리 위로 올려 묶인 채 온갖 조롱과 비웃음 속에 그대로 드러난 엉덩이를 두들겨 맞는 사건이 벌어진 것이다. 그 일로 인해 그는 그야말로 미쳐 날뛰었고 남은 생애를 정신병원에서 보내는 신세가 되었다.

카페 솔

'부권적 세계사'는 여성의 고난은 알지도 못한 채 증기기관차처럼 힘차게 달렸다. 그 열차의 동력은 남성적 경쟁원리다. 카페 오토가 번창하는 것을 보고 그대로 내버려 둘 수 없다고 생각하는 사람이 나타났다. 솔(Saule) 아무개라는 작고 통통한 중년남자로, 혁명 전에는 '바다에서 1,000년, 산에서 1,000년' 하는 수법으로 엉터리 약을 팔고 다녔다. 그런데 그는 운명적으로 바스티유 함락 후 정치 선동가가 된다. 머지않아 그는 의회 방청권을 도맡아 관리하는 자리를 맡았는데, 사실 이는 암표장수의 우두머리 격이었다. 비록 개조했다고는 하나 의회가 벌어지는 곳은 원래 승마연습장으로, 방청석이 500~600석에 불과했으나 의제에 따라서 방청 희망자의 수는 서너 배에 달했다. 이것이 방청권 불법 매매를 부추겼다. 불법매매에 맛 들인 솔은 한발 더 나아가 방청인을 상대로 카페를 열어도 좋겠다는 아이디어를 떠올렸다. 이내 그는 궁정 관리인에게 튀일리궁 벽을 따라 승마연습장과 마주한 한구석을 빌려서 카페를 열었다. 방청인은 그의 가게에서 방청권을 손에 넣은 다음 커피를 마시면서 솔이 직접 그날의 주요 안건이나 누가 연단에 서는지, 정치가의 경력 등을 차분히 설명해주는 것을 들었다.

카페 솔이 번창하는 모습을 보고는 카페 오토의 자코뱅도 자주 그곳을 이용했다. 그러나 솔의 행운은 거기까지였다. 곧이어 국민공회 시대가 되자 그는 어찌 된 일인지 방청권을 좌지우지하는 자리에서 쫓겨났기 때문이다. 솔은 순식간에 세일즈 포인트를 잃어버린 꼴이 되었다. 게다가 1793년 5월 10일, 국민공회 회의장이 승마연습장에서 튀일리궁으로 옮겨가자 자코뱅파도 자연스럽게 좀 더 가까운 카페를 찾아 떠나버렸다.

프랑스 커피 역사의 중요한 중심축, 아이티 커피 플랜테이션

자코뱅파의 정치 선동 카페의 흥망성쇠를 살펴보는 것은 프랑스혁명의 흐름을 좇는 일과 다름없다. 그러나 프랑스혁명은 간단히 훑어볼 수 있는 성질의 주제가 아니다. 인간에게는 태어나면서부터 평등하게 주어진 자유의 인권이 있다……. 인간에게는 각자 자신의 행복을 추구할 권리가 있다……. 인권을 큰 소리로 외쳤어야 할 프랑스혁명이었으나 미국독립혁명의 한없이 밝은 이미지와 비교해보면 어딘가 모르게 음산하고 투명하지 않은 느낌이 있다. 굳이 비교하자면, 맑은 레몬티와 카페오레의 차이라고 할까? 프랑스혁명은 보면 볼수록 질척질척한 것이 탁하게만 느껴진다. 그런 터라 우리는 너무 가까이에서 프랑스혁명을 살펴보는 것을 그만두고 좀 더 멀리서 거시적으로 바라보고자 한다. 파리에서 전개되는 사건의 추이를 한 점으로 모아서 비춰주는 렌즈의 초점 같은 지점이 있다. 대서양 저편에 떠오르는 커피 플랜테이션의 섬, 아이티다.

프랑스령 서인도제도는 유럽제국의 식민지 중에서 가장 성공적인 사례였으며, 아이티는 그 신세계의 중심축이었다. 1789년 그곳에 1,587척의 선박이 입항했는데, 실제로 마르세유의 기록을 웃도는 수치였다. 1789년, 아이티는 커피 8,000만 파운드를 프랑스로 실어 보냈다. 파리의 정치 선동 카페의 소요 사태를 은밀히 뒷받침하며 '검은 섬광'을 발하던 커피는 아이티를 비롯한 서인도제도의 '화산성 토양에서 자란' 커피였다.

아이티의 커피 재배는 1734년에 시작되었다. 많은 산악을 품고 있는 아이티는 커피 재배에 적합한 토지를 보유하고 있었다. 커피를 서인도제도에 맨 처음 전한 드 클리외는 화산활동과 비가 자주 내리는 기후로 인해 유럽 시장에 가져갈 상품을 만들어내지 못하던 마르티니크섬의 6,000여 명 원주민에게 '커피 재배'라는 새로운 희망을 심어준 셈이었다. 조금 과장하자면, 그의 성공은 그들을 절멸의 위기에서 구해냈다고 할 수도 있는 일이었다. 그러나 당시에 커피 재배라는, 사람 손이 많이 가는 작업을 감당할 만한 원주민은 존재하지 않았다. 그런 터라 부족한 노동력을 저 멀리 아프리카 서해안에서 바다 건너 보내진 흑인노예로 보충할 수밖에 없었다.

아이티 인구는 55만 명 정도로 추산되었다. 이는 1789년 기준이다. 그로부터 10여 년 후인 1800년 즈음 아이티의 인구 동향은 어떠했을까? 흑인노예 45만 2,000명, 해방노예 2만 8,000명, 백인 4만 명 정도로 파악된다. 이는 그 무렵 라틴아메리카를 방문한 독일 지리학자이며 탐험가인 알렉산더 폰 훔볼트(Alexander von Humboldt)가 구체적으로 밝힌 수치다. 그밖에도 백인과 흑인 사이에서 독자적이고 계급적인 이해를 갖고 있는 물라토(Mulato, 중남미에 사는 여러 종류의 혼혈 가운데 특히 백인과 흑인 제1대 혼혈을 의미한다)가 9만 명, 그리고 소수의 원주민이 있다. 백인도 두 종류로 나뉜다. 대토지 소유주인 유력 백인과 가난한 소작인, 상인, 군인 등의 백인이다. 여기에 더해 유럽 본토, 즉 프랑스에서 건너온 죄수도 있었다. 왜 죄수가 아이티로 건너왔을까? 아이티에 대규모 개발이 시작될 무렵 일손이 크게 부족했기 때문이다. 당시에는 그러고도 모자라 매년 흑인 3만 명이 아프리카대륙에서 배에 실려 아이티로 왔다. 이러한 노예노동력을 기반으로 한 설탕, 커피, 목면, 카카오, 향료 등의 플랜테이션이 프랑스 국부의 가장 큰 원천이 되어주었다.

아이티의 플랜테이션 소유주는 마시악 클럽(Club de l'hôtel de Massiac)을 근거지로 강력한 로비활동을 전개하고 있었다. 그들은 국제 경쟁력을 갖춘 플랜테이션을 소유했기에 본국의 거대 상인이 부럽지 않을 만큼 호화로운 생활을 하고 있었다. 그런 터라 그들은 기존의 생산구조를 바꾸는 일에 전혀 관심을 보이지 않았다. 그러나 흑인과 백인의 사이에서 미묘한 위치를 차지하고 있는 물라토는 약간 달랐다. 그들은 때로는 토지를 소유하기도 하고, 그 나름의 경제적 위치를 차지하고 있기도 했다. 다만 백인과 다른 점이라면 정치권력을 손에 넣지 못하고 있다는 점이었다. 이런 정체성 문제로 인해 그들은 프랑스에서 진행되는 혁명적 사태에 큰 관심을 보였다. 실제로 물라토는 1789년 선거 때 대의

원을 파리로 보내 활발한 정치활동을 펼쳤다.

백인 대토지 소유주는 자신의 특권을 물라토에게 나눠주는 것을 거부했다. 그들은 권력 교체를 인정하지 않았다. 그 탓에 혁명 후에도 아이티에는 삼색기 대신 여전히 부르봉 왕조의 백합꽃 국기가 게양되어 있었다. 한편 물라토 또한 흑인노예 소유주라는 점에서는 차이가 없었다. 그러므로 그들 역시 흑인노예에게 인권과 시민권을 부여하는 일을 단호하게 반대한다는 점에서는 백인 대토지 소유주와 마찬가지였다. 결국 아이티의 상품생산 과정에서 가혹하게 착취당하는 이는 흑인노예뿐이었다. 그러니 흑인노예의 불만이 갈수록 쌓여갈 수밖에 없었다. 그런 흐름에서 프랑스혁명이 발발하기 이전부터 산발적으로 흑인반란이 일어나다가 결국 대규모 흑인폭동이 일어났다. 1791년 8월의 일이다.

커피 플랜테이션 600여 곳, 사탕수수 플랜테이션 200여 곳, 목면 플랜테이션 200여 곳이 모두 불탔다. 플랜테이션이 불탈 때마다 그곳에서 일하던 노예들은 자연스럽게 반란 무리에 합류했다. '폭도'는 점점 더 명확한 규율로 통제되는 군대처럼 조직되어갔다. 그들을 총지휘한 인물은 노예 출신의 투생 루베르튀르(Toussaint Louverture)였는데, 그가 내건 슬로건은 '피부색의 자유'였다.

로비스피에르가 이끄는 국민공회는 흑인노예제 폐지를 결의했다. 1794년의 일이다. 그 결과 프랑스 본토와 식민지의 모든 흑인에게 인권과 시민권이 부여되었다. 아이티의 흑인 대표는 본토 의회를 방문해 우레와 같은 박수를 받으며 인사말을 했다. 그러나 그 일로 모든 것이 해결된 것은 아니었다. 아이티의 앞길에는 여전히 많은 고난이 남아 있었다. 프랑스령 아이티는 하나의 섬을 스페인령 산토도밍고와 나누고 있었다. 그리고 그 옆의 섬은 영국령 자메이카였다. 파리의 노예제 폐지 움직임에 반대하는 대토지 소유주들은 스페인과 영국의 손을 빌려 흑인반란 진압을 시도했다. 루베르튀르가 이끄는 흑인은 이제 스페인과 영국 군대에 맞서 싸워야 했다.

국민공회는 아이티에 세 명의 특사를 군대와 함께 파견해 아이티와 프랑스 사이에 새로운 관계를 형성하고자 했다. '자유, 평등, 박애'의 프랑스에 동조할 수 있는 세력은 흑인뿐이었다. 프랑스는 루베르튀르를 수장으로 흑인공화국 결성을 인정했고 아이티의 독립이 조인되었다. 그러나 프랑스 본국의 혁명 동향은 유동적이고 불안정했다. 1794년 테르미도르(Thermidor, 프랑스혁명의 제11월. 더위의 달. 7월 19일부터 8월 17일) 9일, 자코뱅당이 실각했고 '흑인친구모임' 회장 콩도르세 후작도 자살했다.

아이티에서의 혁명은 계속되었다. 루베르튀르가 선포한 새로운 아이티 헌법은 노예제를 폐지하고 토지 일부를 흑인 소유로 변경했다. 1801년의 일이다. 그러나 1799년 쿠데타를 일으켜 프랑스 제1통령으로서 프랑스를 장악한 나폴레옹(Napoleon Bonaparte,

재위, 1804~1814, 1815)은 이 헌법을 인정하지 않았다. 나폴레옹에게는 야망이 있었다. 그것은 바로 북아메리카대륙의 영토 중 여전히 프랑스 통치하에 있는 루이지애나를 근거지로 하여 강력한 식민지정책을 펼치는 꿈이었다. 이를 위해 서인도제도를 프랑스인 플랜테이션 소유주 밑으로 확보한 뒤 세계정책의 최전선 기지로 삼아야 한다고 나폴레옹은 생각했다. 나폴레옹의 아내 조제핀은 마르티니크 대토지 소유주의 딸이었다. 식민지의 부가 무엇을 의미하는지 나폴레옹은 잘 알고 있었다. 그런 터라 그는 마르티니크와 과달루페에 노예제를 도입해서 아이티를 예전의 플랜테이션 소유주의 관리하에 두도록 조치했다. 나폴레옹의 이러한 조치에 격분한 흑인들이 다시 들고 일어나 격렬히 저항했다. 나폴레옹은 흑인의 저항을 진압하기 위해 군함 54척을 파견했다. 그리고 교섭을 미끼로 루베르튀르를 꾀어낸 뒤 전격적으로 체포했다. 그는 프랑스로 이송되어 그곳에서 죽었다.

아이티의 저항은 더욱더 거세졌다. 결국 나폴레옹 군대는 아이티를 제대로 진압하지 못한 채 귀환했다. 그로부터 머지않은 훗날 동쪽 끝 러시아에서 참패를 맛보게 되는 나폴레옹 군대는 사실상 서쪽 끝인 아이티에서 작으나마 최초의 패배를 맛본 셈이었다. 루베르튀르의 뒤를 이어 흑인 리더 자리를 맡은 장 자크 데살린(Jean-Jacques Dessalines)이 아이티의 독립을 선언했다.

아이티의 독립은 유럽 부르주아지의 멍에에서 벗어난 제3세계

내셔널리즘의 선구적 운동으로 평가받는다. 그러나 이러한 경우의 '내셔널리즘'은 무엇을 의미할까? 서남아프리카나 동아프리카의 서로 다른 곳에서 모인, 종족과 언어를 달리하는 수많은 아프리카인. 게다가 그들 대다수는 이제 막 아이티에 도착한 처지였다. 즉, 언어라는 중요한 교류 수단조차 결여된 이 사람들을 '피부색의 자유'라는 하나의 모토로 끌어모으는 데 중요한 역할을 한 요소가 있었다는 점은 주목할 만하다. 그것은 바로 흑인들의 공통분모인 '부두교(Voodoo, 서인도제의 아이티 흑인들이 믿는 애니미즘적 민간신앙) 숭배'였다. 투생 루베르튀르는 훌륭한 군인이자 뛰어난 리더였으나 '성인(聖人)'을 의미하는 그의 이름 투생(Toussaint)에서 알 수 있듯이 부두 숭배의 사제가 아니었을지 의심스럽다. 부두교는 서남아프리카와 동아프리카에서 시작된 페티시즘(fetishism)적 다신교에 그리스도교가 융합된 수수께끼의 종교다.

우리는 이 장에서 동아프리카를 원산지로 하는 커피의 역사를 거슬러 찾아가보고, 프랑스혁명으로 결실 맺은 카페문화와 그 생산자로 뒷받침한 흑인노예의 역사를 살펴보았다. 여기까지 읽은 독자는 부두를 모시는 아이티 가정의 제단에서 묘한 감정을 느끼게 되지 않을까. 신의 자리에 모신 큐피 인형(큐피트를 본떠 만든 눈이 큰 나체 인형) 같은 주물(Fetish, 나뭇조각, 돌, 동물 따위에 영험이 있다고 믿고 숭배하는 일)에 아침저녁으로 바치는 신주(神酒)는 다름 아닌 '니그로의 땀' 커피였다.

coffee story

5

커피를 원하는 권력,
권력을 원하는 커피

Van

Rameau de caféier

Fruit coupé du caféier

Grain de café

...du caféier

Moulin à café

Bou...

Cafetière

Brûloir

Service à c...

프랑스 황제가 된 나폴레옹은 왜 '커피'에 집착했을까

프랑스혁명 시대에 '이탈리아(Café Italien)'라는 이름의 카페가 있었다. 이는 각 정파의 비밀회의에 이용되던 고급카페였다. 총재정부의 주요 인사인 바라스 자작(Paul François Jean Nicolas, vicomte de Barras)은 이 카페를 즐겨 찾았다. 한때 그는 어느 유능한 젊은 중위를 대대사령관으로 임명했다. 1793년 9월, 그가 공화군 사령관으로 남부 프랑스 반혁명 운동의 거점 툴롱을 포위했을 때의 일이다. 파리로 돌아갔을 때 바라스 자작은 그 사실을 까맣게 잊고 있었을 것이다. 공교롭게도 그가 극심한 정계다툼에 휘말려 경황이 없었기 때문이다.

그런 바라스 자작 앞에 누군가가 써준 소개장을 들고 그 중위가 다시 나타났다. 1795년 8월의 일로, 그의 이름은 보나파르트였다. 그 사이에 보나파르트는 여단장군이 되어 있었다. 그러나 당시 그는 자신의 상관인 이탈리아 주류군 사령관에 대한 음모를 꾸몄다는 이유로 군무에서 해직된 상태였다. 게다가 그는 실각한 로베스피에르의 동생과 반란 계획을 세웠다는 혐의까지 받고 있었다.

보나파르트는 그런 자신의 불운한 신세를 한탄했다. 그러나 그는 신세 한탄만 하고 있지는 않았다. 무엇보다 먼저 그는 자신의 든든한 연줄을 이어가기 위해 바라스 자작을 찾아갔다. 당시 바라스 자작은 프랑스 정계에서 한창 위세를 떨치고 있었다.

한편 총재정부는 마치 힘센 무사가 날선 무기를 휘두르듯 무소불위의 권력을 휘두르고 있었다. 총재정부는 한쪽 날로는 우익 왕당파를 제압하면서 반대편 날로는 좌익 팡테옹협회를 궤멸시킬 방도를 찾고 있었다. 그런 상황에서 바라스 자작은 한때 자신의 수하에 두었던 부하 보나파르트를 부관으로 삼았다. 그러고는 보나파르트와 함께 카페 이탈리아를 수시로 드나들며 비책을 마련하는 일에 골몰했다. 방데미에르(Vendémiaire, 프랑스혁명의 제1월. 포도의 달. 9월 22일부터 10월 22일) 13일에 왕당파가 반란을 일으켰다. 1795년 10월, 파리에서 일어난 사건이다. 폭동 진압을 명받은 보나파르트는 임무를 훌륭히 수행했고, 그 후 '방데미에르 장군'으로 추앙받았다. 폭동 진압의 공을 세운 데 대한 보상인 셈이었다. 자기 선전의 귀재인 보나파르트는 카페 이탈리아를 찾는 시민들 앞에서 종종 연설을 하곤 했다.

폭동 직전, 왕당파에게 위협받던 총재정부는 다른 한편으로 카페 크레티앵에 진 치고 있던 팡테옹협회에 대한 대책을 세우는 일에 골몰하고 있었다. 이는 특사로 감옥에서 풀려난 언론인이며 혁명가인 프랑수아 바뵈프(François Babeuf, 최초의 공산주의자, 급진적 사회주의자에 속하는 바뵈프는 '인권 선언만으로는 굶주림을 달랠 수 없다'라는 신념으로 생활혁명을 꾸준히 전개해야 한다는 강령을 내걸었으며 교육과 취직 기회 균등, 토지 사유 제한, 재산 평등 등을 주장했다. 비밀결사로 무장봉기를 꾀했으나 사전에 발각되어 처형당했다)가 합류한 이후의 상황이다. 나폴레옹 보나파르트 장군은 총재정부의 위임을 받아 팡테옹협회를 무력으로 제압했다. 1796년 2월 26일의 일이다.

이후 나폴레옹 보나파르트는 파리 정치 카페의 숨통을 끊고 부르봉 왕조의 왕관을 탈취하는 방향으로 질주하기 시작했다. 곧이어 그는 동쪽의 맹주 합스부르크가의 신성로마제국을 공격해 사지로 몰아넣었다. 오스트리아 빈에 입성한 나폴레옹은 오스트리아 정부 사절단에 으름장을 놓았다. 이는 1797년에 일어난 일로, 강화조약을 계속 거부하는 사절단의 간담을 서늘하게 하기에 충분했다. 실제로 그는 손에 들고 있던 커피잔을 바닥에 떨어뜨려 산산조각 나는 것을 보면서 '나는 귀하의 나라도 이렇게 만들 수 있소'라고 엄포를 놓았다. 커피를 보면 국가 존망 위기를 떠올리는 나쁜 습성이 몸에 밴 사람들은 부들부들 떨면서 울며 겨자 먹기로 조약에 응했다. 황제가 된 나폴레옹은 곧바로 조각난 커피잔 같은 처지가 된 독일을 빗자루로 쓸어 담듯 공략하며 신성로마제국을 해체해버렸다. 1804년의 일이다. 이후 1806년 베를린에 입성한 나폴레옹은 베를린 칙령을 선포해 대륙을 봉쇄했다. 그해 11월 21일의 일이다.

'대륙봉쇄'의 의미를 정확히 이해하고 넘어가자. 여기서 대륙봉쇄라는 것은 대륙을 봉쇄하는 것이 아니라 대륙으로부터 바다를 봉쇄하는 것이다. 이는 천재적 전략가이자 상식을 깨부수는 나폴레옹다운 발상이다. 강대국 프로이센이 나폴레옹에게 항복한 상황에서 대서양과 지중해에 이어 발트해마저 제압할 수 있다는 계산에서 단행한 해양봉쇄조치였다. 그런데 문제는 해안이 봉쇄되면 커피도 봉쇄된다는 점이다.

대륙봉쇄령을 내리면서 나폴레옹이 커피를 염두에 두지 않았을 리 없다. 어떻게 그걸 확신하냐고? 식용 음료로 군대에 커피를 최초로 도입한 이가 바로 나폴레옹이기 때문이다. 그는 커피를 접한 뒤 영양분이 거의 없는데도 왠지 힘이 나게 하는 커피에 매료되었다. 군대에 대량의 커피를 보급하려면 어떻게 해야 할까? '산업'에 의존하는 수밖에 없다. 널리 알려진 바와 같이 나폴레옹의 사전에 불가능이란 없다. 프랑스 정부는 여러 분야의 발명에 상금을 걸고 산업혁명을 독려했다. 직물기계 개량, 인디고 대체용 색소 개발, 새로운 종류의 설탕 제조 등이 그런 예다. 그러나 커피에 관해 우리가 배워야 할 위대한 전례는 독일 프로이센에서 찾을 수 있다.

프로이센의 프리드리히 대왕이 의사들에게 명령해 '커피에 독성분이 있다'는 거짓 소문을 내게 한 까닭은?

프로이센은 남성적인 국가의 전형이었다. 이 나라에서 '남자다움'은 가장 큰 미덕이자 매력 요소로 받아들여졌다. 프리드리히 대왕(Friedrich II, 재위 1740~1786)은 남자다웠으며 '대왕'이란 칭호에 가장 어울리는 걸출한 인물이다. 그는 여성통치시대에 군계일학처럼 존재감을 뽐낸 남자 중의 남자였다. 오스트리아제국의 걸출한 공동 황제 마리아 테레지아(Maria Theresia, 재위 1745~1765), 프랑스 국왕 루이 15세를 조종하며 권력을 휘두른 퐁파두르 부인(Madame de Pompadour), 러시아의 여제로 '보드카와 늠름한 체격의 병사가 너무 좋다'던 엘리자베타(Elizabeth Petrovna, 재위 1741~1762). 이 세 여성은 각각 복잡한 인연과 사연이 있어 남자들이 제멋대로 하는 것을 보고만 있지 않았다. 당시 프리드리히 대왕은 유럽 3대 황실을 지배하던 세 여성의 원한의 동맹에 의해 고립된 처지였다. 이에 프리드리히 대왕은 대장부답게(관점을 달리하면 자포자기한 느낌도 준다) 중립을 유지하고 있던 작센 공국을 침략하면서 7년 전쟁의 막을 올렸다. 1756년 8월 29일의 일이다. (이후 중립 침범은 프로이센 독일의 장기가 되었다.) 전쟁은 사실상 승자도 패자도 없는 모호한 결말을 낳았다. 그러나 주목할 점은 신흥국 프로이센이 그토록 막강하고 압도적 우위의 적에 맞서 싸워

패하지 않았다는 사실이다. 말하자면 남성우월주의를 신봉하는 마초 대왕은 이제 프로이센이 유럽의 운명을 좌우할 정도의 막강한 힘과 영향력을 가졌다는 사실을 평범한 여자들도 알도록 만든 것이다.

7년간 유럽을 누비며 동분서주하던 프리드리히 대왕. 그를 기다리고 있는 것은 전쟁으로 황폐해진 영토를 재건하고 국가를 부흥시켜야 하는 절체절명의 과제였다. 프로이센은 '군국(軍國)', 즉 군대가 중심을 이루는 나라였다. 군국이란 강력한 군대조직을 유지하기 위해 경제를 수단화하고 도구로 삼는 국가를 말한다. 이런 국가 체제에서는 민생 경제가 어마어마한 압박을 받을 수밖에 없다.

아무튼 전쟁으로 확보한 권리도 자국 영토에 산업을 육성하지 못하면 무용지물이었다. 프리드리히 대왕은 프로이센 동부지역에 기사단의 말을 투입했다. 러시아에 의해 깡그리 타버린 그 지역의 농업을 회복시키기 위한 고육책이었다. 베를린, 브레슬라우, 칼리닌그라드에는 공장제 수공업(manufacture)이 발달했는데, 그중에서도 섬유공업의 발전은 특히 괄목할 만했다. 이후 얼마 지나지 않아 견직물과 모직물은 프로이센의 주요 수출품이 되었다.

프리드리히 대왕의 경제정책은 중상주의다. 그의 정책의 최우선 과제는 수입을 억제하고 수출을 늘리는 것이었다. 그런데 말도 안 되는 수입품이 있었다. 바로 커피다.

프리드리히 대왕은 어딘가 앞뒤가 맞지 않는 것 같은 모순된 면이 많으면서도 거부할 수 없는 매력을 지닌 묘한 남자였다. 우선 그는 계몽된 전제군주의 정체성과 위상을 몸소 구현하며 평생을 전쟁터에서 보냈다. 또 그는 플루트 곡집을 후세에 남기기도 했고, 여자와의 '전쟁'에 질린 남자의 슬픔을 온몸으로 느끼면서 포츠담에 지은 상수시 궁전에서 잘 때는 늘 애견하고만 동침했다. 이런 타입의 남자가 커피를 마시지 않았을 리 없다. 그러고 보면 그가 마시는 커피도 얼마나 모순으로 가득한가. 그는 커피에 샴페인을 넣어 같이 끓인 뒤 마지막에 후춧가루를 뿌려 마셨다. 그래서였을까, 그의 계몽적 이성으로는 왜 위대한 프로이센의 국민이 이런 음료를 마시는지, 그리고 결국 매년 70만 탈러의 막대한 자금이 네덜란드로 빠져나가야 하는지 이해할 수 없었다. 이에 그는 특단의 조치를 취했다. 의사들에게 명해 커피에 독성분이 있다고 소문을 내게 한 것이다. 효과가 있었을까? 아니, 효과는 제로에 가까웠다. 이유가 뭘까? 일반 서민들이 '커피가 무서워서 감자를 먹으랴' 하는 심정으로 그 조치에 강력히 반발했기 때문이다. 프리드리히 대왕은 감자가 독성식물이라는 사실을 알고 있었으나 감자가 지닌 몇 가지 탁월한 장점(척박한 땅에서도 잘 자라 재배하기 쉽고 소출량이 많은 데다 쌀·밀 등의 주식 대체용으로도 손색없다는 점 등)도 간파하고 있었기에 장차 독일의 고질적 식량난을 해결해줄 미래형 주식으로 만들기 위해 감자 재배를 장려했다.

그렇다고 해서 프리드리히 대왕이 감자를 무척 좋아해서 그런 정책을 추진한 것은 아니었다. 여기서 잠깐 언급하고 넘어갈 만한 흥미로운 전쟁 일화가 있어 소개한다. 평생을 전쟁터에서 보낸 프리드리히 대왕이 처음으로 경험한 전쟁은 바이에른의 왕위계승을 놓고 오스트리아와 벌인 전쟁이었다. 한데 묘하게도 전쟁 기간 내내 막상 전투는 자주 벌어지지 않았고, 한가한 시간을 주체하지 못한 병사들은 왕명에 따라 감자 재배에 온 힘을 쏟았다. 자연스럽게 이 전쟁은 '감자전쟁'으로 불렸고, 대왕은 '소화불량전쟁'이라고 불렀다.

사정이야 어찌 됐든 프로이센에서 커피 소비는 철저히 억압되었다. 이러한 기본적 정책의 연장선에서 놀라운 급성장을 이룬 것이 바로 '대용커피산업'이었다. 이에 관해서도 흥미로운 일화가 전해진다. 직업군인이던 폰 하이네(Christian von Heine) 소령 부인은 몇 년 동안 담낭에 생긴 병으로 고생했다. 그녀를 진료한 의사는 치커리를 달여 마셔보라고 권했다. 얼핏 보면 치커리는 생강과 비슷한 식물로, 잎을 샐러드로 먹기도 하는데 쓴맛이 난다. 맛이 쓰면 커피의 대용품이 될 수 있다고 여긴 걸까. 폰 하이네 소령 부인은 치커리 뿌리를 달여 마셔봤다. 한데 아니나 다를까, 커피와 비슷한 맛이 났다. 사실, 여기까지는 특별할 게 없는 이야기다. 귀가 솔깃해지는 이야기는 지금부터다. 폰 하이네 부부가 치커리 달인 물로 특허 신청을 한 것이다. 그 부부는 브라운슈바이크 시당국에 등록상표를 붙여 특허 신청을 하고 치커리 커피를 양산하기 시작했다. 등록 상표도 흥미롭다. 바다 위에 떠 있는 네덜란드 배가 배경으로 그려져 있다. 그리고 가운데에 치커리 씨를 뿌리는 사람이 그려져 있다. 동그란 원의 윗부분 테두리에는 "너희 없이도 건강하고 풍요롭게(Ohne euch gesund und reich)!"라고 쓰여 있다.

잎은 샐러드로, 뿌리는 대용커피로. 이는 '실질건강'을 모토로 내세운 프로이센 국가주의 정신에 합치되는 것이었다. 이후 프로이센 정부는 달리는 말에 채찍질하는 모양새로 맥아, 보리, 호밀, 사탕수수, 무화과, 땅콩, 도토리 등 땅에서 나는 거의 모든 열매를 달여 커피를 생산하기 시작했다. 심지어 땅에서 나는 열매뿐 아니라 바다에서 나는 식재료를 활용하기도 했다. 그 연장선에서 해초로 만든 커피도 등장했다. 이러한 분위기에 발맞추어 건강에 해로운 재료로 커피를 만드는 것을 금지하는 법률도 마련되었다. 이렇듯 화학산업을 자랑하는 독일의 열정은 무시무시할 정도였고, 그 덕분에 '독일커피'라고 하면 오랫동안 '대용커피'의 총칭으로 받아들여졌다.

여기에 덧붙여, 상류층과 마찬가지로 커피를 즐기고 싶었던 서민층은 어떻게 대응했을까? 소량의 커피 재료를 넣고 물을 잔뜩 부어 끓이는 방식, 즉 최대한 묽게 해서 마셨다. 이 묽은 커피를 우아하게 '작은 꽃 커피(Blümchenkaffee)'라고 불렀다. 당시 밑바닥에 작은 꽃 모양을 그려 넣은 마이센 공방의 커피잔이 유행했고, 커피가 너무 묽어서 커피잔 밑바닥의 꽃 모양이 그대로 보였기 때문에 붙여진 이름이다.

한편 나폴레옹은 갑자기 커피 유통을 전면 금지하겠다고 선포했다. 그러자 이내 서인도제도에서도 자바에서도 커피가 들어오지 않았다. 커피의 주요 유통로인 바다가 봉쇄되었기 때문이다. 나폴레옹은 왜 느닷없이 커피 수입을 전면 금지했을까? 자신이 내린 대륙 봉쇄령이 제대로 효력을 발휘하고 있는지 확인해볼 필요가 있었는데, 커피가 최적의 척도라고 여겼기 때문이다.

> 보나파르트는 영국 물가표를 끊임없이 면밀히 조사했다. 그리고 영국에서 커피가 금값에 거래된다는 걸 확인하고는 대륙봉쇄령 효과에 만족했다.
>
> — 마르크스의 「경제학 비판」에 인용된 제임스 디컨 흄의 곡물법에 관한 편지 중에서

다만 그런 상황에서도 터키와 이집트, 시리아를 경유하는 아라비아 모카만은 과거의 영화를 여전히 누리고 있었다. 지중해 남동부에는 나폴레옹의 금지령도 효력을 발휘하지 못한 것이다. 그러나 독일은 달랐다. 구체적으로 함부르크에 거의 전적으로

나폴레옹은 왜 느닷없이 커피 수입을 전면 금지했을까?
자신이 내린 대륙봉쇄령이 제대로 효력을 발휘하고 있는지
확인해볼 필요가 있었는데, 커피가 최적의 척도라고 여겼기 때문이다.

나폴레옹 보나파르트(Napoleon Bonaparte, 1769~1821)

의존하는 독일커피는 완전히 봉쇄되었다. 독일 계몽주의의 본거지라 할 수 있는 함부르크 시민들은 자존심에 상처를 입었다. 어떻게든 타개책을 마련해야 했다. 상인들은 밀수 방법을 강구하는 일에 모든 지혜를 모았다. 이와 관련한 일화를 예로 들어보자. 덴마크에서 함부르크로 들어오는 열차에는 큰 관이 실려 있었다. 그 관 속에 든 것은 독자 여러분도 짐작하듯 '커피'였다. 함부르크역에서 검사관이 다가오면 관을 옮기던 사람 중 하나가 큰 소리로 "페스트다!" 하고 외치면서 쏜살같이 달아난다. 겁에 질린 검사관은 허둥지둥 오던 길로 되돌아 달아나고, 커피는 무사히 목적지로 들어온다. 계몽적 이성이 신화적 공포를 조작하는, 기발하고도 효력이 뛰어난 밀수 방법이다.

이따금 밀수된 커피가 시장에 등장하긴 했으나 프리드리히 대왕 시절과 마찬가지로 서민은 엄두도 낼 수 없는 비싼 값이었다. 다시 한 번 서민의 손에 남은 것은 "너희 없이도 건강하고 풍요롭게!"라는, 마치 패배를 인정하지 못하고 억지 부리는 화신이 국가순결주의의 옷을 곱게 차려입은 듯한 '독일커피'였다. 무엇이든 어떠하랴. 한 가지 커피를 계속해서 마실 수 없게 된 이상 독일에서 커피 대용품 발명과 개발은 쉴 새 없이 계속되었다. 뚱딴지, 달리아 알뿌리, 민들레 뿌리, 우엉, 국화씨, 아몬드, 완두콩, 호두, 살갈퀴 열매, 무화과, 칠엽수 열매, 아스파라거스 씨와 줄기, 풀고사리, 방울보리사초 뿌리, 사료용 순무, 노간주나무 열매, 갈대 뿌리, 렌즈콩, 야생자두, 마가목 열매……. 이게 다가 아니다. 오디, 매자, 산사나무 열매, 호랑가시나무 열매 등 불에 구워봐서 약간이라도 갈색의 눌은 빛이 나타나면 무엇이든 상관없었다. 이는 어찌 보면 자포자기 상태에 가까웠다. 호박씨, 해바라기씨, 오이 등등. 이 또한 전부가 아니다. 이 정도면 커피 대체원료의 사례로 충분하겠지만, 정말 독일다운 것을 하나만 더 추가하자. 그것은 바로 '홉'이다. 놀랍게도 독일인은 맥주 원료인 홉까지 활용해 커피를 만들었다. 이쯤 되면 대지의 양식을, 아니 그보다는 대지 그 자체를 커피로 불러도 지나치지 않다고 봐야 할 정도다. 독일어로는 이런 대용커피를 '무케푸크(Muckefuck)'라고 하는데, '완전히 썩어버린 갈색 대지'라는 어원적 의미를 갖고 있다.

여하튼 이 모든 것이 나폴레옹이 내린 대륙봉쇄의 결과였다. 독일 낭만주의 작가이자 음악가, 법률가였던 호프만(E. T. A. Hoffmann)은 1809년을 시대 배경으로 한 단편 「기사 글루크(Ritter Gluck)」의 첫머리에 다음과 같은 문장을 넣어 이 시대의 향취를 짙게 자아냈다.

> 사탕무로 만든 커피향기가 자욱하게 퍼졌다.

호프만은 이 방면에서 누구나 인정할 만큼 예민한 감각의 소유자였던 것으로 보인다. 그의 작품 「황금단지(Der Goldne Topf)」

(1814)에는 커피포트와 사탕무 유령이 등장한다. 그런데 당대 진정한 '유령'이라고 할 만한 나폴레옹은 오랜 세월 부부의 연을 맺어온 조제핀과 이혼한다. 어쩌면 대륙봉쇄령으로 파리의 카페와 유럽의 커피문화에 큰 재앙을 초래한 나폴레옹은 조제핀과 생리적으로 궁합이 맞지 않았던 게 아닌가 싶다. 마르티니크 출신인 조제핀은 아라비아의 씨를 금세 받아들인 마르티니크의 대지와는 달리 15년간의 결혼생활을 하면서도 나폴레옹의 씨를 자신의 자궁에 전혀 남기지 못했기 때문이다.

프로이센 시대 독일인이 반나폴레옹 해방전쟁에 나선 이유는 '진짜 커피'에 대한 강렬한 욕망 때문이었다?

아무리 인내심이 강한 독일인이라 해도 더는 참지 못하고 떨쳐 일어설 때가 있다. 반나폴레옹 해방전쟁이 그런 대표적 사례다. 이제 나폴레옹이 씌운 굴욕의 멍에에서 벗어나야 했다. 온 나라 국민이 각성한 프로이센과 오스트리아, 러시아, 스웨덴 연합군이 라이프치히전투(1813)에서 나폴레옹 군대를 무찔렀다. 아마도 그 과정에 복잡다단한 정치적 요인, 경제 사정, 이데올로기적 입장 등이 작용했을 것으로 보인다. 이 문제에 관해 놀랍도록 간결하고도 뛰어난 통찰력을 보여주는 카를 마르크스(Karl Marx)

의 말을 살펴보고 넘어가자.

> 나폴레옹의 대륙봉쇄령에 의해 발생한 설탕과 커피의 결핍은 독일인을 반나폴레옹 봉기로 내몰았다. 빛나는 해방전쟁의 토대는 이렇게 마련되었으며, 설탕과 커피는 세계사적 관점에서 19세기의 의의를 과시했다.
>
> — K. 마르크스, 『독일 이데올로기(Die deutsche Ideologie)』(1845~1846)

이는 허투루 쓴 글이 아니다. 세계혁명의 이념을 세우고 논리를 제공하기 위한 공부를 게을리하지 않았던 마르크스는 시시껄렁한 농담을 즐겨 하는 인물이 아니었다. 우리는 마르크스의 주장을 사적 변증법적으로 파악해야 한다. 그런 관점으로 해석하면, 독일은 커피와 설탕의 결핍으로 인한 괴로움에서 벗어나기 위해 나폴레옹에게서 해방되기를 바랐고, 그 바람을 성취했을 때 독일은 다시금 지극히 독일적인 커피와 설탕에 꼼짝없이 사로잡히고 만 셈이다.

독일 낭만주의 국가론을 대표하는 인물로 철학자 아담 뮐러(Adam Müller von Nitterdorf)가 있다. 1806년, 그는 드레스덴에서 반나폴레옹 순회강연을 개최했다. 이 자리에서 그는 프랑스혁명의 이념에 반대하면서 독일이 갖춰야 할 신분적, 유기적 국가론을 주창해 많은 사람의 공감을 불러일으켰다. 그는 사람들의 마음을 끌어당기는 요령을 터득하고 있었다. 그는 독일인의 관점으로 볼 때 프랑스혁명의 이념이 약속하는 국가는 '대용품(Surrogat)'이라고 주장했다. 독일인은 온갖 대용품, 예컨대 '커피대용품', '홍차대용품', '설탕대용품'에 질려 있었다. 그런데 심지어 자신이 사랑하는 조국까지 대용품이 된다는 논리에 발끈했다. 그들은 혼란스러운 국제 정세 속에서 뭐가 어떻게 돌아가는지 잘 모르겠지만 '진짜 독일'에 마음이 끌렸던 것이다. 실제로 뮐러의 국가론은 이후 독일이 유럽의 민주주의 전통에서 멀어지는 데 큰 역할을 했다. 참고로, 독일인의 '진짜 지향론'은 국가 이데올로기와 결합되어 뼛속까지 스며들어 있다고 할 수 있다. 흥미롭게도 오늘날의 프랑스인은 커피에 여러 가지 대용품을 섞어서 마시는데 거부감이 덜했으나 독일인은 '진짜' 커피에 이상하리만치 강한 집착을 보였다고 한다. 이는 유럽연합(EU)이 실시한 여론조사 결과다. 왜 이런 결과가 나왔을까? 과거 비참했던 시절의 트라우마가 지금까지 남아 있기 때문이 아닐까.

나폴레옹을 물리친 독일은 프로이센을 주축으로 자연스럽고 유기적이고 본능적인 진정성이 넘치는 '진짜' 국가를 형성해간다. 그런데 '커피와 설탕의 세계사적 의의'를 명징하게 드러낸 해방전쟁도 사실은 커피를 사랑하는 유럽인에게 반드시 좋은 결과만 가져다준 것은 아니었다. 또한 마르크스의 옳고 그름에 관한 판단이 전부라고 여겨서도 안 된다. 자칫 교조주의로 흐를 위험성이 있기 때문이다. 그보다는 대륙봉쇄를 무력화시키고 나폴레옹을 권좌에서 끌어내린 주인공 중 하나가 러시아라는 사실을 톨스토이(Lev Nikolayevich Tolstoy)의 『전쟁과 평화(War and Peace)』(1869)를 읽은 독자라면 알고 있을 것이다. 그렇다고 해서 나폴레옹의 실각이 유럽의 커피를 둘러싼 독특한 국제 정세에 바람직한 결과를 초래한 것만도 아니었다. 러시아의 승리가 무엇을 의미하는지는 『전쟁과 평화』의 에필로그를 읽으면 명료하게 알 수 있다. 나폴레옹 군대와의 전쟁에서 승리한 피에르, 나타샤, 소냐가 겪게 될 '데카브리스트(Dekabrist)의 난'(1825년 12월, 페테르부르크에서 농노제 폐지와 입헌정치의 실현을 요구하며 러시아 청년장교들이 무력 봉기해 일으킨 반란. 봉기는 비록 실패로 끝났으나 그 정신은 러시아의 참혹한 현실에 불만을 품은 다음 세대에 큰 영향을 끼쳤다)을 짐작케 하는 대화를 나누면서, 잠시나마 평온 속에서 만끽했던 것은 다름 아닌 홍차였다. 그들은 얼마나 자신감이 넘쳤던가. 붉은색 홍차는 러시아의 승리, 즉 '붉은 차 국가주의'의 남하를 의미했다. 싫든 좋은 어쩔 수 없다. 피점령국 사람들의 정서는 점령군의 문화에 동화되기 마련이고 아첨하기 쉬운 법이다. 황제 알렉산더의 러시아군이 주둔하게 된 파리에는 홍차 붐이 일었고, 많은 카페가 러시아어로 '빨리'라는 의미의 '비스트로(Bistro)'로 간판을 바꿨다. 이는 카페에 출입하는 러시아 군인에게 홍차를 '빨리' 내놓는다는 데서 유래한 이름이다.

군국주의 메커니즘을 통해 시민권을 얻은 베를린의 콘디토라이

'설탕과 커피의 세계사적 의의'라는 마르크스의 말을 어떻게 이해해야 할까? 중요한 몇 가지 사항과 관련 지어 생각해보아야 한다. 그 하나가 프로이센의 수도에 생겨난 별난 카페와 설탕의 관계다. 즉, 베를린의 카페는 콘디토라이(Konditorei, 제과점) 스타일인데, 무슨 이유로 프로이센 군국주의가 한창이던 베를린에 케이크를 먹기 위한 콘디토라이가 정착했는지 그 수수께끼를 풀어야 한다.

이슬람 수피즘의 커피는 본래 쓴맛을 지니고 있었다. 여기에 맨 처음 설탕을 넣은 이는 터키인이었다. 이후 유럽의 달콤한 커피와 케이크 문화에 결정적으로 영향을 끼친 이는 베네치아인이었다. 예로부터 베네치아는 유럽 설탕 무역의 중심지로 이집트, 키프로스, 시리아 등지에서 들어오는 설탕의 관문이었다. 이곳에 설탕과자점이 생긴 시점은 무려 1150년 즈음이었다. 그리고 다른 곳도 아닌 바로 베네치아 산마르코성당 앞 광장 한쪽에 유럽 최초의 커피하우스가 문을 열었다고 전해진다. 1640년대의 일이다.

이후 유럽 커피는 설탕, 케이크와 떼려야 뗄 수 없는, 운명과도 같은 관계가 되었다. 독일에서도 사정은 마찬가지였다. 독일인만의 커피문화를 알고 싶으면 바흐(Johann Sebastian Bach)의 〈커피 칸타타(Coffee Cantata)〉(1732~1735)를 한 번 듣는 것만으로도 충분하다. 딸 역할을 맡은 가수는 쩌렁쩌렁 울리는 목소리로 '커피는 천 번의 키스보다 달콤하다'고 지겹게 반복한다. 독일인이 마시는 커피는 설탕이 듬뿍 들어가서 몹시 달았는데, 그래서인지 〈커피 칸타타〉에서 커피를 예찬하는 부분은 전적으로 소프라노가 담당했다. 그에 반해 영국에서는 '흙탕물을 들이킨 개구리' 같은 느낌의 테너 파트 남성이 담당했다.

18세기, 늙어가면서 점점 더 요염해지는 '아드리아해의 여왕' 베네치아의 산마르코성당 앞 광장 주변에 많은 커피하우스가 들어서기 시작했다(예를 들어 1720년에 문을 연 이후 오늘날까지도 여전히 영업하는 카페 플로리안(Caffè Florian)을 위시한 커피하우스가 당시 세워졌다). 이들 커피하우스는 설탕을 넉넉히 사용하면서 번성했다. 베네치아의 설탕과자점과 카페는 당시의 인기산업이었다. 그 번창하는 모습에 이끌려 부나비처럼 몰려드는 사람들이 있었다. 그런 이들 중에는 여행을 즐기는 문화인뿐만 아니라 자신이 사는 곳에는 딱히 이렇다 할 산업이 없어서 이국땅에서 새로운 생활환경을 찾으려는 사람들도 있었다.

베네치아와 그 배후의 독일 사이에 거대한 칸막이처럼 치솟은 것이 유럽의 지붕 알프스다. 오늘날 스위스는 세계 굴지의 관광지가 되어 고급호텔이 즐비하다. 그러나 유럽인이 산악의 아름다움을 깨닫고, 더 나아가 스위스로 가는 도로나 철도망을 완비한 것은 19세기 후반의 일이다. 나폴레옹 군대가 알프스를 넘어 오스트리아군을 격파할 당시의 도로 사정은 기원전 218년 포에니 전쟁 당시 한니발(Hannibal) 군대가 지나간 길과 크게 다르지 않았다. 스위스 산악지대에서 과밀 인구문제로 고생하던 사람들은 정든 고향을 등진 채 유럽 각국의 용병이 되어 입에 풀칠을 하든가, 유럽 각지로 돈을 벌기 위해 떠나는 수밖에 없었다. 스위스 산악지대인 엥가딘 사람들이 특별히 주목한 곳은 그들의 고향에서 남쪽으로 내려다보이는 베네치아였다.

이른바 '외국인 노동자'에게는 일단 성공 기미가 엿보이면 일가친척을 모두 불러 모으는 것이 상식이다. 그 결과 그들은 17~18세기 베네치아에서 설탕과자와 카페테리아 관련 상업부문에서 거의 독점적 지위를 확립했다. 실제로 그들이 1693년부터 1701년까지 납입한 주류세만 해도 28만 6,491리라였다는 기록이 남아 있을 정도다.

그러나 그들의 영광은 오래가지 않았다. 좀 더 구체적으로 그들의 사업은 1766년까지 그 땅에서 번영을 누렸으며 행운은 딱 거기까지였다. 왜냐하면 그해에 베네치아 당국과 마찰을 빚은 엥가딘 출신 과자업자와 카페테리아 업주 958명이 도시공화국에서 추방당했기 때문이다. 엥가딘 사람들은 새로운 터전을 찾아 영업을 재개해야 했다. 유럽의 지붕 위에서 가만히 내려다보고 있으면, 베네치아와는 정반대 북쪽 구석에 무한한 잠재력을 지닌 도시가 눈에 들어온다. 그곳은 바로 독일의 신흥도시 베를린이었다. '아드리아해의 여왕'에게 작별을 고한 그들은 이번에는 남성적인 도시 베를린으로 몰려들기 시작했고 탁월한 노하우와 수완을 발휘해 순식간에 독점을 형성했다. 이는 19세기에 들어서면서 전개된 상황이다.

이런 거대한 흐름의 연장선에서 베를린 번화가에서 19세기 전체를 관통하는 베를린 스타일의 콘디토라이 카페를 구축한 것은 스위스 산악지대의 엥가딘 출신 사람들이었다. 이곳에 처음 와서 케이크 가게를 연 것은 설탕과자상 요스티(Café Josty)다. 1796년의 일이다. 그러나 이후 베를린 스타일의 케이크 가게 겸 커피하우스를 정착시킨 주인공은 조바놀리(Giovanoli)다. 그는 1818년에 첫 번째 케이크하우스를 베를린에 열었다. 그 후 카페 슈텔리(Café Stehely), 스파르냐파니(Spargnapani), 스토파니(Stoppani) 등이 뒤를 이으면서 베를린 스타일을 완성한 것이다.

다음의 인용문은 스위스인의 '베를린 성공신화'에 관한 1846년 기록이다.

> 이들 자유로운 영혼의 스위스인은 몇 세기나 앞서서 그들의 산과 호수, 계곡에서 멀리 떠나 각지에서 신변경호 역할을 담당하고 북부 독일인에게 케이크와 커피를 제공했다. 스위스인의 더없이 큰

권력은 북부 독일의 모든 과자제조업에 널리 퍼져 있다. 이로써 스위스인이 만든 과자제품은 스위스인의 충성심만큼이나 유명해졌다. 사실 알프스 세계를 여행한 경험이 있는 사람이라면 스위스가 얼마나 멋진 아이스크림과 탁월한 셔벗의 공급지인지 인정할 수밖에 없을 것이다. 그들의 청결한 상품관리, 각국 생활조건에 적응하는 능력은 정말 탁월하다. 그들의 거드름 피우지 않는 예의바른 모습과 늘 변함없이 기분 좋게 맞이해주는 모습이 베를린 사람들의 기질에 잘 맞았음에 틀림없다.

이 글에는 스위스인이 프로이센의 수도 베를린에서 케이크를 판매하는 커피하우스를 성공적으로 정착시킬 수 있었던 비결이 담겨 있다. 그러고 보면 남성적인 도시 베를린에서, 그것도 특별히 여성 타깃을 공략한 것도 아닌데 그토록 성공적이었다는 사실이 신기하기는 하다. 스위스인은 시장에 본격 진출하기 전 상대국가의 사정을 면밀히 파악했다. 일테면 이런 식이다. '이 나라는 나폴레옹 해방전쟁(1803~1805)을 거치면서 자신감이 넘치고 있다. 그리고 그 핵심은 프로이센 군인이 쥐고 있다…….' 치밀한 분석과 시장조사를 마친 엥가딘 사람들은 프로이센 군인을 타깃으로 삼았다. 요스티는 가게 안에 군복을 잘 차려입은 역대 프로이센 왕의 초상화를 걸어놓고, 비록 케이크 한 조각을 먹더라도 프로이센의 군국정신을 느낄 수 있도록 연출했다. 그리고 그는 해방전쟁 당시 사용하던 대포도 전시했다. 가게는 일요일이면 수많은 시민으로 붐볐다. 베를린 시민은 번화가 운터덴린덴에 모여들어 웅장한 군대 퍼레이드를 보며 흥분했다. 그들은 취악단이 연달아 연주하는 요란한 음향에 취한 피로와 공복감을 설탕을 듬뿍 넣은 커피와 케이크로 달랬다. 이들 프로이센의 사내들이 요스티의 가게에서 기분이 상할 이유는 조금도 없었다. 무엇보다 엥가딘 사람은 충성심 강한 호위병으로 단련된 시민이었다. 물론 그들은 프랑스에서 튀일리궁의 주인이 된 루이 16세를 경호하면서 '혁명의 아마존' 테루아뉴 드 메리쿠르가 이끄는 파리 시민과 충돌을 빚은 것도 사실이다. 그러나 어쨌든 그들은 오늘날 바티칸시국의 명물이 된 경비병처럼 서비스 산업에 안성맞춤인 사람들이었다.

그런데 베를린에서 성공한 엥가딘 사람들은 베를린에 뼈를 묻을 마음은 전혀 없었던 것으로 보인다. 그들은 인생의 전성기가 지나자 당당히 성공한 모습으로 금의환향해 호사스러운 무덤을 만들고 영면을 준비했다. 그들이 세운 것은 묘지만이 아니었다. 그들은 생모리츠나 다보스 등지에 호사스러운 호텔을 세웠다. 이들 호텔군은 19세기 후반부터 본격적으로 시작된 유럽 철도망 정비 확장과 더불어 피서지, 결핵요양원 그리고 스키의 메카로서 곧 찾아올 스위스 관광산업을 미리 준비한 것이다.

베를린 특유의 콘디토라이 카페는 왕정복고 흐름과 맞물리며 영향력을 확보했고 군국주의 메커니즘을 통해 시민권을 획득했다. 군국주의 메커니즘을 통해 이러한 카페가 시민권을 획득했다는 말이 무슨 의미일까? 런던이나 파리 같은 시민적 공공성의 장으로 전개될 가능성이 베를린에서는 처음부터 차단되었다는 뜻이다. 물론 20세기가 되면 이곳에서도 카페 문인이 배출되기 시작한다. 순수 베를린 타입의 문인을 한 명만 예를 든다면 쿠르트 투홀스키(Kurt Tucholsky)일 것이다. 그는 케이크를 너무 많이 먹어 비만으로 고민하는 타입이었다.

'커피는 포르투갈 말을 한다'라는 말의 의미는?

나폴레옹의 출현과 대륙봉쇄는 커피문명에 지대한 영향을 끼쳤으며 세계사적으로 큰 의미를 갖는다. 그에 비하면 독일과 베를린에서 커피와 관련해 일어난 일은 국지적 혹은 지역적 이슈에 지나지 않았다.

"커피는 포르투갈 말을 한다"라는 관용구가 있다. 이 문구대로 우리는 커피가 포르투갈어로 말하는 현장의 소리에 귀를 기울일 필요가 있다.

나폴레옹의 대륙봉쇄 정책을 빼고 브라질이라는 독립국가의 존재를 생각할 수 없다. 나폴레옹은 포르투갈 정부에 포르투갈의 모든 항구를 영국이 사용하지 못하게 할 것을 요구했다. 왜 그랬을까? 대륙봉쇄령이 제대로 효력을 발휘하게 하는 데 포르투갈의 역할이 중요하다고 판단했기 때문이다. 베를린 칙령(1806년 10월)이 선포된 이듬해인 1807년 7월의 일이다. 그리고 그 해 11월 그 조치에 따르지 않는 포르투갈에 분노한 나폴레옹은 쥐노(Jean-Andoche Junot) 장군이 이끄는 군대를 보내 리스본을 점령했다. 한편 포르투갈 왕실은 영국 해군의 보호를 받으며 바다 건너 식민지 브라질에서 새로운 왕실 소유지를 찾아냈다. 그런 과정을 거치며 1808년부터 14년간 리우데자네이루가 주앙 6세(João VI, 재위 1816~1826) 치하에서 포르투갈의 수도가 된 것이다.

나폴레옹이 떠난 뒤 포르투갈 본국은 브라질을 다시금 식민지로 되돌리려 했으나 그 사이에 발 빠르게 지배권력을 손에 넣은 브라질의 대토지 소유주와 자본가가 격렬히 저항했다. 돔 페드루 왕자는 브라질 독립을 선언하고 왕위에 올라 페드루 1세(Pedro I, 재위 1822~1831)가 되었다. 1822년의 일이다. 그는 1821년 주앙 6세가 포르투갈로 돌아올 때 브라질에 섭정으로 남겨둔 아들이다. 결과적으로 유럽 여러 나라의 커피문화를 지속해서 압박하던 나폴레옹이 대서양 저편, 유럽에 필적하는 광대한 면적을 가진 미개의 대지에 인류가 마침내 커피와 운명을 같이하는 국가를 탄생시킨 셈이다.

대륙봉쇄는 '19세기 설탕과 커피의 세계사적 의의'에 결정적 변화를 초래했다. 대륙봉쇄는 그때까지 해외 수입에 의존하던 제품을 유럽 안에서 자급자족하려는 노력으로 이어질 수밖에 없었다. 대용커피 개발을 둘러싼 광적인 노력에 대해서는 앞에서 살펴본 그대로다. 그 과정에 비록 진짜 커피를 능가하는 대용커피를 만들지는 못했으나 한편으로는 유럽 각국이 해외수입에 의존해온 설탕을 자급자족하는 획기적인 길을 개척하기도 했다.

인류가 사탕수수의 상업적 가치를 알아보고 재배하기 시작한 때는 언제일까? 정확히 알 수는 없다. 다만 우리는 역사 기록을 통해 마케도니아의 알렉산드로스 대왕(Alexandros III, 재위 336~323 BC)이 인도 원정에 나섰을 때 단맛이 나는 사탕수수를 발견한 사실을 알 수 있다. 그의 군대가 인더스강 골짜기에 다다랐을 때 그곳에 자라고 있던 갈대가 단맛을 낸다는 사실을 우연히 발견한 것이다. 그 후 인도의 사탕수수에서 추출한 설탕은 유럽과 아라비아, 페르시아, 중국 등지로 수출되었다. 그 사탕수수가 신항로 개척시대에 서인도제도로 옮겨져 저렴한 비용으로 대량생산되기 시작한 것은 커피의 역사와 맥락을 같이한다.

그 설탕, 즉 감자당(甘蔗糖, 사탕수수로 만든 설탕) 역시 대륙봉쇄 때문에 공급이 끊겼다. 프로이센은 아시아와 서인도제도 어느 곳에도 식민지가 없었던 터라 사탕수수를 대신하는 대용설탕을 개발하는 데 주력할 수밖에 없었다. 그 연장선에서 독일 화학자 마르크그라프(Andreas Sigismund Marggraf)는 사탕무 뿌리에 설탕 성분이

들어 있다는 사실을 발견했다. 1747년의 일이다. 그리고 1801년에는 슐레지엔의 아샤르(Franz Karl Achard)가 사탕무에서 설탕을 제조해내는 데 성공했다.

공교롭게도 나폴레옹에 의해 대륙봉쇄가 단행된 것은 바로 그 무렵이었다. 설탕 부족은 감자당 산업 발달을 촉진했다. 이로써 아무도 감자당을 대용설탕이라고 말하지 않으면서도 유럽은 설탕 자급자족을 실현하는 묘한 상황이 되었다. 그로 인해 직접적 타격을 받은 측은 그때까지 설탕을 주요 수출품으로 삼아온 나라들이었다. 그중에서도 브라질은 당시 세계 최대 설탕 수출국으로 대륙봉쇄의 영향을 가장 크게 받은 나라였다.

브라질에 맨 처음 커피가 들어온 때는 언제일까? 전문가들에 따르면, 1727년이라고 한다. 드 클리외가 커피를 마르티니크로 가져간 지 4년 후의 일이다. 그러나 이 나라에서 커피 재배가 급속도로 진행된 것은 아니다. 브라질은 포르투갈인에 의해 유럽인에게 발견되었다. 1500년경의 일이다. 그 후 브라질은 오로지 유럽시장을 위한 상품을 만드는 전형적인 모노컬처 경제(monoculture, 한 나라의 경제가 몇 개의 1차 상품의 생산에 특화되어 있는 단작 경제를 말한다) 구조를 띠기 시작했다. 브라질 차나무를 시작으로 설탕, 금, 다이아몬드 따위의 유럽인이 귀하게 여기는 상품을 수출하고 유럽 각국의 공업제품을 수입했다. 당연하게도 이런 수출입 구조는 브라질에서 수공업이 발전할 수 있는 토대를 무너뜨리고 가능성을 제거해버렸다. 그리고 나폴레옹의 대륙봉쇄로 설탕 무역시장에 짙게 먹구름이 낀 상황에서 새롭게 수출 상품으로 떠오른 것이 바로 커피였다. 브라질은 북반구의 유럽이 절대로 자급자족할 수 없는 상품, 즉 커피로 주력상품을 바꾸기 시작했다.

브라질산 커피 7만 5,000파운드가 처음으로 유럽시장에 모습을 드러냈다. 1818년의 일이다. 사실 이는 특별히 많은 양은 아니었다. 왜냐하면 그해 유럽 전체 커피 소비량 1,500만 파운드의 0.5퍼센트에 지나지 않았기 때문이다. 그러나 머지않아 유럽인의 눈을 브라질 커피로 돌리게 만드는 사건이 일어났다. 그것은 바로 스페인과 프랑스 간 전쟁 가능성에 관한 소식이었다. 만일 실제로 그런 일이 벌어진다면 서인도제도의 커피 생산과 무역이 치명적 타격을 입는 것은 불을 보듯 훤한 일이었다.

이런 상황에서 유럽과 세계의 눈은 브라질 산투스에 집중되었다. 모두가 주시하는 가운데, 브라질은 드디어 전 세계 커피 공급과 순환을 담당하는 중심축으로 떠올랐고, 힘찬 박동을 시작했다.

coffee
story
6

19세기 후반,
식민지정책을 통한 동아프리카
커피 플랜테이션에
광적으로 몰입한 독일

19세기 후반, 독일이 뒤늦게 제국주의적 식민지 경쟁에 뛰어든 이유는 피임기구 개발이 늦어져 인구가 폭발적으로 증가했기 때문이다?

커피와 함께하는 숨가쁜 여행도 이제 거의 막바지에 다다른 것 같다. '커피 세계사'에서 절대로 빼놓아선 안 될 나라가 남았다. 바로 독일이다. 영국과 프랑스는 꽤 자세히 살펴보면서, 독일에 대해서는 커피 한잔 홀짝거릴 여유도 없이 끝내버린다는 것은 공평하지 못한 일이다. 영국·프랑스만큼은 아닐지라도 독일 역시 우리에게 커피 세계사에 관한 충분한 볼거리와 즐거움을 선사한다.

나는 유럽 근대시민사회를 '커피를 마시면서 자유·평등·박애를 노래한 사회'로 정의하고 싶다. 그러나 '양'이 있으면 반드시 '음'이 있고 빛이 있으면 어둠이 공존하듯 자유·평등·박애 이념과 함께 시민사회의 돌연변이인 파시즘이 탄생했다. 그 전형적인 예가 바로 독일이다.

영국·프랑스와 달리 애초 식민지와 거리가 멀던 독일은 나미비아 앙그라항에 최초의 아프리카 식민지를 얻었다. 1883년의 일이다. 그 후 얼마 지나지 않아 베를린에서 '독일식민지협회'가 발족했는데, 이는 1884년 3월 28일의 일이다. 협회를 조직한 이는 국수주의적 성향의 심리치료사 카를 페터스(Carl Peters)라는 인물이었다. 그는 영국에 머무는 동안 큰 깨달음을 얻었고, 그 깨달음을 실천하기 위해 협회를 창설했다고 주장했다. 그는 무엇을 깨달았을까? 그는 식민지가 부르주아만을 위한 것이 아니라 인생의 모험가나 본토에서 몰락한 사람에게 새로운 희망을 주는 곳이 될 수 있음을 깨달았다고 했다. 그런 맥락에서 자신의 조국 독일도 영국·프랑스와 마찬가지로 식민지를 획득해야 한다는 신념에서 한 일이라는 것이다.

'독일 최초의 농업 식민지 건설과 이주자를 식민지로 향하게' 하기 위해 자금을 조달하는 방법은 간단했다. 즉, 보수적인 귀족이나 사관 외에 중산층 시민회원에게 1인당 50~5,000마르크를 갹출해서 향후 새롭게 획득하게 될 식민지의 소유권을 사게 하는 것이었다. 페터스는 동아프리카 부족의 족장이나 마을 원로를 기만적인 말로 꼬드기고, 매수하고, 술을 먹이는 등 온갖 악랄한 수법을 동원해 독일의 네 번째 식민지를 획득했다. 한데 이 식민지는 독일이 그때까지 획득한 식민지 중 최대 면적(약 14만 제곱

킬로미터)이었다.

당시 비스마르크(Otto von Bismarck, 재임 1871~1890)가 이끄는 독일 정부는 식민지정책에 신중한 편이었다. 그럼에도 비스마르크 정부는 다양한 아프리카 식민지 획득 노력에 격려와 지원을 아끼지 않았다. 왜일까? 여기에는 나름대로 명쾌한 이유가 있다. 프로이센 융커(Junker, 근대 독일, 특히 동프로이센의 보수적 지주 귀족층)의 산물이 과잉 생산되어 판로를 확보해야 할 절박한 상황에 놓여 있었기 때문이다. 프로이센 융커가 과잉 생산하기 쉬운 작물은 어떤 것이었을까? 감자가 대표적이다. 넘쳐나는 감자 생산량으로 인해 감자로 만든 '감자 브랜디'라고 부를 만한 상품이 프로이센의 특산물로 자리 잡고 있었다. 아무튼 프로이센의 융커와 비스마르크 입장에서 감자 브랜디 판매가 좋지 않은 데다 걸핏하면 재고가 쌓이는 것은 두고두고 골치 아픈 일이었다. 비스마르크 정부는 그 문제를 해결하기 위해 브랜디 전매 방식을 취했다. 1886년 3월의 일이다.

사실 독일에는 감자 브랜디보다 훨씬 중요한 문제가 있었다. 도시에서 자주 벌어지는 노동자 동맹파업 문제가 그것이었다. 19세기 후반 독일은 노동자 동맹파업으로 치안이 불안하고 혼란스러운 상황이었다. 사회주의자가 활개를 치고 다녔으며 사회주의자 진압법이 시행되었다. 이는 1878년의 일이다. 한편 정기적으로 찾아오는 공황으로 농촌은 갈수록 피폐해졌다. 게다가 독일은 인구가 꾸준히 늘어났다. 당시 이웃나라 프랑스에서는 피임기구가 대중에 보급되어 인구 증가 속도가 억제되고 있었으나 독일에는 피임기구 도입이 늦어져 여전히 폭발적인 인구 증가세를 보이고 있었다. 그런 상황에서 인구와 '생활공간'은 마땅히 비례관계가 있다는 독일식 이론이 먹혔다.

그런데 문제는 뒤늦게 제국주의적 식민지 경쟁에 뛰어든 독일이 차지할 만한 식민지가 남아 있지 않다는 점이었다. 독일인은 '땅이 없는 민족'이다. 그 연장선에서 독일인이 생산한 제품은 충분한 판로를 확보하기 어려웠다. 이렇듯 산적한 문제를 한 방에 해결할 수 있는 방법이 있었다. 바로 식민지를 획득하면 될 일이었다.

1882년 라인란트 베스트팔렌과 슐레지엔의 저명한 산업가와 베를린의 디스콘토 게젤샤프트은행이 '식민과 수출 촉진을 위한 서독일협회'를 결성했다. 독일 공업 중앙동맹의 총서기 헨리 악셀 뷰크(Henry Axel Bueck), 크루프산업의 알프레트 크루프(Alfred Krupp), 구테호프누능 광산의 카를 뤼크(Carl Lueg), 겔젠키르헨 광산 주식회사의 에밀 키르도르프(Emil Kirdorf), 보훔협회의 루이스 바레(Louis Baare), 라인란트 베스트팔렌 광산업의 이익을 대표하는 프리드리히 함마허(Friedrich Hammacher) 등이 그 중심 멤버였다. 이들의 면면을 보면 알 수 있듯이 판로 확대를 위해 애쓴 주체는 프로이센 감자 브랜디 생산업자만이 아니었다. 독일의 기간산업을 구성하는 루르지대의 철광·석탄산업을 움직이는 세력이 그 또 다른 주체였다. 이런 식으로 프로이센의 대토지 소유주와 루르 공업지대 경영자의 이익이 아프리카 식민지 획득 문제를 놓고 절묘하게 맞아떨어졌다. 이렇게 독일 또한 뒤늦게 세계 열강의 식민지 획득 경쟁에 뛰어들게 되면서 세계는 아프리카 분할을 둘러싸고 제1차 세계대전을 향해 발걸음을 재촉하고 있었다.

19세기 말, 독일인은 왜 광기에 가까운 열정으로 커피 플랜테이션 산업에 뛰어들었나?

커피나무의 고향은 아랍이 아닌 동아프리카다. 그리고 커피는 '루주 빛 바다'를 지닌 항구마을 모카에서 왔다. 이 내용은 아동용 그림책에도 실려 있을 정도로 널리 알려진 사실이다. 동아프리카에 커피 플랜테이션을 구축하자는 아이디어도 그리 신박한 구상은 아니었다. 누구라도 머릿속에 떠올릴 만한 다소 평범한 수준의 아이디어였다고나 할까.

그렇다면 좀 더 구체적인 커피 생육에 적합한 토지는 어디일까? 독일 동아프리카협회는 탐험가이며 민족지학자인 오스카르 바우만(Oscar Baumann)에게 의뢰해 커피 플랜테이션에 맞는 토지를 찾게 했다. 오랜 연구와 조사 끝에 바우만이 찾은 곳은 해안과 가까워 물이 풍부하고 인구밀도가 낮지 않은 탄자니아 우삼바라산 동쪽 구릉지대였다. 당시는 커피 플랜테이션 회사들이 마치 중국의 춘추시대처럼 우후죽순으로 생겨나 난립하던 거품시대였다. 대략 1892년부터 1898년까지의 기간이다. 그 시대에 새로운 인생의 꿈을 식민지 커피에 맡기려는 뜨거운 열정이 광기처럼 사람들의 마음을 사로잡았다. 그 연장선에서 자본금 50만 마르크에서 180만 마르크 정도의 커피 플랜테이션회사가 베를린, 함부르크, 쾰른, 뒤셀도르프, 에센 등의 도시에 앞다투어 만들어졌다. 그리고 독일 동아프리카협회도 그 산하에 '독일 동아프리카 커피 플랜테이션회사'를 만들었다. 그런 상황에서 동아프리카의 독일 영사도 토지를 매입하느라 동분서주했다. 그리고 그 결과 라인 교역 플랜테이션회사가 2만 헥타르, 자카레주식회사가 5,000헥타르, 우삼바라 커피재배회사가 4,000헥타르, 독일 동아프리카 커피 플랜테이션회사가 1만 3,980헥타르의 땅을 소유하게 되었다.

커피 플랜테이션 기업을 구축하는 과정에 가장 서둘러 해결해야 할 일은 수송기관 문제였다. 커피 플랜테이션이 예정된 토지에는 선박이 운항할 수 있는 하천이 없었기에 남은 수단은 철도 건설이었다. 이는 루르의 철광산업이 바라던 바였다. 대량의 커피를 실어 나르기 위해서는 몸보에서 해안의 탕가까지 129킬로미터 거리에 선로가 필요했다.

민간 동아프리카 철도회사가 만들어진 때는 1891년 10월이다. 이후 1896년 4월에 해안의 탕가에서 무헤자까지 40킬로미터 거리의 철로가 개통되었다. 그러나 당시 이 구간에는 이렇다 할 산업이 없었다. 그런 터라 운행을 시작한 철도회사는 순식간에 적자의 늪에 빠져들었다. 하지만 회사를 망하게 방치해둘 수는 없었다. '커피선', 즉 커피를 실어나르는 철도를 폐쇄하는 것은 다수의 플랜테이션 기업을 포기하는 셈이 된다. 더구나 독일이 식민지에 건설한 최초의 철도를 무너뜨리는 것은 독일의 위신을 무너뜨리는 일일 뿐 아니라 국민감정을 건드리는 문제이기도 했다. 결국 철도회사는 국유화의 길을 걸었다. 1899년의 일이다. 이후 애초부터 예정돼 있던 129킬로미터의 선로가 전부 개통된 것은 1905년 2월이었다.

여러 특단의 조치에도 불구하고 커피 재배 사업은 부진을 면치 못했다. 독일 동아프리카 커피 플랜테이션 기업의 23년 사업기간 중 이익을 얻은 것은 고작 3년뿐이었다. 마지막 10년 동안의 수익은 4만 2,704마르크인 데 반해 손실은 17만 3,034마르크에 달했다. 1898년까지 이들 거품 커피회사가 투자한 자금은 총 600만 마르크 정도였다. 그러나 수익률이 나빴다. 커피 가격이 예기치 않게 크게 떨어진 탓이 컸다. 바로 그 시기에 전 세계 커피의 90퍼센트를 생산하는 브라질이 생산 과잉 낌새를 보이기 시작했다. 브라질 산투스 커피는 1890년을 기준으로 100킬로그램에 175.60마르크였다. 그러던 것이 1898년에는 67마르크로 떨어졌고, 20세기에 들어서면서 일단 80.40마르크를 회복했으나 1903년 7월에 다시 53마르크로 폭락했다.

우삼바라 커피 플랜테이션은 실패작이었다. 비가 너무 많이 내리는 기후조건 이외에도 많은 플랜테이션이 밀집하면서 노동력을 확보하는 데 애를 먹은 것이 치명적인 결과를 가져온 셈이었다.

독일 커피 플랜테이션이 필연적으로 실패할 수밖에 없었던 근원적 이유

자금이 있다. 땅도 있다. 그러나 결정적으로 노동력이 부족하다. 다행히 독일 동아프리카 식민지에는 606개 플랜테이션이 있었다. 이는 면적으로 환산하면 총 10만 6,292헥타르에 달했다. 당시 그곳에 사는 흑인 수는 750만 명 정도였다. 그럼에도 플랜테이션 소유주는 노동력을 확보하는 데 애를 먹었다. 모처럼 수확기를 맞이한 커피를 거둬들일 인력을 구할 수 없었던 것이다. 그 대표적인 사례로 라인 교역 플랜테이션회사는 4만~5만 킬로그램으로 예상되는 커피를 부족한 노동력 탓에 거둬들이지 못했다. 1913년의 일이다. 이러한 노동력 부족 사태에는 필연적인 역사적 배경이 있었다. 그게 뭘까?

19세기의 최후 사반세기 동안 유럽의 식민 지배자가 몰려들기 직전까지 이 토지에서는 노예 매매가 횡행하고 있었다. 그리고 그 집산지는 잔지바르였다. 흑인 입장에서 강제노동을 위해 가족과 고향을 떠나 해안 근처의 플랜테이션으로 향하는 것은 '노예사냥'의 처절한 기억과 직결되어 있다. 문자가 없는 사회에서 살아가는 인간은 그만큼 강력한 기억력을 갖게 되기 마련이다. 게다가 르완다(Rewanda, 아프리카 중앙부에 있는 나라. 1885년 독일 식민지에 편입되었다가 1919년 벨기에의 위임통치와 신탁통치를 거쳐 1961년 자치정부를 수립하고 이듬해 독립했다)와 우룬디(브룬디Burundi의 옛 이름. 제1차 세계대전 당시 벨기에 지배에 들어가 1923년 르완다-우룬디Urundi로 벨기에 통치하의 국제연맹 신탁통치령이 되었고, 1946년부터 국제연합 신탁통치령으로 있다가 1962년 르완다와 분리, 부룬디로 독립했다)의 주민 350만 명은 산악민족으로 밭일에 익숙하지 않다. 마사이족처럼 수렵으로 생활하는 부족은 밭농사를 짓지 않는다. 또한 마을에 살면서 짐을 나르거나 그 밖의 일에 종사하는 주민은 딱히 플랜테이션에서 일할 필요가 없다. 족장을 비롯한 흑인사회 명사와 그 가족 또한 플랜테이션에서 일하지 않는다. 전체 인구의 75퍼센트는 여성과 아이와 노인이고 그 나머지, 즉 플랜테이션 노동에 적합한 15~40세의 남성 수는 75만~80만 명에 불과했다.

또한 1913년 통계를 보면 9만 2,000명, 즉 앞에서 말한 남성 수의 약 8분의 1이 플랜테이션에서 일했다. 당시 독일인이 플랜테이션 용지로 구매한 토지는 총 54만 2,124헥타르였다. 그리고 실제로 9만 2,000명과 노동자가 일하는 플랜테이션은 20퍼센트 정도에 불과했다. 애초 계획된 모든 플랜테이션이 제대로 기능하려면 주민 가운데 일할 수 있는 남성의 두 명 중 한 명은 플랜테이션에서 일해야 했다. 그나마 그것은 양적인 문제일 뿐이었다. 더욱더 우려되는 문제는 노동력의 질적인 문제였다.

독일인은 커피 플랜테이션에 근대자본주의 시민사회의 정수라고 할 수 있는 노사관계를 도입했다. 이른바 '임금노동'이다. 사실 임금노동시스템은 유럽인에게는 자연스러운 것이었다. 자신의 노동력을 화폐와 교환하는 방식의 거래는 인간의 자유와 평등의 현실적 근거이기 때문이다. 돈은 평등하다. 월급은 일률적으로 16마르크였는데, 플랜테이션에서 일하는 백인조차 월급이 16마르크를 넘지 않았다.

화폐가 있으면 무엇이든 살 수 있다. 말하자면 자유와 평등을 가진 시민으로서 근대사회의 구성원으로 인정받게 되는 셈이다. 흑인도 이 장점을 알게 할 필요가 있었다. 그러나 흑인노동자는 자본주의사회의 임금 노동시스템을 선뜻 받아들이려 하지 않았다. 일단 그들은 노동과 여가의 차이를 이해하지 못했다. 서로 법적인 주체로서 임금과 노동의 교환계약을 했다는 것의 의미를 그들은 잘 이해하지 못했다. 아니, 어쩌면 모르는 것이 당연했을 수도 있다. 왜냐하면 당시 흑인들은 자신의 노동력을 팔아서 임금을 받아야 할 사회적 필요를 느끼지 못했기 때문이다.

임금노동 시스템 또한 역사적 성립 배경이 있다. 그것은 영국에서 가장 전형적인 형태로 드러났는데, 바로 '인클로저 운동'이라는 역사적 사건이었다. 당시 초기 자본주의는 농민을 토지로부터, 즉 자신의 생산수단으로부터 떼어놓고는 다른 사람의 생산수단 밑에서 노동력을 파는 행위를 필연적인 것으로 만들어갔다. 그러나 흑인은 사실상 자기 자신의 생산수단에서 분리되어 있지 않았다. 흑인들은 플랜테이션에서 일하든가, 기존의 토지에서 일하든가, 모든 것을 자신의 의지로 결정할 수 있는 자유롭고 평등한 주체였다. 그런 흑인의 관점에서 볼 때 임금을 받는다고는 해도 몇 푼 안 되는 화폐를 손에 쥐고자 독일이 팔고 싶어 하는 감자 브랜디를 살지, 아프리카 전통주를 살지 고민해야 하는 상품교환 사회의 자유롭고 평등한 선택 주체가 될 필요는 없었다.

더구나 흑인은 자신의 밭을 소유하고 있었다. 그러므로 그들은 '귀찮은 일은 휴가를 내서……'라든지 '업무를 마치고 나서 저녁에 한잔……' 하는 식의 느낌을 전혀 알지 못한다. 그럴 필요가 생기면 '직장에 나오지 않으면 그뿐이다. 흑인들은 노동계약의 의미를 정확하게 이해하지 못한 탓에 노동시간을 파는 형식의 계약을 해놓고도 본원적 자유를 행사했다.

독일인은 커피 플랜테이션에 임금노동을 도입했다. 그러나 그들은 흑인들이 예컨대 베를린의 공장노동자처럼 아침부터 저녁까지 하루 10시간 혹은 12시간 동안 성실하게 일해주겠지, 하는 기대를 품어선 안 되었다. 그들에게는 '노동시간'이라는 개념이 통하지 않았다. 이는 독일인의 관점에서 볼 때 명백한 계약위반이었다. 왜냐하면 그들은 자유롭고 평등한 법적개인으로서 노동력이라는 상품을 임금과 교환했다고 생각했기 때문이다. 그러나 그렇다고 해서 흑인노동자를 마구 갈아치울 수도 없었다. 그 이유는 단 하나, 노동력이 턱없이 부족했기 때문이다.

만성적인 노동력 부족으로 딜레마에 빠져 있던 우삼바라의 커피플랜테이션은 궁리 끝에 묘안을 짜냈다. 그것은 바로 노동시간을 사는 대신 노동일을 사는 방법이었다. '4개월에 30일 동안 출근한다'는 계약이 그런 대표적 사례 중 하나다. 그러나 고질적 문제는 해결되지 않았다. 왜냐하면 그 계약조차 이행하지 못하는 경우가 속출했기 때문이다. 그럴 때면 고용주는 문제를 일으킨 흑인에게 빈 날 채우기 노동을 배제해야 했다. 그들은 해당 노동자를 플랜테이션에서 일하게 하는 것뿐 아니라 도로 건설 현장에 내보내기도 했다. 그런데 더 큰 문제는 직장에 나와서 성실하게 일하지 않고 빈둥거리는 상황이었다. 그에 대한 징벌로 감옥에 처넣어 자유를 구속해봐도 소용이 없었다. 그로 인해 도무지 고통을 느끼지 못하는 것처럼 보였기 때문이다. 그렇다면 남은 방법은 체벌뿐이다. 독일인 고용주는 하마를 때리는 채찍으로 불성실한 흑인을 두들겨 패야 했다. 그 채찍은 체벌뿐 아니라 일상적 커뮤니케이션에서도 큰 효과를 발휘했다. 하지만 근대시민사회의 일반 구성원이 그러한 능력을 몸에 익히는 데 많은 시간이 필요하다는 것을 까맣게 잊고 있었다. 역사적 성과는 이미 자연스러운 것으로 받아들여졌고, 그런 역사를 가져본 적 없는 흑인은 '태초부터 하찮은 노동을 위해 태어난, 타고난 노예'로 간주되었다.

근대시민사회의 틀이자 메커니즘의 하나로 임금노동 시스템을 도입한 것은 전혀 예상하지 못한 정반대 결과를 낳았다. 근대시민사회의 자유와 평등을 보증해야 할 임금노동은 강제노동으로 변질되었다. 그런 까닭에 결국 '흑인은 노동을 알지 못한다', '화폐를 알지 못한다', '추상적인 사고를 하지 못한다', '교육도 할 수 없다', '그들에게 자유와 평등과 박애는 천 년은 빠르다'라는 식으로 폄하했다. 그러나 이 모든 것은 유럽인이 이해하는 문화이고, 법이며, 자유와 평등과 박애였다. 흑인에게는 흑인의 법이 있고, 흑인의 자유와 평등과 형제애의 관념이 있다는 것을 무시한 처사였다.

그런 상황에서도 원주민의 법의식을 나름대로 진지하게 조사한 사람들이 있었다. 비교법학자들이었다. 그들은 독일의 보호령이 된 동아프리카의 법 상태에 관한 조사를 진행했다. 그 조사를 총괄하는 자리에 있던 이는 요제프 콜러(Josef Kohler)라는 학자였다. 그는 우리에게 흥미로운 개시의식을 보고한다. 예를 들면

우간다와 부코바의 원주민 사이에서 행해지는 형제언약의식이 그런 것이다.

형제가 되기로 한 두 사람은 하나의 깍지에서 나온 두 개의 커피콩을 각각 하나씩 손에 쥐고 자신의 배에 문질러 상처를 낸다. 그리고 그 상처에서 흘러나온 피를 각각의 커피콩에 묻혀서 그것을 손바닥에 올려놓는다. 그런 다음 상대방이 그것을 입으로 주워 먹는 의식이다. 커피콩은 하나의 깍지에 두 개가 들어 있다. 그러므로 피로 물든 배에서 꺼낸 커피콩을 먹는 행위는 한 배에서 태어난 진짜 형제, 즉 '동포'의 탄생에 어울리는 상징적인 의식이 되는 것이다.

스위스 법학자이며 인류학자인 요한 야코프 바흐오펜(Johann Jakob Bachofen)은 콩깍지나 달걀이 모태의 상징이며 어머니인 대지를 공유하고 그곳에서 난 양식을 같이 나눠 먹는 행위가 공동체 구성의 언약이 된다고 주창했다. 그는 또 인류사회의 태고에 대지와 어머니 숭배를 종교적인 축으로 삼는 모권시대가 있었다고 주장하기도 했다. 그러나 불운하게도 그의 『모권론(Das Mutterrecht)』은 오랜 세월 동안 많은 이에게 이해받지 못하고 무시당했다. 그러나 그런 분위기에서 바흐오펜에게 힘이 되어준 학자가 바로 요제프 콜러다. 그는 비교법학 관련 잡지에 〈동아프리카의 반투법〉이라는 제목으로 아프리카에서 커피콩을 사용한 개시의식을 보고했다. 1901년의 일이다. 또 그는 생전에 바흐오펜과 교류하면서 그의 이론을 옹호하고 독일과 유럽에 바흐오펜의 이름을 널리 알리는 데 큰 역할을 한 비교법학계의 대가였다. 콜러는 커피콩 두 개를 서로 나눠 먹는 공식의식에 태고의 모권시대적인 형제애 관념이 작용하고 있다고 생각한 것으로 보인다.

어쩌면 피와 대지의 냄새가 나는 이 토속적이고 피비린내 나는 의식이 커피와 어울리지 않는다는 통념이 있는지 모르겠다. 다음의 두 가지를 그 근거로 삼을 수 있다. 첫째, 커피가 지연 · 혈연과의 치열한 투쟁을 통해 확립된 이슬람교적 일신교의 정신세계를 경유해 전 세계로 확산해갔기 때문이다. 둘째, 여기서 한 발 더 나아가 커피가 유럽 근대시민사회 속에서 '이성의 리큐어'라는 평가를 획득했기 때문이기도 하다. 말하자면, 동아프리카를 떠난 커피가 유럽 근대시민사회의 성립에 깊이 관여하면서 지구를 일주하는 사이에도 동아프리카 주민이 커피콩에 대해 가진 법적 관념은 정체되어 있던 것이다.

법적 관념의 정체가 곧 무법상태를 의미하는 것은 아니다. 공동체를 통치하는 법으로서는 유효하다. 그러나 유럽 식민주의자의 진출은 예로부터 내려온 법의 구속력을 무력화해버렸다. 부족사회를 다스리던 족장이나 원로의 힘이 백인 앞에서 아무런 힘을 발휘하지 못한다는 사실이 명백해졌다. 그리고 그런 참담한 상황은 부족장도 유럽인도 이해할 수 없는 흑인반란으로 이어졌다. 이는 백인이 자랑스러워하는 법률을 알지 못하고, 자신들이 오랫동안 다스려온 전통적 법은 효력을 잃어버리고, 단지 임금노동이라는 이해할 수 없는 강제노동이 채찍과 함께 자행되었을 때 촉발된 역사적 사건이었다.

독일 동아프리카 식민지 괴멸로 이어진 흑인반란, 마지마지 봉기

동아프리카의 마툼비 산속에서 흑인반란이 일어났다. 1905년 7월 31일의 일이다. 그 엄청난 규모와 신비한 성격으로 더 잘 알려진 마지마지(Maji Maji) 봉기다. '마지마지'란 무엇인가? 사전 지식없이 '마지마지'라는 소리에 귀 기울여보면 왠지 귀에 익은 잠잠의 물소리가 들려온다. 아라비아의 잠잠이라는 울림에서 소리를 통해서든 형상을 통해서든 물의 모습을 느낄 수 있는 능력을 가진 사람이라면 스와힐리어 마지마지라는 소리에서도 역시 물소리를 들을 수 있을 것이다. 잠시 눈길을 돌려 아랍의 이슬람 세계를 살펴보자. 메카의 잠잠성수는 병을 낫게 한다고 알려졌다.

그에 반해 흑인 전설에 따르면, 세상의 창조주 물룽구가 옛날 옛적 가뭄과 굶주림이 계속되던 시대에 뱀의 모습을 한 농업의 신 코레로를 이 세상에 보냈다고 한다. 창조주 물룽구는 왜 농업의 신 코레로를 보냈을까? 이 세상의 썩어버린 것을 몰아내고 새로운 질서를 부여하기 위해서였다. 1905년, 코레로는 신의 계시를 인류에게 전했다. 그것은 물룽구가 정한 '백인 파멸의 날'이 찾아왔다는 내용이었다. 흑인 예언가들은 신자들에게 코레로에게 받았다는 성수 마지를 나눠주기 시작했다. 그 성수는 해를 입히는 모든 것으로부터 지켜주고, 풍요로운 수확을 보장하고, 병을 치유하고, 흑마술의 저주를 몰아내고, 죽은 자를 소생시키는 기적의 액체다. 그것을 뿌리면 백인의 총에서 발사된 총탄까지도 마치 '기름을 바른 피부 위의 빗방울'처럼 흑인의 피부에서 미끄러져 나갈 것이라 여겨졌다. '기적의 액체'를 몸에 뿌린 사람들은 이렇게 외쳤다. "용감한 자들이여, 일어나라! 겁쟁이들은 속에서 타오른 불로 다 타버릴 것이다." 신자들은 성수로 세례를 받고 무리지어 성지를 순례했다. 그리고 마툼비산에서 시작된 반란은 순식간에 독일 식민지 남부의 16만 제곱킬로미터로 퍼지는 대반란, 아니 성전이 되었다.

독일은 대규모 군대를 파견해 마지마지 봉기를 진압했다. 1906년 10월의 일이다. 그러나 진압 작전은 쉽지 않았다. 게릴라전은 이듬해인 1907년 7월까지 지속되었다. 독일군은 게릴라부대를 와해시키기 위해 특단의 조치를 취했다. 그것은 바로 식량 보급로를 끊어 주민 전체를 굶주리게 하는 것이었다. 그 결과는 참혹했다. 반란이 일어나기 전, 3만 명이 넘던 니아사 호수 근처 한 부족의 경우 반란이 진압된 후 전쟁과 기아로 인해 남은 인구가 불과 1,000명 혹은 1,500명을 헤아릴 정도였다. 마지마지 봉기로 인한 전체 사망자 수는 7만 5,000여 명. 인접한 포르투갈 식민지로 도망친 흑인이 수만 명. 이렇게 독일 동아프리카 식민지는 사실상 괴멸되었다.

독일의 동아프리카 커피 플랜테이션 패러다임을 혁명적으로 바꾼 발터 라테나우

동아프리카 식민지를 재건하는 일은 독일 정부가 긴급히 해결해야 할 가장 중요한 과제였다. 수상 베른하르트 폰 뷜로(Bernhard von Bülow, 재임 1900~1909)는 제국식민지 대신 베른하르트 데른부르크(Bernhard Dernburg)를 동아프리카에 파견하기로 했다. 데른부르크는 자신이 가장 신뢰하는 친구이자 독일 경제계가 보유한 가장 훌륭한 지성에게 동행을 요청했다. 동아프리카 재건에 큰 도움이 되리라는 판단에서였다. 독일을 대표하는 전기회사 AEG의 상속자이며, 당시 베를린통상회사의 사주이기도 했던 발터 라테나우(Walther Rathenau)는 때마침 이 시기에 베를린통상회사에서 물러났다. 이후 그는 문필가로 살아갈 것인지 정계에 진출할 것인지를 놓고 심각하게 거취를 고민하고 있었다. 그런 터라 그는 동아프리카행에 함께하는 데 흔쾌히 동의하고 정계로 첫발을 내디뎠다.

발터 라테나우는 베를린을 출발해서 나폴리, 수에즈 운하 그리고 '요동치는 홍해'를 지나 아덴을 거쳐 동아프리카에 도착했다. 1907년 7월 13일의 일이다. 그 과정에서 그는 마지마지 봉기의 경위와 주민들의 어머니 숭배, 뱀 숭배, 그들의 낙원 관념 등을 들으며 다녔다. 그리고 특히 커피 플랜테이션을 비롯한 식민지 경영 실태를 꼼꼼히 시찰했다. 라테나우는 독일인 식민 지배자가 저지른 참담한 짓거리에 격분할 수밖에 없었다. 아프리카에 도착한 첫날 그는 백인이 하마를 때리는 채찍으로 흑인을 매질하는 상황을 목격하고 경악을 금치 못했다.

라테나우는 다음과 같은 기본적인 결론을 내렸다.

'독일 동아프리카 식민지의 진정한 가치는 원주민 그 자체다. 그러므로 그들이 자립해서 수출하는 데 충분한 농산물의 생산자로 자리매김하게 하는 것이 최우선 과제다. 그렇게만 된다면 독일도 그들에게 과세를 통해 이익을 얻을 수 있을 것이다.

흑인과 백인의 무력충돌은 우매함의 극치다. 진압을 위한 비용이 기하급수적으로 드는 것도 문제지만 주민이 토지를 떠나버리는 것이 더 큰 문제다. 주민은 곧 노동력이요, 경제적 관점에서 보면 가장 중요한 가치를 지닌 생산수단이다. 중요한 것은 흑인

들이 만족하며 일하는 환경을 만드는 것이다. 만족, 안심, 질서, 이 세 가지야말로 경제 발전의 기초다.'

이런 인식의 연장선에서 그는 이렇게 판단을 내렸다.

'식민지의 이상적 상태는 그것이 스스로 내재된 모든 힘을 충분히 발휘할 수 있게 하는 것이다. 그래야만 최종적으로 식민지가 독일의 다양한 요구를 때와 필요에 따라 충족시킬 수 있을 것이다. '니그로의 착취' 따위가 아니라 모든 상업적, 기술적 수단이 강구되어야 한다. 아프리카인이라고 해서 경제활동에 미숙하다고 단정해서는 안 된다. 만약 그들에게 새롭고 뭔가 손에 잡히는 소유물이 좀 더 가까운 곳에서 주어진다면 결코 게으름을 피우지 않을 것이다. 그들은 백인 못지않게 무엇이든 빨리 배우고 자신이 얻을 수 있는 이익에 대해서도 충분히 총명하지 않은가.'

그런데 라테나우의 동아프리카 보고는 두 가지 점에서 우리의 관심을 끈다. 하나는 '커피' 그 자체이며, 다른 하나는 독일인 식민 지배자의 기질이다. 커피에 관한 라테나우의 평가는 매우 엄격했다. 그는 다음과 같이 평가했다.

커피나무의 산출고가 다른 나라의 그것과 비교해 너무 적다. 게다가 산물의 가격도 낮기 때문에 경쟁력이 떨어지고 이익과 투자도 비례하지 않는다. 몇몇 플랜테이션은 방치된 채로 있고 채산이 맞는 곳은 단 한 곳도 없다.

이 평가는 그 자체로는 맞는 말이다. 다른 커피 산출국, 그중에서도 브라질은 양질의 커피를 좀 더 저렴한 가격으로 공급하고 있기 때문이었다. 게다가 독일 정부는 동아프리카 식민지 커피에 100킬로그램당 40~60마르크의 관세를 붙였다. 동아프리카 커피 재배자는 이것을 '이성적인 식민지정책에 대한 조롱'이라고 받아쳤다. 어쨌든 처음의 열광적인 기대에도 불구하고 독일 동아프리카 식민지 커피는 번창하지 못했다. 1912년에는 전체 수출의 6퍼센트, 1913년에는 2.6퍼센트로 코코야자, 땅콩, 왁스 등에 이어 여덟 번째 수출품목이었다. 1907년 시점에서 이미 우삼바라의 커피 플랜테이션의 전망은 칠흑처럼 깜깜했다. 하지만 독일인은 커피에 건 희망의 끈을 여전히 놓지 않고 있었다. 아직 유망해 보이는 지역이 한 곳 있었고, 그들 대다수는 그쪽으로 이동해갔다. 그곳은 바로 킬리만자로다.

독일인이 아프리카 부코바 플랜테이션에서 만든 커피가 '모카'라는 이름을 달고 유럽에서 날개 돋친 듯 팔려 나가다

질문을 하나 던져보자. '킬리만자로에서 인류 역사상 최초로 커피를 재배한 민족은?' 놀랍게도 그리스인이다. 아무튼 근래에 들어 1903년 무렵부터 보어인(남아프리카공화국의 네덜란드계 백인. 네덜란드어로 '농민'을 의미하며 남아프리카의 실권을 장악하고 있다. 15세기 말 희망봉 발견에 따라 이주한 포르투갈인에 이어 17세기 중반 네덜란드 동인도회사가 인도네시아의 중계지로 케이프 식민지를 개척하자 종교적 신천지를 찾아 유럽에서 이주한 사람들의 후예다)·이탈리아인·영국인이 정착했고, 1907년 무렵부터는 우삼바라에서 일이 잘 풀리지 않아 애를 태우던 독일인도 몰려들었다. 킬리만자로의 남쪽 비탈에는 모두 28개 플랜테이션이 들어서 커피나무 75만 그루가 재배되었다. 이는 1909년의 상황이다. 그곳에 인접한 메루에는 6개 플랜테이션, 커피나무 20만 그루가 심겼다. 그러던 것이 1914년에는 플랜테이션 수만 100개, 284만 5,700그루의 나무가 재배되었다(이 중 열매 수확이 가능한 나무, 즉 심은 지 5년 이상 된 나무는 88만 그루 정도였다). 킬리만자로의 커피 생산은 빠른 속도로 발달해서 오늘날에도 10만 명이 넘는 원주민의 풍요로운 생활의 원천이 되고 있다.

우삼바라, 킬리만자로를 잇는 또 하나의 커피 재배지는 빅토리아 호수와 접해 있는 부코바였다. 부코바는 옛날부터 커피가 자생하던 지역으로, 원주민이 커피의 붉은 열매살을 즐겨 먹었다고 알려진 곳이기도 하다. 19세기 말부터 이곳의 토지를 면밀히 연구해온 독일 정부와 학자들은 그곳이라면 커피 재배에 성공할 가능성이 매우 크다고 판단했다. 이에 독일 정부는 강력한 주도권을 쥐고 술탄에게 커피 재배의 의의를 설득해 독일인을 현장에 파견했고, 커피 플랜테이션 179헥타르를 조성했다. 이는 1912년의 일이다.

여기서 어떤 결과가 나왔을까? 예상대로 대성공이었다. 첫해인 1912년에 커피 67만 2,000킬로그램을 수출해 킬리만자로(30만 킬로그램)는 물론이고 우삼바라(60만 3,000킬로그램)도 제쳤고, 독일 동아프리카 커피 재배에서 가장 중요한 위치를 점하기에 이르렀다. 게다가 커피나무 한 그루당 연평균 수확량도 다른 플랜테이션에 비해 월등히 높았다. 참고로 우삼바라의 커피나무 한 그루가 22파운드의 열매를 맺는 데 반해 부코바는 100파운드의 열매를 맺었다. 그리고 킬리만자로 커피는 96파운드였다. 품질과 가격 면에서도 부코바 커피는 경쟁력이 있었다. 구체적으로 부코바 커피는 해마다 품질개량과 함께 가격을 올렸는데, 1905년에 킬로그램당 0.22마르크였던 것이 1908년에는 0.32마르크, 1910년에는 0.52마르크, 1911년에는 0.93마르크, 1912년에는 1.11마르크까지 올랐다. 부코바 커피는 마르세유, 암스테르담, 런던에서 파죽지세로 시장을 넓혀나갔다. 예멘의 아덴을 거치는 과정에 커피의 명가, 모카의 이름을 달고 팔렸기 때문이다.

독일인이 아프리카에서 만든 모카 커피라니, 뭔가 석연치 않은 기분이 든다. 우리는 이 지점에서 '행복한 아라비아' 모카의 이후 역사를 살펴볼 필요가 있다.

『아덴 아라비아(Aden Arabie)』(1931)라는 책을 통해 "스무 살이 인생의 가장 아름다운 시절이라고 말할 수는 없다"라는 명문장을 탄생시킨 프랑스 작가 폴 니장(Paul Nizan)이 파리를 떠나 아덴으로 출발한 것은 1926년의 일이다. 니장은 그곳에서 커피밭을 걸으며 옛날 그대로의 커피하우스에서 '절대 정적'에 귀 기울이는 그 땅의 사람들을 보았다. 그러나 그곳에는 그 옛날 모카가 융성했던 흔적을 조금도 찾아볼 수 없었다.

17~18세기 동안 모카에는 포르투갈, 스페인, 네덜란드, 영국 등 먼 유럽 나라의 삼본 마스트 상선이 출입하면서 사람들이 우글대고 눈부시게 화려한 상가건물이 빼곡히 들어선 항만도시로 발전했다. 그 항구를 떠난 커피라는 상품은 '모카'라는 이름을 달고 오리엔탈리즘을 강조한 장식과 함께 전 세계로 퍼져 나갔다. 모카에는 아로마가 있다……. 행복한 아라비아에는 향기가 감돈다……. 그러나 20세기 초반에 모카는 인구가 고작 400명에 불과한 평범한 촌구석으로 전락했다. 한때 번영을 누리던 상가는 폐허로 변해버렸고, 커피를 실어 내보내던 항구도 기능을 상실한 지 오래다. 주변에는 사람이 살 수 없는 사막이 밀려들어와 인류 서식 가능 지대의 끝자락이 되어 있었다.

최고의 상업항만도시로 영화를 누리던 모카는 어쩌다 이렇게 형편없이 쇠락했을까? 여기에는 고개가 끄덕여지는 몇 가지 이유가 있다. 첫째, 항구의 바다 밑이 밀려오는 사막의 모래로 인해 얕아졌다는 것. 둘째, 이 토지가 끊임없는 정치적 혼란에 휘말렸다는 것. 그러나 그것이 결정적인 이유는 아니었다. 예멘은 전성기에도 연간 1만 톤 이상의 커피를 생산하지 못했다. 유럽 각국의 막대한 자본을 바탕으로 커피 재배를 추진해온 자바나 서인도, 중남미 커피 앞에서 압도당할 수밖에 없었다. 모카는 근대 국제상업전쟁에서 패했다. 오래전에 커피는 이 땅에서 카트를 압도하고 국제적인 상품 자리를 차지했으며, 세계시장을 석권했다. 그러나 그 모카 커피가 거의 사라지다시피 한 뒤 이 작은 항구에서 근근이 출하되는 것은 지방산물인 카트였다. 이런 우여곡절을 겪은 뒤에도 모카라는 이름만은 살아남았다. 그런 배경에서 그 이름에 집착하는 소비자를 위해 동아프리카의 커피가 아덴으로 보내졌다가 그곳에서 모카라는 이름표를 단 후 시장에 나오게 된 것이었다.

제1차 세계대전 이후 독일에 두고두고 치유하기 힘든 화근이 된 아프리카 식민지 경영

독일이 동아프리카 식민지에 기울인 노력은 결국 모두 수포로 돌아갔다. 제1차 세계대전으로 직격탄을 맞은 탓이었다. 독일의 아프리카 식민지 경영은 치유하기 어려운 상처와 화근을 남겼다. 그중 하나가 바로 '인종차별사상'이다.

플랜테이션 소유주는 흑인이 플랜테이션 임금노동을 감당해낼 수 있을 때까지 '문화적'으로(여기서 '문화적'이란 '국민을 바꾸기 위해서라면 무력을 행사해서라도'라는 의미다) 성장시켜야 했다. 그러자면 시간이 걸리는 법이다. 우삼바라에서 커피농장을 경영하고, 자전소설 『아웃 오브 아프리카(Out of Africa)』(1937)를 쓴 덴마크 작가 아이작 디네센(Isak Dinesen)은 자신이 속한 유럽 문명을 진지하게 반성할 줄 아는 이성과 분별력, 지혜를 갖췄으며 유연함도 겸비한 예외적인 여성이었다고 말할 수 있다.

> 사람들은 석기시대에서 자동차시대까지 수천수만 년의 시간을 지나오면서 우리 선조가 쏟아부은 노력, 먼 과거로부터 현재에 이르기까지 우리 서양인을 이끌어온 역사의 무게를 잊고 있다.
>
> 우리는 자동차나 비행기를 만들고 그 사용법을 사람들에게 가르쳐줄 수 있다. 그러나 자동차 같은 기계류에 대한 애착을 사람의 마음속에 만들어내는 일은 단숨에 가능하지 않다. 그것은 적어도 몇 세기는 걸려야 비로소 가능할 것이다.
>
> — 아이작 디네센, 『아웃 오브 아프리카』 중에서

독일인은 그녀가 이야기하는 '역사의 무게'를 까맣게 잊어버린 지 오래였다. 그러한 괴리로부터 흑인을 향해 강한 편견에 사로잡힌 평가가 쏟아져 나왔다. 일테면 이런 식이다. '흑인은 평균적인 유럽인, 특히 게르만인에 비해 2000년 이상 뒤처져 있다', '흑인은 천성적으로 게으를 뿐 아니라 노예근성을 가지고 있다', '흑인을 교육으로 변화시키고 성장하게 하는 것은 불가능한 일이다', '흑인은 혐오스러운 우상숭배에 빠져 있다', '의회제도는 흑인에게 적합하지 않다', '흑인에게 자유와 평등의식을 심어주기에는 아직 너무 이르다' 등등. 이런 인식의 연장선에서 생각해 볼 때 발터 라테나우가 동아프리카에서 관찰한 것은 왠지 모를 불안감을 불러일으킨다.

라테나우는 유럽인이 흑인의 땅에서 흑인을 '지배'하고 식민을 경영하는 일이 정당성을 얻기 위해서는 자신들이 만들어낸 모든 이념과 가치에 대해 깊은 책임의식을 가져야 한다고 생각했다. 그러나 그 '지배'라는 점에 관해서 그는 독일인 식민 지배자에게서 불길한 요소를 발견했다. 다음의 인용문을 통해 그의 생각을 좀 더 자세히 살펴보자.

> 독일에는 예컨대 영국에 광범위하게 퍼져 있는 '젠트리'(영국에서 중세 후기에 생겨난 중산적 토지 소유 계층. 본래는 '가문이 좋은 사람들'이라는 의미이며, 넓은 의미로는 귀족을 포함한 좋은 가문 사람들을 지칭하는 쪽으로 사용된다. 그러나 보통은 신분적으로 귀족 아랫니고, 요먼리(Yomanry, 자작농)의 윗계층으로 가문 문장 사용이 허용된 사람들을 지칭한다)가 원천적으로 결여되어 있다. 다시 말해, 이는 이 나라에 나름대로 신사적인 방법으

로 지배하는 기질을 갖춘 중간층이 제대로 형성되어 있지 못하다는 의미다. 독일의 중간층에 속하는 사람들은 종속하는 일에만 익숙하다. 서로 협력하면서 일체감을 갖는 일조차 최근에 들어서서야 어느 정도 가능하게 되었다. 또한 사람의 위에 서는 법을 배우는 데 성공한 것은 아주 예외적인 소수에 지나지 않을 뿐이기에, 새롭게 형성된 식민지를 경영하는 이들이 잘 해나가고 있다고는 도저히 말하기 어려운 상황이다.

발터 라테나우는 오스트리아 출신 유대계 작가이자 독일 문학계의 거장 슈테판 츠바이크(Stefan Zweig)에게 보낸 편지에 다음과 같이 썼다. 1909년 7월 22일에 보낸 편지에서다.

식민을 한다는 것은 '확신'을 가지고 지배하는 것입니다. 하지만 지금 우리는 '즐거움'을 얻으려 지배하고 있습니다. 이는 갑작스레 출세한 하층민의 방식입니다. 지배하기 위해 복종시켜야 한다는 말은 진실이 아닙니다. 이 명제는 명령에는 적합하지만 지배에 대해서는 옳지 않습니다. 우리는 명령을 하고 있을 뿐 제대로 된 지배를 행하고 있지 않습니다.

라테나우가 주창하는 의미의 '지배'의 결핍을 채우는 것은 관료기구였다. 관료주의(Bureaucracy)란 글자 그대로 '관리소(bureau)'

의 '지배(kratos, rule)'를 뜻한다. 전통적으로 으레 따라붙기 마련인 관료기구라고는 해도 한 국가가 해외식민지에 많은 '관리소'를 열고 본국과 현지를 연결해주는 공무원의 업무가 자연스럽게 받아들여졌다. 프로이센이나 독일 공무원이 가진 장점은 무엇이었을까? 라테나우에 따르면, 대대로 공무원을 배출한 가문 등에서 배양된 전통적 원칙에 따라 행동한다는 점이었다. 그러나 라테나우에 따르면, "식민이라는 사업에 관해 우리 독일인은 어떠한 좋은 전통도 만들어내지 못했을 뿐 아니라 그것이 본래 유능한 독일인 관리자가 이 영역에서는 아무런 도움도 되지 못했으며, 오히려 독일 식민지 정책의 체면을 더럽히는 원인이 되고 있다"는 것이었다. 더구나 아프리카의 독일인 공무원은 원래 다른 사기업에서 넘어온 사람이 많았으므로 공무원으로서의 기초교육도 받지 못했다. 한편, 본국에서 보내온 경력자 팀은 현지 사정을 깊이 이해하려 하지 않았을 뿐 아니라 주도권을 발휘하려 노력하지도 않았다. 2년여 간 식민지 근무를 '통과역'으로만 여겼기 때문이다. 그러나 아프리카의 '인종 사정'은 인종별로 관리소를 개설해 개개인이 책임의식을 가지고 업무를 추진할 것을 요구했다. 그런 의미에서 각 관리소는 '개인의 결단력과 지식, 책임감, 그리고 주도성'을 계발하고 업무를 통해 입증해 보여줄 수 있어야 했다. 그럼에도 라테나우가 본 동아프리카의 독일인 공무원은 책임감을 가지고 지배하는 대신 위에는 철저히 복종하고 아래로는 명령하는 것이 고작이었다.

원주민은 다양한 종족으로 이루어진 흑인 집단이었다. 한마디로 말해, 식민지는 인종의 도가니이며 그 인종 간 차이점을 한눈에 확인할 수 있는 곳이기도 하다. 그곳에는 영국인, 독일인, 덴마크인, 이탈리아인, 그리스인, 벨기에인 등의 유럽인 외에도 현지인의 부족과 비능률 문제를 보완하기 위해 고용하는 중국인, 자바인 등도 존재하고 있었다. 그리고 그밖에 옛날 방식 그대로 카라반의 길을 따라 출입하는 아라비아인, 페르시아인, 인도인도 있었다. 이곳에서는 누가 어느 나라에서 왔는지를 끊임없이 의식할 수밖에 없다. 한마디로 인종에 의한 구별이 일상화되어 있으며 배외주의가 가득한 곳이었다.

자신이 속한 인종을 '지배인종'으로 지정하고 지배대상이 될 '열악인종'을 종족별로 분류한 뒤 위로부터 내려오는 명령에 고분고분 따르도록 관리하면서 '열악인종'인 원주민으로부터 최선의 노동력을 끌어내는 것, 이것은 바로 아프리카 식민지를 상실한 뒤 중앙 유럽의 다른 민족을 어떻게 다룰지를 고민하는 나치스 독일의 '원주민 정책'과 다를 바가 없다. 독일인이 아프리카의 '원주민'을 다룬 그 방법을 유대인 문제를 최종적으로 해결하기 위해 응용할 때 인종차별주의는 국가의 관료기구에 의한 합리적인 대량살육으로 전개되기 십상이다. 전체주의의 기원을 유럽 열강의 아프리카 식민지 지배에서 찾은 이는 한나 아렌트(Hannah

Arendt)였는데, 라테나우가 본 동아프리카의 독일인에게도 인종주의와 관료주의가 합체된 파시즘적 전체주의가 분명하게 얼굴을 내비치고 있었다.

조금 과도하게 의미를 부여하자면, 커피를 마시는 시민사회는 자유와 평등과 박애를 지향하는 사회라고 말할 수 있다. 그리고 그 시민사회의 자유와 평등 이념이 원활한 상품 교환을 목표로 했던 식민지(그것은 다른 한편으로 커피의 고향이기도 했다) 지배를 전환점으로 자유와 평등의 정반대인 인종주의와 배외주의로 반전되었다. 이때 독일인은 그들이 나서서 새로운 인종이념을 구축할 필요는 없었다. 당대 선진 식민주의국가 영국이나 프랑스에서 고비노(Joseph Arthur de Gobineau, 프랑스 동양학자, 인류학자, 외교관, 소설가. 순수민족의 우월성을 주창해 훗날 등장한 나치스 독일의 민족우월론에 영향을 주었다. 고비노의 이론은 1900년에 독일어로 번역되었다)의 『인류의 불평등 기원에 대하여(Essai sur l'inégalité des races humaines)』(1853~1855) 등 '배워야 할' 인종론이 이미 생겨났기 때문이다. 다만 독일인은 직접 식민지 지배를 하게 되면서 비로소 그런 이론적 내실을 현실적으로 이해할 수 있게 되었다. 또한 독일에도 영국 출신 독일 철학자 체임벌린(Houston Stewart Chamberlain)의 『19세기의 기초(Die Grundlagen des neunzehnten Jahrhunderts)』(1899) 같은 이론서가 등장하면서 인종이론이 독일의 교양계층을 위한 공유재산으로 인식되었다. 제국주의적 식민지 경쟁에 뒤늦게 뛰어든 독일이 발 빠르게 인종주의를 관철시키면서 선진적인 파시즘국가 된 셈이었다. 커피가 그 원래 고향에 도착하기 직전에 연출된 놀라운 장면은 '나중 된 자가 먼저 되고, 먼저 된 자가 나중 된다'라는 성경의 메시지를 이 땅에서 행하는 일과도 같은 한 편의 잘 만들어진 역전극이었다.

coffee
story
7

바이마르공화국의 숨통을 끊어놓은 브라질의 '커피 대량 폐기 사건'

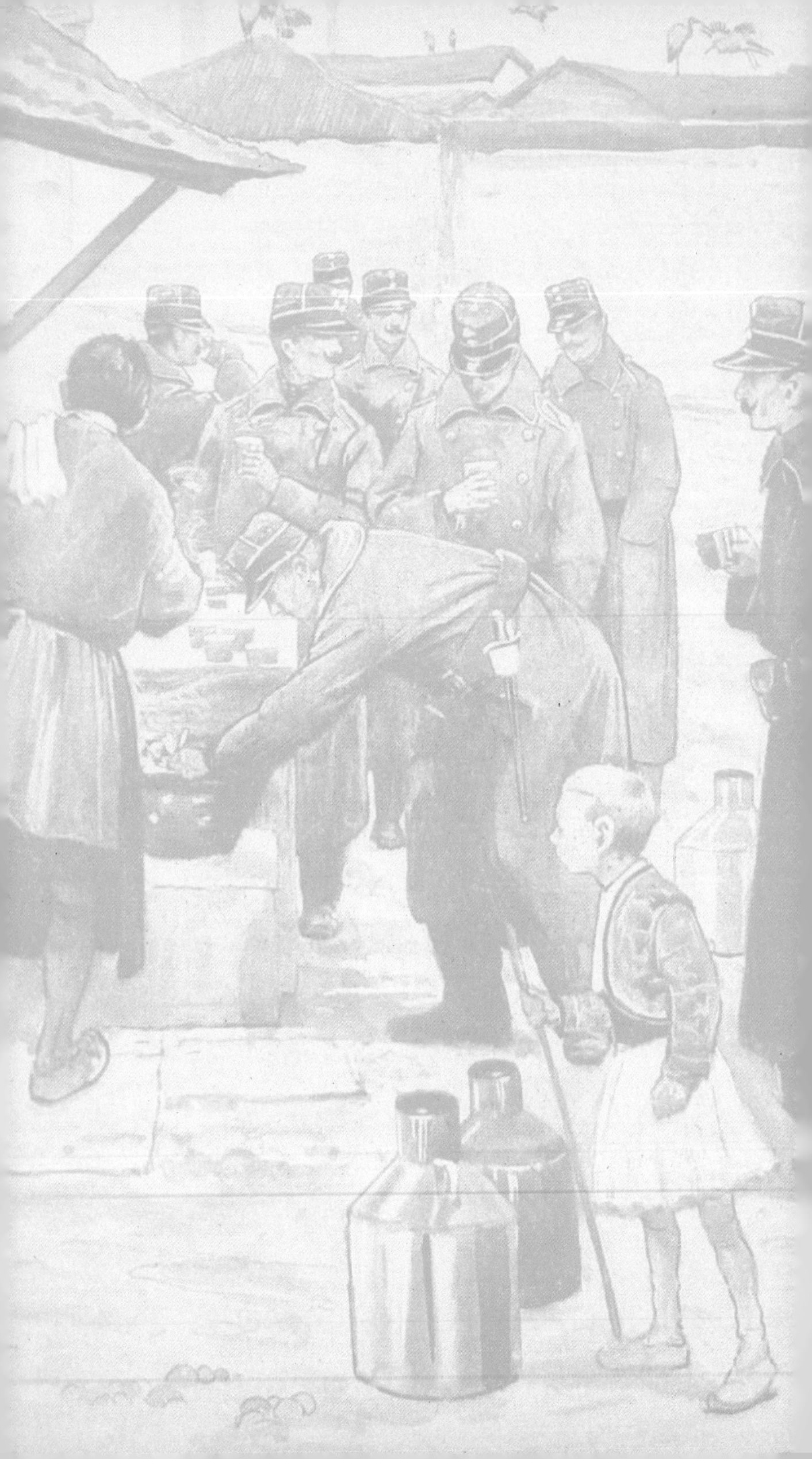

커피문명과 전쟁이 서로 불구대천의 원수일 수밖에 없는 까닭

1914년 여름, 제1차 세계대전이 발발했다. 당시 독일은 이 전쟁이 그리 오래 지속하지 않을 것으로 예측했다. 독일 정부는 그해 크리스마스 무렵이면 모든 것이 끝나리라 낙관했다. 하지만 그것은 착각이었다.

원자재를 다른 나라에 의존하는 현대산업국가는 장기화한 전쟁을 원활히 수행하기 어렵다. 독일은 그런 대표적인 국가에 속했다. 당시 영국, 프랑스, 러시아의 삼국협상 측은 미국을 비롯한 여러 동맹국의 도움으로 각종 원자재를 조달할 수 있었으나 독일, 오스트리아, 이탈리아의 삼국동맹 측은 원자재 공급이 거의 끊긴 상태에서 5년간 전쟁을 치러야 했다. 그런 터라 삼국동맹 측의 우두머리격인 독일은 '자국 내 산업계가 극히 제한된 양의 원자재로 어느 정도의 생산력을 유지할 수 있을 것인가'에 사활을 걸고 있었다. 그야말로 전쟁의 성패가 원자재 확보와 생산력 유지에 달려 있다고 해도 지나치지 않은 상황이었다. 그런 맥락에서 독일 정부는 국방대신 휘하에 전시원재료국(War Raw Materials Department)을 새롭게 설치했는데, 그 수장으로 취임해 발군의 실력을 발휘한 이가 바로 발터 라테나우다.

현대 커피문화는 세계무역이 원활히 이루어지는 상황을 전제로 성립 가능하다. 그러므로 세계무역에 큰 지장을 주는 전쟁은 커피문화에 위협적인 적일 수밖에 없다.

앞장에서 살펴보았듯이 독일은 사활을 걸고 커피 식민지를 일궈냈다. 그러나 제1차 세계대전이라는 거센 파도에 맞닥뜨려 그런 노력은 모두 수포로 돌아가고 성과는 산산이 흩어져버렸다. 게다가 엎친 데 덮친 격으로, 브라질마저 미국의 압력을 견디지 못하고 독일에 선전포고를 했다. 이런 흐름에서 독일 커피는 완전히 명맥이 끊길 위기에 맞닥뜨렸다.

독일인은 정신승리에 의지할 수밖에 없었다. 일테면 이런 식이다. '사치는 적이다!', '조국의 운명을 건 대의명분 앞에서 커피에 대한 욕구 따위는 하찮은 것이며 모든 국민이 참아야 할 욕구일 뿐이다.' 그러나 이렇게 가식적이고 허술하기 짝이 없는 정신주의에 매달리는 것만으로 눈앞에 현실로 닥친 전쟁경제를 원만히 꾸려갈 수 없다. 커피는 시민생활의 몸속을 순환하는 검은 혈액이다. 더구나 전쟁에서 전의를 다지기 위해서라도 커피는 꼭 필요하다. 약간 과장해서 표현하자면, 커피가 완전히 끊기는 순간 전쟁은 패배한 것이나 마찬가지다. 이러한 기본 인식을 가지고 커피를 원활히 조달하기 위해 모든 노력을 쏟아부은 것이 바로 라테나우가 이끄는 전시영양과의 주요 활동이었다. 그들은 다음과 같은 보고문을 발표했다.

> 커피는 우리 독일인에게 없어서는 안 되는 국민음료가 되었습니다. 커피의 자극작용은 인간의 몸을 최고 능력을 발휘할 수 있는 상태로 만들어주기 때문입니다. 국방성 및 전시영양과는 이 사실을 인식하고 최전선에서 싸우는 병사와 후방에서 고된 노역에 시달리는 노동자에게 커피를 공급하기 위해 대대적인 비축에 나섰습니다. 알코올음료와 담배는 커피만큼 지속적인 자극을 주지는 못하기 때문입니다.

현대전쟁은 총력전이다. 독일이 커피 확보에 성공하느냐 실패하느냐는 전쟁의 향방을 가르는 중요한 척도가 되었다. 독일의 주요 항구도시로 함부르크와 브레멘이 있다. 제1차 세계대전 당시 함부르크는 독일 커피무역의 85퍼센트를 담당할 정도로 압도적인 위상을 자랑했다. 그런 터라 함부르크항에는 유럽의 다른 항만도시가 부러워할 만한 수용 능력을 갖춘 커피창고가 빼곡하게 들어차 있었다. 브레멘은 중앙아메리카의 커피를 주로 취급했는데, 항구와 시내 창고를 합해 커피 25만 포대를 저장할 수 있었다. 참고로, 함부르크에는 192만 5,803포대(단위, 60킬로그램)의 커피가 비축되어 있었고 브레멘에는 9만 891포대가 저장돼 있었다. 이는 1914년 7월 31일 기준으로 산출한 숫자다.

제1차 세계대전이 일어나기 1년여 전인 1913년 무렵, 독일 국민이 소비한 커피량은 얼마였을까? 1억 6,411만 3,600킬로그램이라는 어마어마한 양이었다. 상황이 이렇다 보니 전시영양과가 제대로 판단한 바대로 커피를 빼고는 독일의 시민생활을 생각조차 하지 못할 정도였다. 독일 국민이 제대로 커피를 마실 수 있느냐 없느냐는 중립국을 통해 커피콩을 들여올 수 있는지 여부에 달려 있었다.

독일 입장에서는 다행스럽게도 전쟁이 발발한 뒤 한동안 영국 측의 방해는 없었다. 게다가 중립국 네덜란드의 2대 상업도시 암스테르담과 로테르담은 커피 자유무역에 심혈을 기울이고 있었다.

그러나 독일 시민생활에 서서히 먹구름이 드리우기 시작했다. 그것은 커피라는 상품의 특수한 성격과 관련이 있었다. 커피는 평상시에도 가격 변동이 심한 상품이다. 실제로 전쟁이 일어나기 이전에도 어떤 해에는 값이 두 배로 뛰기도 하고, 또 어떤 해에는 값이 반 토막 나기도 했다. 그런 터라 커피의 국제 가격 변동에 유연하게 대처하는 것이 커피 수입량을 확보하기 위한 최우선 과제였다. 전쟁이 발발한 1914년 7월부터 1915년 늦가을까지 독일에서 커피는 평상시보다 낮은 가격에 거래되고 있었다. 전쟁 초기에만 해도 커피가 남아돌 것으로 예상했기 때문이다. 당시 독일은 당장 필요한 양을 넉넉히 비축해둔 상태였고 커피 가격도 안정돼 있었기에 잘못된 판단을 내리고 만다. 급기야 커피 가격이 치솟자 문제가 불거지기 시작했다. 1915년 11월의 상황이다. 독일 정부는 그해 연말에 1파운드에 101페니히(pfennig, 예전 독일 화폐 단위. 1페니히는 1마르크의 100분의 1)를 커피의 최고가로 설정했다. 이 금액은 중립국에서 판매되는 커피값과 비슷한 수준이었다. 이는 그때까지 독일에 커피를 팔아서 짭짤한 이익을 챙겼던 중립국 입장에서는 더는 국내에서 커피를 팔 때보다 독일과의 무역에서 많은 이익을 기대할 수 없다는 것을 의미했다. 상황이 이렇게 돌아가자 자연스럽게 중립국이 독일에 공급하는 커피의 흐름은 지독한 가뭄에 강바닥 마르듯 멈추게 되었다. 독일은 자국 내에 비축된 외국 소유의 커피를 모두 압수해버렸다. 그러나 결과는 실패였다. 중립국의 거센 반발을 각오하고 과감히 실행에 옮겼으나 이때 압수한 커피량이 애초 예상치에 턱없이 미치지 못했기 때문이다. 다해봐야 고작 100만 포대 정도로, 평상시 독일 전체 평균 소비량의 몇 달치에 불과했다. 문제는 전쟁이 그 후로도 3년이나 더 이어졌다는 데 있다.

대용커피의 오랜 전통과 노하우를 자랑하는 독일의 화학산업은 전쟁 중 대용커피 '글로리아'를 생산하는 일에 전력을 쏟았다. 그러나 독일 국민은 그런 종류의 '영광'을 별로 달가워하지 않았다. 그런 만큼 독일은 중립국으로부터 커피를 수입하는 일에 다시 공을 들이는 수밖에 없었다. 이런 상황을 잽싸게 간파한 것은 일반 소비자들이었다. 그들은 커피를 사재기하느라 여념이 없었다. 그로 인해 커피는 시장에서 금세 자취를 감추었고, 커피값은 하늘 높은 줄 모르고 치솟았다. 가장 심각한 상황에 맞닥뜨린 것은 육군과 해군을 위한 커피를 확보해야 하는 정부였다. 독일 정부는 베를린에 본부를 둔 '커피, 홍차, 그리고 그 대용품을 위한 전시위원회'를 신설해 갑작스러운 '커피 사태'에 대처하기로 했다. 위원회의 최우선 과제는 군대에 커피를 공급하는 것이었다. 그러자면 가장 먼저 생커피콩을 확보해야 했다. 정부는 생커피콩을 보유하고 있는 자는 예외 없이 보관처와 커피의 종류, 그리고 그 양을 신고할 것을 의무화했다. 또한 600킬로그램이 넘는 커피콩을 보관하는 경우 75퍼센트를 압수한 뒤 남은 양은 소매점을 통해 일반 시민에게 돌아가도록 조치했다. 위원회가 취한 두 번째 조치는 함부르크에 거점을 마련해 커피 수입을 촉진하고 가격을 합리적으로 관리하는 것이었다. 이 조치에 절대적으로 필요한 것이 네덜란드의 협조였다. 말하자면 네덜란드의 '자바 로부스타'는 전쟁 중에 독일 시민과 군대를 돌아 흐르는 '검은 혈액'이었다.

이제 독일의 가장 강력한 맞수인 영국이 등장할 타이밍이다. 영국은 독일의 전의를 꺾어놓기 위해 네덜란드 커피무역에 대한 압박 수위를 높여서 빈혈환자에게 피가 수혈되듯 독일에 커피콩이 공급되는 상황을 막을 필요가 있다고 판단했다.

새로 수확된 100만 포대의 커피콩이 자바를 떠날 채비를 마쳤다. 그중에서 독일로 향하게 될 커피콩은 35만 포대였다. 1916년 11월의 상황이다. 재해권을 장악하고 있던 대영제국은 네덜란드 상선의 출항을 방해했다. 우여곡절 끝에 네덜란드에 도착한 커피는 가까스로 네덜란드 국내 수요를 조달할 수 있는 양이었다. 결국 네덜란드는 독일로의 커피 수출을 단념했다.

'검은 음료' 커피가 촉발시킨 독일혁명

독일로의 커피 수출이 완전히 끊겼다. 이는 곧이어 독일에 심각한 사태가 발생하리라는 신호와도 같은 것이었다. 그것은 단순히 시민들의 사기가 떨어져 전쟁에서 패하게 되리라는 의미가 아니었다. 루마니아 전선에 투입된 한 하사관은 자신을 향해 은밀히 다가오는 검은 무언가를 직감했다. 그의 이름은 쿠르트 투홀스키였다. 그는 훗날 바이마르공화국 시대에 접어들었을 때 프로이센 군국주의와 치열한 격전을 벌이면서, 불행하게도 불길한 예감 몇 가지를 적중시킨 베를린을 대표하는 카페 문인이었다. 비록 당시에는 전쟁터에 끌려온 몸이었으나 군인인 덕분에 후방의 극심한 커피 기근 사태에도 불구하고 계속 커피를 마실 수 있었다. 그러나 베를린의 콘디토라이 커피와 케이크에 길들여진 비만형의 투홀스키는 커피를 마시는 것만으로는 해소할 수 없는 곤란한 처지에 빠졌다. 전쟁이 끝날 무렵, 투홀스키는 그런 심경을 잘 반영한 시를 썼다. 「심통(心通)」이라는 제목의 시다.

이른 아침 커피를 마시고 있노라면
내 주름투성이 배여,
너는 어째서 헛되이 흔들흔들하는가
설탕과 우유가 없어도 어떻게든 되는 법
그래서 감자를 이쪽에 돌려주지 않았더냐
고기도 없고 꿀도 없다, 돼지기름도 없고 달걀도 없다
아침 식탁의 처량한 모습!
나의 배여, 우리 둘을 일등으로 곤란하게 만드는 건 생크림……
생크림이 동이 났다!
커피를 마시고 있을 때뿐만 아니라
아, 알레고리여,
시의 여신이 사는 곳에 함께 오르자꾸나

예술시장이 아무리 지쳐봤자
돈 있는 자가 소리치는 것에 미치랴
아이처럼 꼬까옷 입은 표현주의
다섯 줄짜리 수표의 예술
하지만 나는 브라함(자연주의 연극의 선구적 이론가)의 옛날이 그립다
생크림……
생크림이 동이 났다!
미래를 보라!
도대체 무엇이 다가올 것인가
이 거대한 시대라고 하는 녀석이 휩쓸고 지나간 자리에
눈물과 피와 오욕 그리고 이 국민의
우렁찬 외침 따위의 그 뒤에 무엇이 다가온다
아이들, 희망의 세대를 위해서
무언가 올 것이다
내 눈에 비치는 것은 블랙
나의 젊은이들, 오 루돌프여
내 아들아!
생크림……
생크림이 동이 났다!

블랙커피에 비친 검고 암담한 미래. 그것은 루마니아 전선보

다도 북해와 발트해 군항에서 훨씬 더 시커먼 모습을 드러내고 있었다.

해군에 소집된 요하임 링엘나츠(Joachim Ringelnatz)라는 작가가 있다. 그의 에세이 『전시에 해군으로서(Als Mariner im Krieg)』(1928)에는 해군병사가 시나브로 커피를 마시지 못하게 된 상황이 잘 묘사돼 있다. 진한 커피 한 잔을 마시며 쿡스하펜에서의 무료함을 글을 쓰며 달래던 링엘나츠는 커피가 봄눈처럼 사라져가는 현실을 한탄했다. 장교였던 그는 일반 병사들을 향해 양심의 가책을 느끼면서도 장교의 특권을 이용해 커피를 구매하곤 했다. 그러다가 급기야 군함에 쓰는 자석 등을 훔쳐서 외출할 때 커피를 사는 일까지 서슴지 않았다. 일이 이 지경에 이르렀다는 것은 드디어 올 것이 오고야 말았다는 뜻이기도 하다.

독일혁명이 해군에서부터 시작된 것은 어쩌면 당연한 일이다. 전쟁 기간 동안 전체적으로 보면 해군은 매우 한가한 편이었다. 여유는 모든 창조적, 해방적 행위의 원천이다. 전쟁 초기에 쿡스하펜, 빌헬름스하펜, 킬 군항의 해군은 몇 번의 해전을 치른 뒤 교착상태에 빠졌다. 이후 그들은 어찌할 바 모른 채 하루하루를 보내고 있었다. 하다못해 감자를 재배하든가 축구라도 즐겼으면 그나마 나았을 텐데, 어찌 된 일인지 효과적으로 시간을 보낼 수 있는 방법이 없었다. 식사도 엉망인 데다 커피도 없었다……. 이래서는 기운이 날 리가 없었다. 남아도는 시간과 여유를 혁명과 해방의 행동으로 번지지 않게 하려면 어떻게 해야 할까? 지적인 대화로 시간을 보내는 것이 바람직하다. 그러나 치명적이게도 해군의 지성 대부분은 U보트 작전에 동원된 터라 일반 병사가 날마다 대면하는 무식하고 따분한 자들뿐이었다. 툭하면 한 곳에 소집되어 멍청한 상관과 지성이라곤 찾아볼 수 없는 대화를 반복하는 일만큼 불쾌한 일도 없다. 마침내 전쟁이 거의 끝나가는 시점에 출격 명령이 내려지자 빌헬름스하펜을 출항한 해군은 더는 참지 못하고 반란을 일으켰다. 반란에 가담한 병사는 모두 체포되어 킬 군항으로 이송되었다. 그들은 그곳에서 '레테(협의회)'를 결성하고 독일혁명의 도화선에 불을 당겼다. 전쟁 전에 황제 빌헬름 2세(Wilhelm II, 재위 1888~1918)는 프로이센의 오랜 숙원인 해외 진출을 위해 발트해와 북해를 잇는 운하를 완공하고 '독일의 미래는 바다 위에 있다'고 주장했다. 독일의 미래가 바다 위에 있다면 황실의 미래도 바다 위에 있지 않겠는가. 그러나 킬에서 타오르기 시작한 불길은 순식간에 운하를 지나 빌헬름스하펜으로 번졌다. 병사들의 반란은 전 해군으로 확대되어 호엔촐레른 왕가를 '바다 쓰레기'로 만들어버렸다. 쿡스하펜의 링엘나츠가 소속된 부대는 제일 먼저 식량창고를 습격했다. 그들은 그곳에서 주로 무엇을 약탈했을까.

흥미롭게도 그들이 식량창고를 들이쳐 약탈한 것은 '커피콩'이었다. 이후 그들은 각자 자신의 방에서 마지막 커피콩까지 모두 볶고 갈아 커피를 타서 마신 뒤 오랫동안 지루해 죽을 것만 같았던 해군생활에 이별을 고했다. 그런 다음 그들은 베를린으로 향했다. '독일혁명'이라는 단어는 블랙커피처럼 진한 '검은' 미래를 잉태하고 있었다.

그 시기에 사태의 경과를 냉철하게 관찰하는 사람들이 있었다. 그들은 바로 '커피 기근'에 기민하게 대처해야 하는 전시영양과 관리들이었다. 그 즈음 그들은 어떤 중대한 인식에 도달해 있었다. 그게 무엇이었을까? 그것은 바로 '본래 커피 대량 소비국인 독일, 오스트리아, 헝가리를 비롯한 중앙 유럽 국가로 들어가야 할 커피가 4년 동안이나 멈춰 있다는 것은 무엇을 의미하는가' 하는 문제였다. 이들 나라는 제1차 세계대전이 발발하기 전까지만 해도 어림잡아 연간 450만 포대의 커피를 소비했다. 이 많은 양의 커피를 과연 누가 소비했을까? 삼국협상 측 국가가 예전보다 많은 커피를 소비했다고 가정해도 전혀 수치가 맞지 않는다. 더구나 프랑스야 그렇다 쳐도 영국과 러시아는 원래 대량의 커피 소비를 기대할 수 있는 나라가 아니다. 결론은 하나. '전쟁이 끝나면 대량의 커피가 한꺼번에 독일로 쏟아져 들어올 테니 어떻게든 소비해야 한다'는 것이었다. 이런 흐름의 연장선에서 머지않아 찾아올 바이마르공화국은 커피를 대량으로 소비해야 했다. 그러자면 단순히 가정에서 마시는 커피의 양을 늘리는 것만으로는 안 된다. 전국 방방곡곡에 크고 작은 카페가 세워져야 했다. 곧 다가올 1920년대, 적어도 커피와 카페에 관한 한 검게 빛나는 '황금의 1920년대'가 되어야 하는 것은 커피경제의 역사적 필연이었다.

커피가 국민음료가 되었음에도 영국·프랑스와 달리 정치적 카페가 자리 잡지 못한 숨은 이유

광기

제1차 세계대전이 끝나갈 무렵, 전쟁 중 고민에 빠진 병사가 또 한 명 있었다. 그가 고민에 빠진 것은 커피를 마시고 싶어서가 아니었다. 그렇다면 그는 왜 심각한 고민에 빠졌을까? 패배의 짙은 그림자가 드리워진 독일 미래에 대한 걱정 때문이었다. 이 병사는 훗날 인류 역사상 가장 유명한 인물 중 한 명이 된다. 그는 바로 아돌프 히틀러였으며, 당시 계급은 상등병이었다. 그 무렵 그는 북독일의 파제발크 야전병원에 입원해 있었다. 1918년 가을 즈음의 일이다. 당시 그는 적의 독가스 공격을 받아 두 눈이 거의 실명한 상태였다. 한데, 흥미롭게도 그의 치료를 담당한 이는 안과의사가 아니라 신경정신과 의사들이었다. 왜냐하면 의사들은 그의 상태를 히스테리성 실명으로 진단했기 때문이다. 히틀러의 치료를 맡은 이 중 한 명이 에른스트 바이스(Ernst

Weiß)라는 이름의 젊은 의사였다. 바이스는 훗날 작가가 되어 『목격자(Ich, der Augenzeuge)』(1963)라는 소설을 집필한다. 작품 속에서 그는 히틀러(작품 속 이름은 A. H.)를 광적으로 칭송하는 내용을 많이 썼는데, 실명 위기에서 얼마나 의연한 태도를 보였는가 하는 내용도 담아냈다. 당시 그는 자유와 평등과 박애의 시민사회를 인종주의라는 추악한 이름의 파시즘으로 돌변하게 만드는 광기에 휩싸여 있었다.

독일에서 '독일조국당'이라는 이름의 정당이 조직되었다. 1917년의 일이다. 모든 것이 바이스의 소설에 나오는 A. H.의 사상과 마치 일란성 쌍둥이처럼 똑같았다! 그들에게는 계급도 의미 없고 다른 정당도 있어서는 안 되었다. 지구 위에 오직 하나의 위대한 민족, 신에 의해 특별히 선택되어 정당하고도 우수하게 태어난 독일민족뿐이었다. 그들은 세계가 독일민족에 의해 치유되어야 한다고 믿었다.

A. H.에게 독일민족은 마치 예수 그리스도가 왕중왕인 것처럼 민족의 왕이고 인류의 메시아였다. 그러므로 그들은 먼저 독일어로 말하는 모든 인간을 '독일주의'라는 깃발 아래 결집한 뒤 유럽의 모든 순혈민족과 함께 전 세계를 지배하겠다는 야심만만한 목표를 세웠다. 작품 속에서 오스트리아인 A. H.는 자신이 독일의 바이에른 연대에 입대한 것이 위와 같은 독일의 사명을 위한 것이었다고 말한다. 그러면서 다음과 같이 이야기한다.

…… 독일인의 피의 순결을 더럽히는 것은 유대인이다. 다리가 휜 꺼림칙한 유대의 사생아가 몇십만 명이나 되는 경험 없는 금발의 처녀를 꼬드기고 있다. 유대인은 검은 페스트다. 유대인이야말로 독일의 백인에 반대되는 시커먼 흑인종이다……('유대인=흑인'이라는 등식에 유의하자).

…… 독일에서 모반을 획책하는 유대적 세계자본의 악마적 대변자가 발터 라테나우다. 사람들은 라테나우가 냉철한 이성과 판단력으로 독일의 전쟁경제를 현명하게 이끈 위대한 지도자라고 칭송한다. 그러면서 만약 그가 없었다면 독일은 1914년 전쟁이 발발한 그해 크리스마스에 이미 패했을 것이라고 떠들어댄다. 그러나 그는 결단코 그런 인물이 아니다. 우리 위대한 독일이 전쟁에 패한 것은 바로 그 유대의 암퇘지가 군대 최고사령부에서 제국의 가장 강력한 권력을 손에 쥐고 유대의 세계 모반을 돕기 위해 자신을 신뢰한 제국을 배신하고 팔아먹었기 때문이다.

의사들은 히틀러의 실명 위기가 이미 전세가 기운 조국을 위로하고자 하는 히스테릭한 의지에서 비롯된 것이라고 믿었다. 그리고 그것은 그 유명한 환자의 고집스러운 의지력의 표현이었다. 신경정신과 의사는 히틀러를 실명 위기에서 벗어나게 하고자 그의 히스테릭한 의지를 역이용했다. 의사는 이런 상황에서 보통사람의 경우라면 실명을 피할 길이 없다고 말했다. 그러나 만약 환자가 이 세상에 위대한 변혁과 희망을 불러온 예수 그리스도나 무함마드, 나폴레옹처럼 굳은 신념과 의지를 가진 사람이라면 얼마든지 기적이 일어날 수 있다고 덧붙였다.

기적은 일어났다. 시력을 회복한 히틀러는 야전병원을 나왔다. 독일민족에게도 마침내 근대시민사회다운 모습이 갖춰지는가 싶던 바이마르공화국은 라테나우 암살로 시작해 히틀러의 정권 장악으로 막을 내렸다

암살

제1차 세계대전이 끝나가는 시점에 독일에게는 두 갈래 길 중 하나를 선택할 기회가 있었다. 하나는 시민의 구매력을 높여서 경제에 활력을 불어넣어 중산계층국가를 이룩하는 길이었다. 그리고 다른 하나는 아프리카에서 싹틔운 인종차별사상을 키우고 발전시켜 파시즘으로 나아가는 길이다. 독일은 후자의 길을 택했고, 라테나우는 극단주의자의 흉탄에 목숨을 잃었다.

에른스트 바이스는『목격자』에서 다음과 같이 기록했다.

> 독일은 조용했다. 누구도 흥분하거나 격앙되지 않았다. 사람들은 라테나우를 가엾게 여겼다. 버려진 성의 폐허를 사방팔방으로 에워싸고 스스로 목숨을 끊은 가련한 암살자를 불쌍히 여겼다. 계획의

진짜 입안자(히틀러와 그 일당)를 아무도 진지하게 찾아내려 하지 않았다. 나는 헬무트와 그의 친구 R에게 들었기 때문에 그들이 어디에 있는지 잘 알고 있었지만 말이다. 두 광신자의 곤궁한 처지를 외면한 애국주의는 많은 이에게 일종의 면죄부처럼 간주되었다. 지금이야말로 혁명을 일으키기에 적합한 순간이었을 것이다.

그러나 그들이 생각하는 '지금'은 라테나우를 기리는 장례식의 순간이었다.

라테나우 암살을 다룬 또 하나의 문학 텍스트로 에른스트 폰 잘로몬(Ernst von Salomon)의 『추방된 자들(Die Geächteten)』(1930)을 들 수 있다. 잘로몬은 자신의 신념에 따라 라테나우 암살 음모에 가담했다. 공범자로 체포된 그는 5년간 징역살이를 한 뒤 출옥했고, 이후 문필활동을 시작했다. 1928년의 일이다. 『추방된 자들』은 그가 라테나우 암살사건을 가해자의 입장에서 그린 작품이다.

잘로몬이 한 번도 만난 적 없는 사람을 죽이는 일에 기꺼이 가담한 것은 선동에 넘어가서가 아니었다. 만일 그랬다면 그는 '암살자'라는 호칭을 부끄럽게 여겼을 것이다. 그는 라테나우의 저서를 빠짐없이 탐독했고 강연회까지 열정적으로 찾아다녔다.

나를 놀라게 한 것은 그의 쩌렁쩌렁한 목소리가 아니었다. 라테나우의 저서를 탐독하면서 내가 상상한 것과 그의 실제 모습이 완전히 일치했다는 점, 바로 그 점 때문에 나는 놀랐다. 그의 목소리는 멍청한 듯하면서도 따뜻했다. 나를 정말로 놀라게 한 것은 그의 연설에 넘쳐 흐르는 '파토스(Pathos, 철학용어로, 정열·충동 등으로 번역되며 로고스(Logos, 이성)와 대립되는 개념이다)'였다. 그리고 그의 파토스가 진짜라는 데는 의심의 여지가 없었다. '가슴 아프게도……'라고 그는 말했다. '우리는 지금 오버슐레지엔의 혼잡을 해결해야 하는 과제에 맞닥뜨렸습니다.' 그의 첫마디는 조용하지만 가슴에 사무치게 들렸고, 그를 옭아매고 있을 것 같은 깊은 슬픔을 느끼게 했다.

잘로몬 무리는 바이마르공화국을 타도해야 했다. 그들이 타도해야 하는 대상은 대통령 프리드리히 에베르트(Friedrich Ebert)도 아니었고 수완 좋은 정치가 필리프 샤이데만(Philipp Scheidemann)도, 국방군의 한스 폰 제크트(Hans von Seeckt)도 아니었다. 그는 바로 발터 라테나우였다. 라테나우야말로 바이마르공화국을 지탱하는 이념과 역량을 갖춘 인물이었기 때문이다. 라테나우는 그뤼네발트의 자택에서 차를 몰고 외무성을 향해 가다가 암살되었다. 1922년 6월 24일의 일이다. 영국 총리 데이비드 로이드 조지(David Lloyd George, 재임 1916~1922)는 라테나우의 암살 소식을 듣고 "독일은 이 암살로 자기 목숨을 스스로 끊은 것과 마찬가지다"라고 탄식했다.

발터 라테나우는 단순히 경제계의 거물, 혹은 경제전문가의 역량이 필요했던 베르사유조약 교섭에 적합한 외상 그 훨씬 이상이었다. 오히려 '방대하고 수준 높은 철학논문집을 남긴 철학 실업가'라는 호칭이 그에게는 더 잘 어울린다. 실제로 그는 보통 사람이나 평범한 경제인은 보지 못하는 전혀 새로운 시대를 볼 줄 아는 혜안을 지닌 앞서가는 경제인이었다. 예를 들어, 그가 담당한 전시원재료국의 일만 하더라도 자본주의 경제의 역사 속에서 완전히 독자적인 국면을 갖고 있었다. 얼핏 보면 그것은 한정된 원재료를 바탕으로 생산에 임하는 전시통제경제라 할 수 있다. 그러나 약간 관점을 바꾸면 아직 소비에트 연방이 들어서기 전에 시행된 유일한 계획경제로 볼 수도 있다. 라테나우는 이 계획경제 속에 (기존의 자본주의 경제는 알지 못하는) 당대 자본주의 경제를 끝낼 무언가가 내재해 있다는 걸 직감했다. 이런 정황으로 미루어볼 때 라테나우 암살은 단순한 '독일의 자살' 이상의 막대한 손실을 의미하는 것이었을지 모를 일이다.

폭동

독일로 대량의 커피가 쏟아져 들어오리라는 전시영양과의 예측은 빗나갔다. 전쟁이 끝나도 혁명과 반혁명, 암살과 폭동으로 인한 혼란, 여기에 더해 천문학적인 인플레이션에 시달린 독일은 커피를 넉넉히 소비할 여유가 전혀 없었기 때문이다. 거리의 시민생활을 지배하는 것은 여전히 '비어홀'이었다. 이는 마침내 제1차 세계대전이 끝난 직후의 상황이다.

'비어홀' 문화의 중심지는 맥주양조장이 빼곡히 들어선 뮌헨이었다. 자신이 뼛속까지 독일인임을 자랑스럽게 여기는 남자라면 여전히 비어홀에 모여서 정치를 논했다. 비록 커피가 국민음료가 되기는 했으나 독일인에게 '정치 선동 카페'는 아직 이질적인 존재였다. 독일인에게 정치적 카페는 '서구적이고 지중해적인 제도'로서 다분히 비독일적인 것으로 여겨졌다. 그리고 맑디맑은 뮌헨 하늘로 피어오르는 맥주양조장의 흰 연기야말로 독일 철학자 루트비히 클라게스(Ludwig Klages)가 말한 '독일의 아로마'였다.

그 무렵, 독일 남자의 마음속 깊은 곳까지 물들인 맥주에 대한 애착을 이용하는 천재적인 선동가가 등장한다. 그는 바로 히스테리성 실명을 기적적으로 극복한 아돌프 히틀러다. 사실 그는 맥주를 특별히 좋아하지 않았을 뿐 아니라 뮌헨 슈바빙의 카페에서 홍차를 즐겨 마시면서 케이크를 덥석덥석 집어먹곤 했다고 전해진다. 빈 출신의 이 남자는 뮌헨이 자랑하는 거대한 비어홀 뷔르거브로이켈러에서 '비어홀 폭동(Bierkeller-Putsch)'을 일으킨다. 1923년 11월 8일의 일이다. 그러고는 맥주를 좋아하는 독일인 사이에서 광범위한 인간관계 그물을 조직하기 시작한 뒤 머지않아 국민적 합의를 획득하는 발판을 마련했다. 그 승리의 날이 다가오자 뷔르거브로이켈러는 '성지'가 되어 벽에 거대한 하켄크로이츠(Haken Kreuz, '갈고리십자가'라는 의미로, 독일 나치즘의 상징으로 널리 알려졌다) 당 깃발이 내걸렸고, 나치스교를 신봉하는 젊은이들의 순례와도 같은 방문이 끝도 없이 이어졌다.

그러나 독일 남자들을 선동하는 데 성공한 히틀러도 일단은 역사의 전면에서 물러나야 했다. 상대적 안정기가 찾아오면서 과격한 정치운동이 외면당하는 분위기가 형성되었기 때문이다. 1924년부터 1929년까지 상대적 안정기로 불리는 5년여 시간은 우리의 관심사인 커피의 입장에서는 숙명적인 세월이었다. 이 5년여 시간이 치밀하게 준비해온 것을 살펴보기 위해 우리는 이제 독일을 떠나 브라질로 건너가야 한다.

전 세계 커피 총생산량 4분의 3 이상을 담당하고 국민 90퍼센트가 커피 생산에 종사하던 커피 대국 브라질이 1930년대에 엄청난 양의 커피를 바다에 버리거나 소각한 이유는?

아프리카, 아라비아, 자바, 네덜란드 아라비카는 무서운 속도로 번식하기 시작했다. 이는 브라질, 특히 커피 생산량의 52퍼센트를 산출하는 상파울루주 해발 600~800미터 고지대의 비옥한 계곡에 이상적인 토지를 발견한 뒤의 일이다. 그 여파로 인해 브라질은 20세기 초부터 만성적인 생산 과잉 문제로 시달렸다. 이런 상황에서 사람들은 커피 수요에 유연하게 대응해 생산을 적절히 억제하면 된다고 쉽게 생각하는 경향이 있다. 그러나 사정은 그렇지가 않다. 커피의 경우에는 그런 식으로 대처하기가 절대로 만만치 않다. 왜 그럴까? 조목조목 짚어보자.

우선, 새롭게 커피나무를 땅에 심으면 대략 5년은 지나야 서서히 수확할 수 있다. 게다가 일단 열매를 맺기 시작한 커피나무는 그 후로도 30~40년 동안 쉬지 않고 열매를 맺는다. 산출량은 어떻게 계산할까? 커피나무의 숫자와 나이 등으로 단순하게 나눠서 계산할 수 있는 것이 절대 아니다. 커피는 기후조건에 민감해서, 또 때로는 그 반대로 기후가 너무 일정해서 흉작이 된다. 그리고 풍작이 된 후 마치 아기를 낳느라 온 힘을 다 쓴 산모가 기진맥진하듯 몇 년 동안이나 흉작이 이어지기도 한다. 이런 복합적 이유로 인해 수요에 맞춰 생산을 계획적이면서도 유연하게 조정하는 것이 사실상 불가능하다. 또한 커피는 가격이 하락한다고 해서 직접적으로 사람들의 구매욕을 자극해 수요를 늘릴 수 있는 것도 아니다. 불안정한 생산고, 심하게 오르내리는 가격, 그리고 일방적인 경향이 되어버린 생산 과잉문제……. 이런 문제는 브라질 정부에 고질적이고도 중대한 위협이 되었다.

브라질은 전 세계 커피 총생산량의 4분의 3 이상을 생산해서 전 세계에 커피를 돌게 하는, 말 그대로 '커피의 심장'이 되었다.

20세기 초 10여 년간의 상황이다. 설령 커피가 유럽인에게는 기호품이었다고 해도 브라질의 관점에서 볼 때 커피는 결코 취미나 기호에 속하는 상품이 아니다. 20세기 초반 브라질은 국민의 90퍼센트가 커피 생산에 종사했으며, 외화 수입의 90퍼센트 이상을 커피에 의존했다. 이렇듯 커피와 브라질의 운명은 떼려야 뗄 수 없는 것이었다.

브라질 정부는 커피 정책을 새롭게 세우고 실행에 옮길 필요가 있음을 깨달았다. 즉, 불안정한 커피 생산과 시장의 가격 등락에 적절히 대처하고 커피 공급량을 수평화해 가격 유지를 노린 것이었다. 1906년, 사태는 긴박하게 돌아갔다. 대풍작, 즉 생산과잉 사태가 발생한 탓으로, 가격 붕괴를 막을 방법이 없었다. 상파울루주는 사상 최초로 '가격 유지 계획'에 돌입했다. 가격 붕괴를 피하기 위해 정부가 커피를 사들여 가격 폭락을 억제하고 시장이 회복되기를 기다렸다가 다시 내놓는 조치였다.

커피를 사들이는 데 필요한 자금은 유럽 차관에 기댈 수밖에 없었다. 함부르크의 거상 헤르만 쥐르켄을 비롯한 유럽 상인들은 파국으로 치닫는 브라질의 위기를 이해하고, 우선 300만 영국 파운드의 차관을 상파울루에 제공했다. 브라질은 그 돈으로 커피 200만 포대를 사들였다. 그런 다음 그중 일부를 뉴욕, 함부르크, 런던, 파리 등의 창고에 나누어 보관했다. 이는 커피 가격을 끌어올리기 위한 조치였다. 이후 브라질 정부는 창고에 보관

중인 커피를 담보로 융자를 얻어 더 많은 커피를 사들였다. 그러고도 모자라 나중에 가서는 국유철도까지 담보로 잡혔다. 브라질 정부가 사들인 커피는 800만 포대에 달했다. 이는 1908년 즈음의 상황이다. 애타게 기다리는 커피 흉작은 좀처럼 일어나지 않았고, 창고에 잠들어 있던 커피가 모두 시장에 나오게 된 것은 1913년 2월이 되어서였다. 브라질은 일단 위기에서 벗어난 것처럼 보였으나 그렇지 않았다. 바로 그다음 해에 전쟁이 터졌기 때문이다.

브라질의 주요 고객이던 중앙유럽의 독일, 오스트리아, 헝가리는 물론이고 중립국 덴마크, 스웨덴 등의 주요 커피 소유국이 짙은 전쟁의 연기에 휩싸여버렸다. 브라질이 유일하게 기댈 수 있는 것은 삼국협상 측의 대량매입이었다. 프랑스는 200만 포대, 화이트하우스는 100만 포대의 산투스 커피를 각각 인수했다. 1917년의 상황이다. 그 결과 어떤 일이 발생했을까? 브라질이 독일에 선전포고하는 사태가 발생했다. 브라질 입장에서 대서양 연안 항구에서 전쟁이 끝나기만 기다리던 40척 남짓 되는 독일 상선을 접수할 수 있다는 점은 상당히 구미가 당기는 일이었다. 그 무렵 어뢰 공격을 받아 많은 선박을 잃어버린 상황이라 더욱더 유혹을 느낄 수밖에 없었다. 커피는 마침내 한 나라를 전쟁에 끌어들이는 강력한 원인으로 작용한 셈이었다.

1918년, 전쟁은 끝났다. 그러나 사태는 좀 더 복잡해졌다. 전쟁만 끝나면 유럽의 커피 수요가 금세 되살아날 것이라고 브라질은 기대했다. 그러나 혁명 형태로 전쟁을 마무리한 독일은 전쟁 직후 정치적 혼란과 천문학적 인플레이션에 몰려 커피 소비량을 늘릴 여유가 없었다. 이는 1922년 무렵의 상황이다. 전쟁에서 승리를 거둔 나라 쪽도 사정이 좋지 않기는 마찬가지였다. 1920년, 패전국 독일에 배상 지불 능력이 없다는 사실이 밝혀졌기 때문이다. 결국 배상을 포기해버린 사회주의국가 러시아는 물론이고 영국, 프랑스도 전쟁 승리로 인한 경제적 혜택이나 번영은 꿈도 꿀 수 없게 되었다. 그 후 몇 년간 유럽에는 패전국이나 승전국 가릴 것 없이 커피 소비를 끌어올릴 만한 대중적 기반은 존재하지 않았다.

절망에 빠진 브라질에 행운이 찾아왔다. 그토록 바라던 '커피 대흉작'이 일어난 것이었다. 서리 피해로 인한 대흉작이었는데, 1917년에도 가격 유지 계획을 시행해야 했던 브라질에게는 행운으로 작용했다. 그런데 그게 다가 아니었다. 이듬해인 1918년 브라질에 또 한 번의 기적이 일어났다. 그것은 바로 미국 정부가 단행한 '금주법'이었다. 브라질 입장에서 이 강대한 이웃나라 미국은 제1차 세계대전 이후 커피를 윤택하게 소비할 수 있을 만큼 충분한 돈을 가진 유일한 국가였다. 그런 대국이 갑자기 마치 국가가 앞장서서 이슬람교 수니파로 개종이라도 한 듯 알코올을 금지한 것이다.

커피의 역사는 한편으로는 알코올과의 경쟁의 역사라고 할 수 있다. 이슬람 세계를 배경으로 하는 커피 역사에서 어떤 국가도 자발적으로 알코올을 금지한 전례는 없었다. 사정이 이렇다 보니 미국의 커피 소비량이 폭발적으로 증가한 것은 당연한 결과였다. 구체적으로 전쟁이 일어나기 전인 1913년 브라질에서 커피 650여만 포대를 수입하던 미국은 1923년에는 1,100만 포대를 수입하게 되었다. 1919년부터 20여 년 동안 미국에 불기 시작한 커피붐 덕분에 브라질은 몇 년치 재고를 막대한 이익을 남기고 팔아치울 수 있었다.

그럼에도 브라질 정부는 영구적인 가격 유지 정책을 새롭게 작성해서 실행해야 했다. 1922년의 상황이다. 일단 정책은 성공한 것처럼 보였다. 그러나 실상은 그렇지 않았다. 가격 유지 계획 성공이 '대흉작'과 '미국의 금주법'이라는 외부 요인에 기댄 것임을 고려할 때 브라질 정부는 좀 더 일찍 불길한 전조를 간파했어야 했다. 만약 기적과도 같은 외적 요인이 없었다면, 좀 더 직접적으로 말해서 만약 미국의 구매력이 저하되었다면 브라질의 커피무역은 진즉 파탄 났을 것이다. 그리고 그런 우려는 1929년 월가 주식대폭락과 함께 처참한 현실로 닥치게 된다.

1929년이라는 시점을 중대한 고비로 놓고 볼 때 거의 악마처럼 느껴지는 요인으로, 심고 수확하는 데까지 5년여의 긴 시간이 걸리는 커피나무의 자연 속성을 들 수 있다. 그런 관점에서 볼 때

5년 전, 즉 1924년은 독일이 미국의 도스안(Dawes plan)을 받아들여서 천문학적인 인플레이션을 종식시키고, 이른바 상대적 안정기에 접어든 해다. 또한 1924년은 유럽 전체가 전쟁 피해를 극복하면서 '황금의 1920년대'를 누리기 시작한 해이기도 하다. 아무튼 그 무렵 브라질은 유럽의 주요 커피 소비국이 구매력을 회복한 덕분에 커피 가격의 고공행진을 계속하고 있었다. 그런데 그런 계획과 흐름에 치명적인 오류가 발생하기 시작한 것이다.

브라질 정부의 가격 유지 계획에는 허점이 있었다. 그것은 바로 생산 제한을 호소하면서도 새롭게 생겨나는 플랜테이션을 효과적으로 규제하지 못한다는 점이었다. 커피무역 호황은 당분간 지속할 것으로 보였고, 그것이 새로운 플랜테이션 개척을 부채질했다. 또 하나 놓치지 말아야 할 것은 브라질의 가격 유지 계획 덕분에 브라질 이외의 커피 산출국이 막대한 이익을 챙겼다는 점이다. 이들 나라도 브라질과 마찬가지로 커피 플랜테이션 면적을 크게 늘렸다. 이렇게 여러 나라가 경쟁적으로 새롭게 조성한 플랜테이션에 심긴 커피나무는 5년 후 반드시 터지고 마는 시한폭탄이 될 수밖에 없었다.

브라질 커피는 5년 전에 심은 어린 커피나무와 함께 유례를 찾아보기 어려울 정도의 대풍작을 기록했다. 1929년 무렵의 상황이다. 째깍째깍, 분침과 초침이 마라토너처럼 지치지 않고 달리기를 계속하는 동안 시한폭탄은 한 발 한 발 폭발의 순간을 향해 나아갔다. 그러다가 엄청난 폭발음을 내며 터졌다. 상파울루커피협회는 커피 구매력을 상실했다. 월가의 주식 대폭락이 시작되면서 순식간에 전 세계를 덮친 대공황은 브라질이 가격 유지 계획을 밀어붙이는 데 필요한 금융정책 시행을 불가능하게 만들었다. 엎친 데 덮친 격으로, 전 세계 커피 구매력이 급격히 줄어서 1928년 6월 20일부터 1930년 7월 1일까지 2년간 커피 가격이 53퍼센트까지 떨어졌다. 수치상 절반 정도지만 환율 차이를 감안하면 사실은 3분의 1 가격으로 떨어진 셈이다. 브라질의 커피 가격 회복 정책은 과격하게 전개되었다. 그 결과 만일 가격이 회복된다면 플랜테이션 소유주들은 또다시 커피 생산에 온 힘을 쏟을 것이다. 이익 순환의 고리를 끊기 위해서는 가격 회복에 주력하면서 동시에 생산 의욕을 없앨 방도를 찾아야만 했다. 거기에 더해 산더미처럼 쌓인 재고를 줄이는 방법 등 단순하면서도 대담한 방법이 동원되었다. 그 사례 중 하나로 국가가 수출하는 커피에 100퍼센트의 세금을 붙여서 그 세수로 재고를 사들이고 그 후 폐기하는 것이었다. 그러자 처음에 반대했던 생산자 측도 이 안이 채택되도록 압력을 넣는 일에 앞장섰다. 1931년 4월의 일이다. 브라질 정부는 이후 매년 커피 1,200만 포대 분량을 폐기했다. 또한 정부는 재고가 모두 처분된 뒤에도 생산 의욕이 감퇴해 총생산량이 눈에 띄게 줄어들 때까지 계속 그 방법을 사용해야 했다. 이런 식으로 1931년 이후 브라질이 폐기한 커피의 총량은 4,699만 2,840톤에 달했다. 이는 전 세계 2년 반치 커피 소비량과 맞먹는 엄청난 양이었다.

드디어 본격적으로 커피 폐기가 시작되었다. 엄청난 양의 커피가 소각되거나 배의 갑판 위에서 바다로 버려졌다. 커피대국 브라질의 파탄은 결코 한 국가의 파탄으로 끝나지 않았다. 식민지로 출발한 브라질은 노예무역과 이민 등을 통해 집요하게 커피 공급기지로의 변신을 강요당해왔다. 그리고 1929년 이후 대공황 시기에는 유럽 근대 시민사회에 '검은 혈액'을 흐르게 한 순환구조에 치명타를 입은 것이었다. 브라질의 커피 폐기 뉴스는 그 처참한 광경을 찍은 수많은 사진과 함께 전 세계로 퍼져 나갔다. 독일의 각 신문도 브라질의 커피 폐기 뉴스를 대대적으로 보도했다. 그중 한 장의 사진이 있다. 1932년 3월에 발행된 한 잡지에 게재된 것으로, 브라질의 커피 폐기를 전하는 보도사진이다. 사진에는 연기를 내뿜으며 질주하는 증기기관차 위에 네 명의 남자가 서 있다. 두 명은 어이없다는 듯 엷은 웃음을 띠고 있고, 나머지 두 명은 얼굴이 거북이 등껍질처럼 딱딱하게 굳어 있다. 한 사람이 석탄을 갑으로 퍼서 기관실로 보낸다. 아니, 자세히 보니 석탄으로 보였던 그 물질은 '커피콩'이었다. 커피콩을 에너지원으로, 구수한 아로마를 퍼뜨리며 브라질 전역을 누비고 다니는 증기기관차……. 이 한 장의 사진 앞에서 잠시 생각에 잠긴 이유는 옛날('옛날'이라고 말은 했지만, 불과 400여 년 전의 일이다)에 이슬

1932년 브라질 산투스항에서 폐기되는 커피콩

산더미처럼 쌓인 재고를 줄이는 방법 등
단순하면서도 대담한 방법이 동원되었다.
그 사례 중 하나로 국가가 수출하는 커피에
100퍼센트의 세금을 붙여서 그 세수로
재고를 사들이고 그 후 폐기하는 것이었다.

람 세계에 홀연히 나타난 카와가 『꾸란』이 먹을 수 없다고 금지한 석탄인가 아닌가 하는 혐의를 받은 역사적 사실이 떠올랐기 때문이다. 당시 커피콩이 석탄인지 아닌지를 따지는 논쟁은 왜 필요했을까? 카와라는 새롭고 독특한 음료가 이슬람 세계에서 정당성을 확립하기 위해, 그리고 한발 더 나아가 커피가 세계교역의 대표 상품 위치를 차지하기 위해 반드시 거쳐야 하는 불가피한 과정이었기 때문이다. 그런데 그로부터 400년 지난 시점에 전 세계가 커피를 일상적으로 마시는 시대가 된 상황에서 커피의 '순환'을 책임지는 운전자이자 심장격인 브라질에서 '커피는 석탄이다' 하고 선명한 사진과 함께 선언해버린 셈이었다. 그 사진에서는 수피 사제와 교도가 주창한 '이념의 카와'도 '신과의 합일'도 찾아볼 수 없다. 유럽의 근대시민사회 성립 과정에서 힘을 떨쳤던 '검은 섬광'도 없다. 숙명적 생산 과잉으로 괴로워하며 나뒹구는 4,699만 2,840톤의 상품, 아니 상품이 될 수 있는 '죽음의 도약'에 실패해서 드러누운 이상한 형태가 존재할 따름이다. 브라질의 산투스 근교에는 몇십 제곱킬로미터에 달하는 토지에 수백만 포대의 커피가 쌓인 채 검은 연기를 피워 올리며 불탔다. 커피의 아로마가 검은 연기로 피어오르는 '초열지옥'이 펼쳐지는 참혹한 광경이었다. 그 옛날 "커피를 몸속에 넣은 채 죽은 자는 초열지옥에 떨어지지 않는다"라고, 저 금욕적이면서도 몹시 신중했던 이슬람 수피즘의 속담은 전했다. 그러나 들끓는 소비 욕망의 충동에 따라 엄청난 양의 커피를 몸속에 쌓아온 유럽시민사회는 역설적이게도 초열지옥에 빠지고 말았다.

당시 브라질 정부는 산업구조 개편을 꾀했다. 그럼에도 여전히 수출 총액의 70퍼센트 이상을 커피에 의존했던 브라질의 집단지성은 커피 폐기를 결정했다. 그 사실을 신문기사를 통해 접한 독일인은 경악했다. 좀 더 구체적으로 신문이 전하는 사실을, 예컨대 독일의 600만 명이 넘는 실업자는 이해하기 힘들었을 것이다. 자신들의 국민음료가 생두나 원두 상태에서 불태워지거나 바다에 버려진다. 게다가 폐기하는 데 드는 비용은 자신들이 구매하는 커피값에 포함되어 있다. 생산자뿐 아니라 소비자까지도 소외되는 자본주의 상품세계의 구조가 극단적인 형태로 고스란히 노출돼 있다. 자본주의 상품사회의 이성을 상실해버린 수요와 공급 관계, 이해되지 않는 집단이성, 과잉생산된 커피라는 상품과 과잉투입된 노동력 등이 그런 것이다. 이런 상황에서 사람들이 자본주의사회가 만들어낸 질서와 메커니즘에 근본적인 의문을 품고 결별을 꿈꾸게 되는 것은 전혀 이상한 일이 아니다.

'불타오르는 커피'는 독일 바이마르공화국의 심장 한복판에 비수를 꽂았다. 독일 철학자 에른스트 블로흐(Ernst Bloch)는 『이 시대의 유산(Erbschaft dieser Zeit)』(1935)에서 불타오르는 커피를 보면서 초조해하는 바이마르공화국 말기의 사람들을 묘사한다. 극작가 베르톨트 브레히트(Bertolt Brecht)는 진정한 의미의 공산주의 영화 〈쿨레 밤페(Kuhle Wampe)〉(1932)를 제작해서 커피를 폐기하는 이 세상을 향해 '세상은 누구의 것인가'를 물었다.

전 세계 소비량의 2년 반치에 해당하는 어마어마한 양의 커피를 폐기하는 광경이 비추는 것은 뭘까? 인간이 땀 흘린 일상의 노동이 가치와 의미를 상실해버린 자본주의 시민사회의 잔혹함이었다. 또 그것은 자본주의 자유경제가 효력을 상실했다는 느낌을 명확한 이미지로 표현해주었을 뿐 아니라 새로운 국가질서에 대한 농밀한 아로마로서 독일 하늘에 떠오른 것이었다. 그 아로마에 가장 왕성하게 원기를 회복한 것은 나치즘이었다. 그로부터 얼마 후인 1932년 7월 총선거에서 국가사회주의노동자당은 230의석을 획득하며 단숨에 제1야당 자리를 꿰찼다. 이제 바야흐로 제3제국(Das Dritte Reich)이 문을 연 것이다,

제3제국. 그것은 오랜 옛날부터 유럽 민중의 꿈이 전해온, 아버지의 나라와 아들의 나라를 잇고 성령이 지배하는 평화와 행복의 나라여야 했다. 그러나 제3제국의 문이 열리고 그 깊은 곳에서 나온 것은 앞에서 살펴본 대로 새로운 종류의 '초열지옥'이었다.

coffee story 8

자국의 식민지이자 커피 생산지인 나라에 '극단적 모노컬처'를 강요하는 유럽 강대국

아우슈비츠 수용소장 루돌프 헤스가
유대인을 가스실로 몰아넣으며
'목욕이 끝나면 따뜻한 커피를 주겠다'고 거짓 약속한 이유

국제연맹이 독일 강제수용소에 조사단을 파견했을 때의 일이다. 강제수용소 관리를 맡은 나치스 친위대 소속 해골부대는 수용소 안에 카페를 급조한 뒤 창가에서 느긋하게 쉬면서 커피를 마시는 죄수를 배치하는 평화무드를 연출했다. 그리고 아우슈비츠 수용소장 루돌프 헤스(Rudolf Hess)는 목욕시켜주겠다고 속이며 가스실로 몰아넣은 유대인에게 '목욕을 마치고 나면 따뜻한 커피를 마실 수 있게 해주겠다'고 거짓 약속을 했다. 1942년의 일이다.

그 무렵 일본에서는 커피 보급이 뚝 끊겼다. 일본은 제1차 세계대전 당시 독일의 전시영양과가 기울인 것과 같은 노력을 티끌만큼도 하지 않았다. 1969년 아쿠타가와상을 수상한 작가 기요오카 다카유키(清岡卓行)는 고등학생 시절 기숙사신문《고료시보(向稜時報)》에 기고한 글로 검열을 맡은 경찰을 긴장하게 했다. 1943년 5월의 일이다. 문제가 된 부분은 다음과 같다.

> 오래전 도스토옙스키가 궁핍한 밑바닥 생활을 하며 신음할 때 '내가 지금 한 잔의 커피를 마실 수 있다면 세상이 어떻게 되든 상관없다'라고 절규한 울림을 그립게 떠올립니다.
>
> — 기요오카 다카유키, 『시례전가(詩禮傳家)』 중에서

진눈깨비가 흩날리는 페테르부르크의 지하실에서 글을 쓰던 그 청년이 마신 것은 물론 커피가 아닌 홍차였으나, 기요오카 다카유키는 당시 '맛있는 커피가 사라져버린' 사정을 떠올리며 '홍차'를 '커피'로 바꾸어 썼다. 일반적으로 세상이 갈수록 삭막해져 가고 재미없는 일이 계속된다면 따뜻한 차를 조용히 마시면서 세상 근심을 잊고 싶어지는 것이 인지상정이지 않을까. 리큐(利休, 일본 전국시대 다도의 대가)라고 한들, 페테르부르크의 청년이라 한들 한 잔의 차가 주는 평안한 경지에서는 도요토미 히데요시(豊臣秀吉)의 권세를 자랑하는 오사카성의 위용도, 근대합리주의의 정수를 모두 불러 모은 수정궁의 광채도 허무하게 사라지고 만다. 이는 비알코올계 음료만이 아니다. 음주의 달인 도연명(陶淵明)도 "내 그림자를 벗 삼아 마시다 보니 혼자서 다 비우고 어느 틈에

취해버렸네(顧影獨盡, 忽焉復醉)"라고 하면서 각박한 속세를 벗어나 혼자서 술을 마시는 경지를 이야기한다.

그런데 커피에는 차나 술과는 다른 점이 있다. "내가 지금 한 잔의 커피를 마실 수 있다면 세상이 어떻게 되든 상관없다"라며 혼자서 조용히 커피를 즐기고 싶다면 다음의 두 가지 조건이 충족되어야 한다. 첫째, 저 먼 중남미나 아프리카 어딘가의 세상에서 커피를 생산해야 한다. 둘째, 그 커피콩을 우리에게 안전하게 보내주는 일련의 산업구조(수출업자·중개인·선박회사·창고회사·가공업자·소매점·커피점 등)가 트럭 한 대, 사람 한 명에 이르기까지 완벽하고도 성실하게 기능해야 한다.

이런 맥락에서 볼 때 커피를 마시는 행위는 차나 술을 마시는 행위와 달리 지극히 '부자연스러운' 일이며 인공적이고 문명적인 행위라고 할 수 있다. 그것은 유럽 열강의 식민지 지배라는 오랜 과거와 원활한 세계교역의 존재를 전제로 할 때 비로소 가능한 행위이기도 하다.

우리는 커피를 마시고 싶다는 평온한 바람이 시대에 따라 생산구조나 정치 사정에 저촉될 수 있다는 것을 여러 역사적 사례를 통해 살펴보았다. 고등학생 기요오카 다카유키가 "내가 지금 한 잔의 커피를 마실 수 있다면 세상이 어떻게 되든 상관없다"라고 썼을 때 그것을 일본이 모든 정치와 산업구조를 총동원해서 수행하고 있는 전쟁에 대한 비판으로 받아들인다고 해도 어쩔 수 없는 노릇이다. 당시 일본의 국가 책략은 유럽 열강으로부터 '대동아 해방'을 이루는 것이었다.

남쪽으로 진격한 일본군은 1942년 3월 1일 자바에 상륙해서 네덜란드 동인도군의 항복을 받아냈다. 자바는 유럽에 커피 식민지의 원형을 제공한 세계사의 원점이었다. 전쟁이 끝난 후 네덜란드 암스테르담 은행이 발행한 자료는 전쟁 중에 일본이 행한 커피농장 경영방식이 그야말로 엉터리였다고 불만을 드러냈는데, 왠지 수긍이 간다. 자바의 커피농장에서 근무한 사람 중에 시인 구로다 사부로(黑田三郎)가 있다. 전쟁을 좋아하는 사람은 없는 법이다. 구로다 사부로 역시 병역을 피하기 위해 상사원으로 자바에 부임해서 네덜란드에 뒤이어 커피농장을 경영했다. 구로다 사부로가 전후에 쓴 시의 한 구절이다.

향기 그윽한 아침 한 잔의 커피에
나의 평화가 있을까?
평온하게 잠든 아내의 숨결이 반복되는 곳에
나의 평화가 있을까?
(중략)

아!
여기에 이렇게

나는
예전에 피 흘린 들판을
친구를
적을
공포를
어디로 보낸 것일까?
피투성이가 된 모든 것을

시간은 어김없이 흘러 지나가는 것이다
지나가버리고 나면
거기에
아담한 소시민의 생활 속에서
무엇을
찾아내는 것일까?
나는 향기 그윽한 아침 한 잔의 커피를 마신다
나는 평온하게 잠든 아내의 숨결을, 그 가냘픈 반복을 듣는다

—「미풍 속에서」, 『구로다 사부로 시집』 중에서

구로다 사부로가 마시는 커피에 '귓가에 부는 미풍'을 몇 초간 꼼짝 않고 참을 수 있는 은밀한 고통이 맴돌고 있다면 그것은 커피와 얽히고설킨 세계사를 그대로 비추고 있기 때문일 것이다.

'미풍'은 '강풍'으로 바뀐다. 오래전에 이상향 건설을 꿈꾸며 신대륙으로 건너간 윌리엄 펜은 뉴욕에서 커피값이 너무 비싸다고 한탄한 바 있다. 그 뉴욕은 제2차 세계대전이 끝난 후 함부르크를 대신해 커피 거래의 세계적 중심지가 되었다. 그리고 그 한구석인 그리니치빌리지에 커피하우스가 줄지어 늘어서서 새로운 세대를 발효시키고 있었다.

각지의 커피하우스를 전전하는 한 유랑가수가 맥두걸 스트리트의 카페 커먼즈에서 커피를 마시고 있었다. 1962년 5월 어느 월요일 오후의 일이다. 문득 그의 뇌리에 몇 가지 의문이 떠올랐다. 그는 그 의문을 연필로 갈겨써서 노래를 만들었고 즉석에서 연주했다. 그날 밤 커피하우스 포크시티에서 그 유랑가수의 갓 만들어진 따끈따끈한 신곡은 그렇게 세상에 선보였으나 시대의 난기류에 휩쓸려 바람처럼 사라지고 말았다. 그런 식으로 많은 의문이 생겨나고 그 대답이 '바람과 함께 사라지는' 시대였다.

"옛날, 옛날, 한 옛날에 아랍의 위대한 수도승이……" 이렇게 시작하는 커피 기원전설이 자메이카 출신 룸바 리듬을 타고 항구로 퍼져 나갔고, 아라비아와 카리브해에 걸친 장대한 세계사는 '사랑을 잊어버린 슬픈 남자'라는 짧은 이야기로 바뀌어 커피에 대한 관심을 불러일으켰다. 둘러보면 주변은 온통 커피에 흠

빽 빠진 것 같은 사람들뿐이다. 사람의 왕래가 잦은 곳에는 어김없이 커피하우스가 문을 열고 아침 업무를 시작할 때, 업무 사이사이에, 업무를 끝낼 때, 심지어 집에 돌아가면 TV에서는 온갖 종류의 커피광고가 사람들을 유혹한다. 사람들의 발길이 끊긴 한밤중에 거리의 자판기는 환하게 불을 밝힌다.

커피 현지화도 빠르게 진행되었다. 커피목욕, 커피라면, 커피락교, 모카전병……. 대홍수 여파가 가라앉은 뒤 노아가 첫발을 내디뎠다고 전해지는 예멘의 산속에서 이른바 대홍수 이후의 새로운 대홍수로서 분출하기 시작한 검은 격류는 극동의 일상다반사를 완전히 집어삼킨 것이다.

압도적인 기세로 진행되는 커피문명에 대해 뭔가 석연치 않은 불쾌함을 느끼고 공공연하게 이의를 제기할 수 있는 이는 누구일까? 아마도 그는 꽤 배짱이 두둑한 중증의 거절증환자이지 않을까?

> 싫다, 싫다. 군중이여
> 기괴한 발단에서 기어 나와서
> 지금은 옷에다 의제(擬制)까지 껴입고 있다
> 한 잔의 커피를 즐기기 위해 어째서
> 커피숍까지 가야 하는가
>
> —「알리는 노래」『요시모토 다카아키 전저작집 1, 정본시집』

자본주의의 셀 수 없이 많은 상품 바다에서 자신이 원하는 상품을 자유롭게 선택할 수 있는 권리를 부여받은 '군중'은 뿔뿔이 흩어져 섬세한 차이를 식별하는 개인주의를 즐긴다. 상품교환은 인간에게 자유와 평등의 현실적 근거를 마련해주었고, 개인을 자유롭고 평등한 선택 주체(subject)로 끌어올렸다(잠깐, 여기서 '끌어올리다'라는 어휘는 적확하지 않다. '서브젝트'의 어원 sub(아래쪽에), jactus(던지다, 놓다)에 충실하자면 오히려 '끌어내리다'라고 해야 하지 않을까. 상품교환사회에서 자유와 평등을 향유하면서 살아가는 사람은 사실 높게 쌓인 상품 계곡에 던져진 채 자유와 평등을 강제로 뒤집어쓴 존재(subject)일지 모른다. 그런 관점으로 생각해보면 '소비자는 왕'이라고 떠받들어지지만 사실은 상품에 엎드려 절하는 신하(subject)일 수도 있다). 어쨌든 자유롭고 평등하고 부드럽고 온화하고 근심 걱정 따위는 없는 개인이 환하고 가벼운 기분으로 상품의 신을 모시는 백화점에 들어가면 지하 식품매장 한쪽 구석에 짙은 아로마를 풍기는 커피매장이 자리 잡고 있다. 감미롭고 풍요로운 향의 모카, 부드럽고 깊은 맛의 자바, 달고 시고 쓴 맛의 삼박자를 모아 혀끝으로 느끼는 블루마운틴, 쓴맛과 단맛이 잘 아우러진 킬리만자로, 부드러운 맛이 뛰어난 브라질, 이교도의 독특한 향이 나는 아이티, 고상한 취향의 마르티니크…….

강조된 차이점은 오로지 자연적인 차이일 뿐이고 사회의 역사적 차이를 은폐하는 것은 상품페티시즘의 경향이다. 상품의 사회적 유래를 의식할 수 없게 되고 상품을 일종의 자연적인 존재로 만드는 것이 진정한 '상품페티시즘'이다. 인류와 사회의 '생산과 교역'의 결과로 널리 퍼지게 됐으나 그 사회적 유래만은 은폐하는 이 편재와 은폐가 공존하는 존재양식이야말로 상품페티시즘의 신비라고 할 수 있다. '상품사회'라는 문자 속에 숨겨진 신비를 읽어내는 데 문자신비주의 따위는 필요 없다. 상품사회란 그곳에 사는 사람들의 사회적 결합이 상품가치를 씨족신처럼 받들고, 제사지내고, 그 참배 길에 무수한 물신이 떠도는 거대한 '신전(社)'에서의 '모임(會)'에 기반을 둔 사회를 의미한다. 상품사회는 매일매일이 신묘한 비밀의식 속에서 때로는 가슴 설레고 때로는 기진맥진해지는 나날이다.

지금까지 우리는 '세계시장혁명' 이래 세계적 상품교환의 진척도를 검게 물들인 컬러 펜과 같은 상품으로서의 커피 세계사를 좇아왔다. 우리가 도달한 이 자본주의 상품사회는 사람들을 터무니없이 바쁘게 하고 지치게 한다. 그 자본주의 상품사회의 대표적인 상품의 하나인 커피는 사람들의 피로를 치유하고 건강을 되찾게 해주는 상품이라는 이미지를 은밀히 갖춘 채 등장했고 꾸준히 진화해왔다. 아라비아나 아이티는 머나먼 세계가 아니다. '검은 잠잠성수'는 다양한 이익을 바라며 우리의 최고신에게 바쳐졌고, 더불어 우리 앞날의 승리를 기원하는 '검은 신주'가 된 것이다.

유럽 강대국이 자국 식민지이자 커피 생산지인 나라에 '극단적 모노컬처'를 강요한 이유

상품페티시즘과 자연과 인간 사이의 착취는 동전의 양면과도 같은 속성을 지닌다. 지구를 하나의 동전으로 가정한다면 커피는 화려한 페티시즘과 음산한 착취를 반복하면서 확산해간 근대의 전형적인 상품이다. 유럽이 커피 생산지에 일관되게 강요한 것은 '극단적인 모노컬처'였다. 그 결과로 이들 나라는 경제적으로 커피 수출에 거의 전적으로 의존할 수밖에 없는 신세가 되었다. 그 예로 1979년 아프리카대륙의 상황을 짚어보자. 커피가 전체 수출에서 차지하는 비중은 우간다 98퍼센트, 부룬디 82퍼센트, 에티오피아 75퍼센트, 르완다 71퍼센트의 극단적인 수치를 보게 된다. 이렇듯 커피문명의 세계사적 결과는 적도 근처에 집중되어 있다. 또한 커피벨트를 형성하는 커피산출국과 주로 북반구에 위치한 커피소비국과는 지리적인 대조를 이룬다. 그런 터라 서로 멀리 떨어진 커피생산지와 커피소비지를 이어주기 위해 커피를 실은 배가 전 세계 바다를 부지런히 오갔다. 커피의 연간 수출 총액은 얼마나 될까? 대략 120억 달러다. 이는 세계무역 전체에서 원유에 뒤이어 제2위를 차지하는 엄청난 규모다. 공교롭게도 둘 다 '검은 액체'지만 원유와 커피의 차이는 확연하다. 모터리제이션(Motorization, 자동차가 사회생활과 밀접하게 관련되어 광범위하게 보급된 현상)이 일반화한 현대산업사회에서 석유는 없어서는 안 될 가장 중요한 원료의 하나다. 그에 반해 커피는 사치품이라고 할 수는 없지만 기호식품이라는 점은 누구도 부인하기 어렵다. 바로 이 점이 석유산출국은 과거 식민지 지배국에 강력한 대항력을 발휘하는 데 반해 커피산출국은 여전히 커피소비국에 대한 경제적 의존에서 벗어나지 못하는 이유다.

문제는 정치적인 부분에만 그치지 않는다는 점이다. 커피 모노컬처의 부자연스러운 생산 시스템은 해당 국가의 생태계를 무너뜨렸다. 커피라는 상품생산의 역사는 '행복한 아라비아' 예멘 이래로 '무슈 자본과 마담 대지'의 결혼의 역사였으나 이들이 반드시 행복한 부부는 아니었다. 레비스트로스(Claude Lévi-Strauss)의 『슬픈 열대(Tristes Tropiques)』(1955)는 한편으로는 '슬픈 커피벨트'의 기록이기도 하다.

> 내가 서 있는 곳 주변은 오랜 침식으로 토지가 황폐해졌고 미처 일구지 못한 곳은 울퉁불퉁한 채로 버려졌다. 이 혼란스러운 경관에 책임이 있는 것은 다른 누구도 아닌 인간 자신이다. 인간은 경작을 위해 무성한 숲을 파헤치고 파괴했다. 그러나 몇 년 후 양분을 죄다 빨린 뒤 비에 씻겨 내려간 대지는 다시는 커피나무를 받아들이지 못하게 되었다. 그 탓에 농장은 더 멀리, 아직 인간에 의해 오염되지 않은 비옥한 땅으로 옮겨갔다. 오래전 세상에서는 인간

과 토지 사이에 천 년의 친밀한 결합이 만들어졌고, 그 속에서 인간과 토지가 서로를 갈고 닦은 배려 깊은 호혜관계가 존재했다. 그러나 이곳에서 더는 그런 관계를 찾아볼 수 없게 되었다. 이곳의 토지는 능욕을 당한 뒤 철저히 파괴되었다. 강탈에 다름 아닌 농업은 부를 움켜쥐기 위해 몇 푼 안 되는 이득을 억지로 빼앗고 난 후 다른 곳으로 옮겨갔다. 이른바 개척자라고 불리는 자들은 개간하는 일과 거의 동시에 토지를 황폐하게 만들어버렸다. 그들은 이쪽에서는 처녀지를 헤집고, 저쪽에서는 황폐한 땅을 버려둔 채 옮겨가기 때문에 띠 모양 토지밖에 차지할 수 없는 숙명을 타고난 것처럼 보일 지경이다. 모든 것을 불태우면서 오직 앞으로만 나아가는 들불처럼 농업의 불꽃은 백 년 동안 상파울루주를 뚫고 지나갔다.

— 레비스트로스, 『슬픈 열대』 중에서

노동과 대지는 오랜 옛날부터 경작하는 남자와 경작받는 여자의 신화적인 이미지를 형성했다. 레비스트로스가 말하는 '호혜관계'란 일본에서는 안도 쇼에키(安藤昌益)가 말한 '호성(互性)'에 해당할 것이다. 쇼에키에 따르면, 여기서 '호(互)'는 남녀의 교접을 상징한다. 만약 무슈 자본의 정신이 외부에 존재하는 자연과 대지를 지배의 대상으로만 바라보는 '호성'이 결여된 정신이라면 마담 대지가 과도한 출산으로 인해 머지않아 고갈될 것은 뻔한 이치다. 커피를 마시면서 때로는 '부모님'의 만수무강을 비는 것도 커피문명의 동반자 역할을 맡은 인간의 책임일 것이다.

그러고 보면 커피와 인연이 깊지 않았던 소련과 동유럽의 사회주의는 붕괴했다. 커피를 구하지 못해 괴로워하고 설탕과 우유를 넣은 커피를 '완비 커피(카페 컴플리트)'라고 부르던, 커피 앞에 장사진을 쳤던 구동독 사람들도 결국은 번영을 누리던 '프로이센 사회주의'의 피를 물려받은 독일인이었다. 마르크스 레닌주의가 약속하는 꿀과 홍차가 흐르는 이상향도 '진짜'를 지향하는 독일인에게는 결국 대용품에 머물 수밖에 없었던 걸까? 아니면 서구 자본주의 상품교환사회가 엮어낸 멋들어진 환영(Fantasmagorie)에 스스로 자유롭고 평등한 자격으로(경우에 따라서는 뒤늦게라도) 참가하고 싶었던 걸까? 어느 쪽이 맞든 세계사는 다시 한 번 힘차게 돌고 있다. 환영처럼 보이는 풍경을 만나는, 갈 곳이 확실히 정해지지 않은 여행의 이정표는 예나 지금이나 커피와 잘 어울리나 보다.

> 저 계곡 아래로 길을 나서기 전에
> 커피 한 잔만 더.
> 떠나기 전에 커피 한 잔만 더, 커피 한 잔만 더.
>
> — 밥 딜런, 〈커피 한 잔 더〉

참고문헌

Abd-Alkader, Traité de la légitimité du café. In Silvestre de Sacy, *Chrestomathie Arabe*. Paris 1826.

Arberry, A. J., Sufism. In *Handbuch der Orientalistik*. Leiden/Köln 1961.

Berger, Dieter A., *Die Konversationskunst in England 1660-1740*. München 1978.

Brockelmann, Carl, *Geschichte der islamischen Völker*. München/Berlin 1943.

Cunow, Heinrich, *Politische Kaffeehäuser*. Berlin 1925.

Dalman, G., *Arbeit und Sitte in Palästina*. 6 Bde. Gütersloh 1928-39.

Hrsg. von Daum, Werner, *Jemen. 3000 Jahre Kunst und Kultur des glücklichen Arabien*. Innsbruck 1987.

Hrsg. von der Deutschen überseeischen Bank, *Die brasilianische Industrie*. 1961.

Enzyklopädie des Islam. Leiden/Leipzig 1927.

Franklin, Alfred, *La vie privèe d'autrefois. Le café, le thé et le chocolat*. Paris 1893.

Hrsg. von der GEPA, *Aktion Dritte Welt Handel: Dokumentation Kaffee*. Wuppertal 1987.

Hrsg. von der Gesellschaft zur Förderung der Partnerschaft mit der Dritten Welt. *Kaffee: Gewohnheit und Konsequenz*. Wuppertal 1983.

Hrsg. von Harms, Volker, *Andenken an den Kolonialismus*. Tübingen 1984.

Hattox, Ralph S., *Coffee and Coffeehouses. The Origins of a Social Beverage in the Medieval Near East*. Washington 1985.

Haug, Johann Philipp, *Geschichte der deutschen National=Neigung zum Trunke*. Leipzig 1782. (Nachdruck 1979)

Iliffee, John, The organization of the Maji Maji rebellion. *The Journal of African History*. Cambridge 1967.

Jacob, Heinrich Eduard, *Sage und Siegeszug des Kaffees*. Berlin 1934.

Jamaldini A. K. bin, Gedicht vom Majimaji-Aufstand. (Übersetzt von A. Lorenz) In Mitteilungen des Seminars für orientalische Sprachen. Berlin 1933.

James, C. L. R., *Die schwarzen Jakobiner. Toussaint L'Ouverture und die Unabhängigkeitsrevolution in Haiti*. Köln/Berlin 1984.

Janssen, Gerrit Herman, *De eeuwige kroeg. Hoofdstukken uit de geschiedenis van het openbaar lokal*. Boom/Meppel 1976.

INRAEUROPE Marketing Research Institute, Der Kaffee-, Kakao- und Bananenmarkt in den Ländern der EWG. Sammlung Studien Reihe überseeische Entwicklungsfragen, Nr. 1. Brüssel 1963.

Kinderman, Hans, *Über die guten Sitten beim Essen und Trinken*. (11. Buch von Al-Ghazzalis Hauptwerk.) Leiden 1964.

Kohler, Joseph, *Das Bantu-Recht. Zeitschrift für die Vergleichende Rechtswissenschaft*. Stuttgart 1901.

Kopp, Horst und andere, *Kaffee aus Arabien*. Wiesbaden 1979.

Hrsg. vom Kunstamt Kreuzberg und dem Institut für Theaterwissenschaft der Universität Köln, *Weimarer Republik*. Berlin/Hamburg 1977.

Lindner, M. W., *Kaffee*. Berlin 1955.

Lippmann, Edmund O. von, *Geschichte des Zuckers*. Berlin 1929.

Lorenz, Reinhold, *Türkenjahr 1683. 3. Auflage*. München 1944.

Meier, Fritz, *Ein Knigge für Sufis*. Furlani-Festschrift Bd. II. Wien 1957.

Michelet, Jules, *Histoire de France. Au dixhutteme siècle*. La Régence. Paris 1863.

Hrsg. vom Mindener Museum, *Kaffee. Kultur eines Getränks*. Minden 1987.

Niklaus, Robert, *A literary history of France. The eighteenth century 1715-1789*. London 1970.

Nsiff, Dorris, *Anna Seghers und Lateinamerika. Karibische Geschichten*. Diss. Halle. 1973.

Rathenau, Walter, *Reflexionen. Erwähnungen über die Erschließung des Deutschen Ostafrikanischen Schutzgebietes*. Leipzig 1908.

Rauers, Friedrich, *Kulturgeschichte der Gaststätte*. Berlin 1929.

Raymond, André, *Artisans et commerçants au Caire au XVIIIe siècle*. Damas 1973-1974.

Revue Trimestrielle de la Rotterdamsche Bank, *Le Café-violentes fluctuations. Trés grande activité dans l'industrie néerlandaise*. Rotterdam/Amsterdam 1955.

Rückert, Friedrich, *Orientalische Dichtung in der Übersetzung*. Hrsg. von Schimmel, Annemarie. Bremen 1963.

Schimmel, Annemarie, *Mystische Dimensionen des Islam*. Köln 1985.

Schivelbusch, Wolfgang, *Das Paradies, der Geschmack und die Vernunft*. München/Wien 1980.

Schmitt-Egner, Peter, *Kolonialismus und Faschismus*. Lollar bei Gießen 1975.

Shah, Idries, *Die Sufis*. 2. Aufl. Düsseldorf/Köln 1981.

Söhn, Gerhart, *Von Mokka bis Espresso*. Hamburg 1957.

Spitz, Bob, *Dylan*. New York/London 1989.

Hrsg. von Stoecker, Helmut, *Drang nach Afrika*. Berlin (DDR) 1977.

Tetzlaff, Rainer, *Koloniale Entwicklung und Ausbeutung. Wirtschafts- und Sozialgeschichte Deutsch-Ostafrika 1885-1914*. Berlin 1967.

Uribe, C. Andrés, *Brown Gold*. New York 1954.

Hrsg. von der Volkswirtschaftlichen Abteilung des Kriegsernährungsamt. Beiträge zur Kriegswirtschaft. Heft 31/32, 1918. Der deutsche Kaffeehandel im Frieden und Kriege. Heft 43, 1918. Die Kaffee=Ersatzmittel vor und während der Kriegszeit.

Westerfrölke, Hermann, *Englische Kaffeehäuser als Sammelpunkt der Literarischen Welt im Zeitlater von Dryden und Addison*. Jena 1924.

伊藤博『珈琲探索』(柴田書店, 昭和 49年)
井上誠『珈琲誕生』(読売新聞社, 昭和 49年)
小林章夫『コーヒー・ハウス』(駸々堂, 昭和 59年)
クルト・トゥホルスキー (野村彰訳)『赤いメロディー』(ありな書房, 昭和 62年)